本著作获江西开放大学学术著作出版资助。

江西省高等学校教学改革研究项目成果：混合所有制产业学院背

建设实践研究——以某学院长天产业学院为例（课题编号：JXJG

U0631068

新时代高职产业学院
建设理论与实践研究

XINSHIDAI GAOZHI CHANYE XUEYUAN

JIANSHE LILUN YU SHIJIAN YANJIU

李汉平　郑金胜　著

江西高校出版社
JIANGXI UNIVERSITIES AND COLLEGES PRESS

图书在版编目（ＣＩＰ）数据

新时代高职产业学院建设理论与实践研究/李汉平,
郑金胜著.--南昌:江西高校出版社,2023.12（2025.1重印）
ISBN 978 - 7 - 5762 - 4251 - 5

Ⅰ.①新… Ⅱ.①李… ②郑… Ⅲ.①高等职
业教育—产学合作—研究—中国 Ⅳ.①G718.5

中国国家版本馆CIP数据核字(2023)第187214号

出 版 发 行	江西高校出版社
社 址	江西省南昌市洪都北大道96号
总编室电话	(0791)88504319
销 售 电 话	(0791)88522516
网 址	www.juacp.com
印 刷	三河市京兰印务有限公司
经 销	全国新华书店
开 本	700mm×1000mm 1/16
印 张	15
字 数	230千字
版 次	2023年12月第1版 2025年1月第2次印刷
书 号	ISBN 978 - 7 - 5762 - 4251 - 5
定 价	68.00元

赣版权登字 -07 -2023 -732

前　言

随着高职院校产业学院的发展，国家不断加大对产业学院的政策支持力度。在深化产教融合的道路上，高职院校探索产业学院建设的模式逐渐多样化。新时代产业结构不断转型，为产业发展培养技术技能型人才的我国高等职业教育也不断地进行改革与创新。为培养高素质应用型、复合型、创新型人才，产教融合、校企合作逐步深入，高职产业学院应运而生。在产业学院萌芽、成长、繁衍演变的发展进程中，国家政策的支持力度不断加大，业界对产业学院的发展也有了更多期待。高职院校产业学院的建设符合现代高职院校发展需要，也为高职院校发展指明了方向。产教融合是解决学生实践能力的重要途径。现在高职院校都非常重视学生实践能力的提升，为企业培养应用型高级技术人才，解决区域人才培养问题。

在新时代背景下，将产教融合融入高职院校产业学院当中，加强校企之间的合作，不仅是现代教育行业发展的总体趋势，也是国家高职院校教育发展的重要战略部署。我国大部分高职院校都开展了丰富多样的产教融合和校企合作模式,其中,校企合作共建的产业学院是产教融合模式之一。基于此,在产教融合背景下,为进一步建设高职院校产业学院,应深入研究和分析校企合作和产教融合的内涵,并以此为基础,为高职院校建设产业学院探索出新的路径和方法。

本书主要研究新时代高职产业学院建设理论与实践,从新时代高职院校校企合作的模式与内容入手,对新时代高职院校产教融合、新时代高职产业学院人才培养模式、新时代高职产业学院内部治理结构进行了研究,还对新时代高职产业学院公共实训基地建设、新时代高职产业学院师资队伍建设进行了简单的介绍,最后对新时代高职产业学院建设创新实践路径提出了一些建议。

由于作者水平有限,书中难免会出现不足之处,希望各位读者和专家能够提出宝贵意见,以待进一步修改,使之更加完善。

目 录 CONTENTS

第一章　新时代高职院校校企合作的模式与内容

第一节　校企合作的理论基础

一、校企合作的意义

校企合作是高职院校与企业在各自不同利益诉求的基础上,寻求利益交集共同发展的一种组织形式。具体来说,校企合作就是指高职院校与产业界在人才培养、科学研究和技术服务等领域开展的各种合作活动。它是利用学校与企业的教育环境和资源,以培养学生的综合素质为目标,采取课堂教学与生产实践相结合的方式,培养适应生产、建设、管理、服务等一线所需要的高端技能人才的一种教育模式。校企合作教育是一种"双赢"模式,主要体现在以下五个方面。

（一）推进高职院校软硬件建设

我国对高职教育的投资主要依赖地方政府,经费欠缺是其发展的瓶颈。而经费不足的不良影响是全方位的,最严重的是导致部分高职院校扩招后在校园建设、教学场地、实训设备和师资力量等方面产生缺陷,进而影响高职院校的教学质量和人才培养水平。校企合作可以有效地利用企事业单位的现有资源,整合校企双方有限的教育资源,有效地解决高职院校投入不足的难题,从而促进高职院校健康、可持续发展。

（二）推进高职院校人才培养模式改革

校企深度融合,行业企业参与高职教育人才培养的全过程,与高职院校共同研究制定专业标准以及课程标准,对人才培养方案和人才培养目标、教学计划等把握到位,贴近行业产业的发展水平和职业岗位的需求,从而推进高职院校人才培养模式改革,逐步实现高职教育人才培养的标准化和规范化,达到提升学生的专业水平和就业质量的目的。

（三）打造"双师"素质师资队伍

高素质的师资队伍是提高高职院校教学质量和人才培养水平的关键要素。通过校企合作,高职院校的教师可以定期以脱产或半脱产形式到企事业单位进行跟岗实践锻炼,很好地弥补岗位能力和实操能力不足的缺陷;同时,企事业单位的专业技术人员和高级管理人员经过适当的岗位培训后也可以到高职院校进行兼职教学,从而解决实操教学师资不足的问题。因此,与企业的深度融合能够为高职院校培养一支具有高素养和高技能的"双师"素质师资队伍,从而优化师资结构,提高师资水平。

（四）有效提升学生的综合素质

校企合作对学生的职业发展具有多方面的益处:一是有效地提高学生的实际工作能力,提升学生的综合素质,快速实现由学生向员工的角色转换;二是通过岗位工作实践,可以增强学生的自我判断力,提升学生的情商,从而帮助学生及早明确职业定位和岗位方向;三是可为学生提供工作机会,增强学生对社会的感知和体验,帮助学生积累真实的岗位工作经验,使学生更容易被用人单位录用,从而达到提高学生就业率的目的。

（五）有效增强高职院校社会服务能力

校企合作不但可以促进企业率先在内部进行改革转型,承担起更大的社会责任,还可以为企业提供人才支撑与技术支持,提高企业效益和社会声誉。一方面,高职院校对口专业教师可以为企事业单位开展员工培训、信息咨询、技术开发、产品设计、项目策划等,带动企事业单位积极改革创新,增强企业科技实力;另一方面,高职院校学生可以直接进入企业进行顶岗实习实训,能够为企事业单位提供季节性、调剂性的高素质劳动者,减少企业的用工成本,增强企业生产调剂的能力,达到增效增收的目的。

二、校企合作理论基础

（一）职业教育的内涵及基本属性

职业教育可以说是随着资本主义大工业生产方式的产生、发展而兴起的一种教育活动。在此之前,职业教育的萌芽是以师徒制为特征的职业技巧传授模式,在尚未出现专门职业学校前,几乎都是学徒教育模式。此后,随着生产方式的发展变化,以传授某种职业或生产劳动知识和技能的教育形式也随之发生了变化,其称谓有"职业技术教育""技术职业教育""技术教育"等。

1.职业教育的内涵特征

就我国而论,根据教育内容、层次和年龄三重标准,将教育划分为基础教育、高等教育、职业教育、成人教育四大类。职业教育与其他类别教育出现交叉或重叠,原因在于职业教育的内涵不清。

(1)职业教育与技术教育的异同

二者传授的内容都是以专门技术为基础,目的是让受教育者形成一定的职业技能技巧。技术泛指根据生产实践经验和自然科学原理而形成的各种工艺操作方法与技能。现代大工业生产的技术来自两个方面:一是生产实践,二是自然科学原理。来自生产实践的称为经验技术,来自自然科学原理的称为理论技术。掌握经验技术的教育称为职业教育,掌握理论技术的教育称为技术教育。在培养对象上,前者是为技术工人做准备的,部分课程是专门职业理论和实践;后者是为技术人员做准备的,大多在中学后进行。

(2)主要特征

第一,职业性。所谓职业性,是指职业教育是以进行职业定向教育为基本特征的培养人的活动。职业性是职业教育的本质特征。

第二,社会性。所谓社会性,是指职业教育要面向社会,适应社会发展的需要,并且要得到社会的支持。

第三,实践性。所谓实践性,是指职业教育虽然要求学生掌握一定的理论知识,但更强调掌握实际技能,增强其应用科学知识的能力和动手能力。

第四,终身性。所谓终身性,是指职业教育要对受教育者实施终身教育,使之适应科技进步和政治经济发展对职业教育的不同时期、不同阶段的要求。

2.职业教育的本质属性

事物的本质是表现事物内部深处所发生的过程,是把事物各组成要素联系起来,使之成为有机统一体的内在原因和根据。因此,我们可以从职业教育各组成要素之间的内在联系入手,通过分析其成为一个有机统一体的内在根源,来把握职业教育的本质属性。

职业教育是指职业教育者按照一定社会的要求和教育规律,为引导学生掌握在某一特定的职业或行业中从业所需的实际技能、知识和认识,通过一定的职业教育方式对有关资源进行有效利用,达到为促进社会生产方式发展和人类自身再生产的一种实践活动。

3.职业教育的本质属性在不同社会生产方式中的表现形式

职业教育的本质属性表现在三个层面:第一,职业教育是按照一定社会的要求和教育规律所进行的活动;第二,职业教育是通过一定的教育机构对社会相关资源进行利用的活动;第三,职业教育是一种为社会生产方式和人类自身再生产服务的活动。比如,资本主义生产方式的职业教育与一般职业教育的不同,主要反映在资本主义社会职业教育的要求不同以及由此而产生的职业教育的目的不同上;同理,社会主义生产方式的职业教育与一般职业教育的不同,主要反映在社会主义社会职业教育的要求不同以及由此而产生的职业教育的目的不同上。这是因为,职业教育都是按照一定社会的目的和要求为一定社会服务的。有什么性质的社会,就有什么性质的职业教育。也就是说,职业教育作为一种社会现象,其性质是由社会性质所决定的,而社会性质则是由社会关系所决定的,所以职业教育的性质实际上是由社会关系所决定的。

我们认为职业教育是在普通教育的基础上,通过职业学校和职业培训机构,对劳动者进行的从事非专门性的职业知识、技能和态度的培训,以使他们现在或将来能顺利获得职业的活动。其特点是职业的非专门性、导向的就业性、内涵的相对性和外延的包容性、过程的终身性。

(二)教育与生产劳动相结合理论

校企合作,精神实质是产学结合,归根到底应该是教育与生产劳动的结合。教育和生产劳动分别属于人类的两个活动领域,而将这两个活动领域联系在一起,即教育和生产劳动相结合,则是近代以后的事情。所谓教育和生产劳动相结合,是指人类社会发展到一定阶段两者相互关系的一种状态。在现代社会,这种状态表现为教育过程和生产劳动过程,这两个相互独立的社会过程在形式上是分离的,同时又是内在地、密不可分地联系在一起的。它是人类社会发展到现代社会必然出现的一种客观的社会状态,也是一种不以人的意志为转移的社会状态。

教育与生产劳动相结合始终是教育理论界讨论的重大课题,虽有分歧,但以下几点是共识。

第一,教育与生产劳动相结合是大工业生产的需求,是客观的、必然的,有其不以人的意志为转移的规律,任何脱离其客观基础的、主观的、人为的决策和强行实施必然导致负效应。

第二,教育与生产劳动相结合作为生产发展的必需,不是我们社会主义国家所独有的,凡以现代工业大生产为基础的社会与国家都必然存在这一事实。

第三,教育与生产劳动相结合的目的不仅仅是思想政治教育,还包括文化科学知识的教育。传授知识和技能、进行综合技术的训练在现代社会中同样具有至关重要的意义,是教育与生产劳动相结合的重要内容。

第四,教育与生产劳动相结合的途径不单纯是勤工俭学,形式也不单单是马克思所说的根据工厂法所办起来的初等教育以及工艺学校、农业学校、职工学校和技术学校。在现代社会中,教育与生产劳动相结合可以根据不同情况采取不同的形式加以贯彻。

(三)建构主义理论

1.建构主义概述

建构主义理论的内容很丰富,但其核心只用一句话就可以概括:以学生为中心,强调学生对知识的主动探索、主动发现和对所学知识意义的主动建构(而不是像传统教学那样,只是把知识从教师头脑中传送到学生的笔记本上)。以学生为中心,强调的是"学";以教师为中心,强调的是"教"。这正是两种教育思想、教学观念最根本的分歧点,由此而发展出两种对立的学习理论、教学理论和教学设计理论。由于建构主义所要求的学习环境得到了当代最新信息技术成果的强有力支持,这就使建构主义理论日益与广大教师的教学实践普遍地结合起来,从而成为国内外学校深化教学改革的指导思想。

2.建构主义学习理论的基本内容

(1)关于学习的含义

建构主义认为,知识不是通过教师传授得到,而是学习者在一定的情境即社会文化背景下,借助其他人(包括教师和学习伙伴)的帮助,利用必要的学习资料,通过意义建构的方式而获得。由于学习是在一定的情境即社会文化背景下,借助其他人的帮助即通过人际的协作活动而实现的意义建构过程,因此,建构主义学习理论认为"情境""协作""会话""意义建构"是学习环境中的四大要素或四大属性。学习的质量是学习者建构意义能力的函数,而不是学习者重现教师思维过程能力的函数。换句话说,获得知识的多少取决于学习者根据自身经验去建构有关知识的意义的能力,而不取决于学习者记忆和背诵教师讲授内容的能力。

(2)关于学习的方法

建构主义提倡在教师指导下的、以学习者为中心的学习。也就是说,既强调学习者的认知主体作用,又不忽视教师的指导作用。教师是意义建构的帮助者、促进者,而不是知识的传授者与灌输者。学生是信息加工的主体,是意义的主动建构者,而不是外部刺激的被动接受者和被灌输的对象。学生要成为意义的主动建构者,就要求学生在学习过程中从以下几个方面发挥主体作用。

第一,要用探索法、发现法去建构知识的意义。

第二,在建构意义的过程中要求学生主动去搜集并分析有关的信息和资料,对所发现的问题要提出各种假设并努力加以验证。

第三,要把当前学习内容所反映的事物尽量和自己已经知道的事物相联系,并对这种联系加以认真思考。联系与思考是意义构建的关键。如果能把联系与思考的过程与协作学习中的协商过程(即交流、讨论的过程)结合起来,则学生建构意义的效率会更高、质量会更好。协商有自我协商与相互协商(也叫内部协商与社会协商)两种。自我协商是指自己和自己争辩什么是正确的,相互协商则指学习小组内部相互之间的讨论与辩论。

教师要成为学生建构意义的帮助者,就要求教师在教学过程中从以下几方面发挥指导作用。

第一,激发学生的学习兴趣,帮助学生形成学习动机。

第二,通过创设符合教学内容要求的情境和提示新旧知识之间联系的线索,帮助学生建构当前所学知识的意义。

第三,为了使意义建构更有效,教师应在可能的条件下组织协作学习(开展讨论与交流),并对协作学习过程进行引导,使之朝有利于意义建构的方向发展。引导的方法包括提出适当的问题以引起学生的思考和讨论;在讨论中设法把问题一步步引向深入,以加深学生对所学内容的理解;要启发诱导学生自己去发现规律、自己去纠正和补充错误的或片面的认识。

三、校企合作理论探讨

(一)校企合作模式、内容及其特征

校企合作办学是高等职业教育的基本属性,是培养有素质、高技能应用型人才的必由之路。校企合作的成功与否关系到高等职业教育能否办出特色、办出风格、办出质量,从某种意义上说,也是高等职业教育成败兴衰的决定性因素。各级各类高职院校不断丰富和探索校企合作的模式,校企合作的形式越来越多,内容越来越深,形成了长效机制和多元格局,从而把学校和企业关系提升到战略关系,深入合作,共同发展,创造了校企共赢的社会效益。

1. 校企合作的主要模式

从校企合作中学校和企业参与的方式与程度看,大致可以划分为以下三种类型。

(1)企业配合型

企业配合型就是以高职院校为主,企业处于辅助配合地位的类型。具体来说,就是高职院校提出和制定人才培养目标和教学计划,并承担大部分人才培养任务,企业只是根据学校提出的要求,提供相应的实训条件或协助完成实践教学任务。主要表现为高职院校成立专业指导委员会,聘请企业相关人员参与,教师到企业做市场调查,学生到企业进行实习。由于学校和企业各为独立的法人实体,彼此没有共同的经济利益,各自经营目标独立,企业没有为学校培养人才的义务和责任,因此,这种浅表层面的合作容易出现"校热企冷"的问题。

(2)校企联合培养型

校企联合培养型是指高职院校和企业联手共同培养人才。简言之,就是校企双方共同制定人才培养目标、教学计划和人才培养方案以及共建校内外实训基地,并且按岗位群的分类,确定专业能力结构和非专业能力素质的群体要求,根据企业的需要进行人才培养。学校为企业提供技术咨询和指导以及承担企业员工的培训工作,为企业实施"订单式"教育,学生毕业定点实习、定点就业。企业则承担与产业部门结合的那部分培养任务。

（3）校企实体合作型

高职院校和企业结成利益共同体与同盟,经营目标一致。企业不再以被动的角色参与校企合作,而是以主人身份主动参与高职院校人才培养和办学全过程,如以注入资金、提供设施等方式入股份,对高职院校承担决策、计划、组织和协调等管理职能。学校针对企业的发展需要设定科研攻关方向,并将研究成果转化为工艺技能、物化产品和经营决策,提高企业的经济效益。这种校企互相渗透、互惠互利的联动机制的合作办学,谓之校企实体合作型。

2.校企合作的主要内容

校企合作办学合作内容涉及高职院校培养技能人才全过程的专业建设、课程建设、实训教学、师资队伍、教学管理、合作就业以及文化建设七个方面。

（1）专业建设

校企合作中的专业建设内容:一是成立专业建设委员会,专业建设委员会由学校负责组建,聘请行业企业的相关专家、高工和高管参加,人数不少于50%。专业建设委员会负责制定专业建设委员会章程,提出专业建设规划,拟定专业人才培养方案。二是建立校企共建重点专业和新专业建设决策机制,即校企双方主要负责人和相关专业骨干组成决策班子,确定重点专业和新专业的设置,并定期组织相关研究活动。三是建立由企业主导的专业建设协调机制,即由企业负责人针对新兴产业和主导主干产业确定新专业的设置,学校积极参与,对企业确定的新专业组织好申报、招生和教学实施工作。

（2）课程建设

校企合作的课程建设内容:一是校企共同制订教学计划,然后高职院校根据专业设置和人才培养目标以及企业的岗位人才需求规格等来编制教学计划、教学大纲和课程实施方案,做好教材选用工作,确定实习实践环节;二是校企双方共同确定课程体系,共同制订教学计划和教学大纲,双方有关人员共同编写符合企业需求的教材,制定实习实操实施方案,并由专业建设委员会进行课程标准的评审;三是由企业主导课程的开发,确定典型项目教学、工作任务案例、教学计划和教学大纲,并组织编写教材和实习教程,高职院校实施教学和人才培养。

（3）实训教学

实训教学是校企合作办学的核心内容,体现在三个方面:一是高职院校自身建立校内实训基地甚至生产性实训基地,配置设备设施,按照教学计划、教学大纲和人才培养目标组织实施实训教学。二是校企共建实训基地或生产性实训基地,基地的相关设备设施由校企双方共同负责;或开展产教结合实训,即由企业为高职院校提供相关产品,供学生进行产教结合实训,学生通过完成产品的部分工序达到实训的目的。三是深度融合实训教学,包括企业建立生产性实训基地(或实训基地),主要设备设施由企业提供;或高职院校在厂区建立教学区,将一个或几个专业的教学放到企业去办(即"厂中校");或学校将实训基地建在当地工业园或企业内(即"园中校""厂中校"),做到人才培养和人才使用的无缝对接。

（4）师资队伍

校企合作办学的师资队伍建设内容有三点。一是校企共同组建师资队伍,学校聘请行业企业优秀高技能人才、专业技术人员、高级管理人员和专家担任生产实操指导教师和核心课程教学指导教师,在国家政策允许的范围内向企业有关兼职人员和实习指导老师支付一定的报酬;或高职院校依托和凭借合作企业培养培训师资,定期派遣教师到企业进修实训并形成制度,有效提升教师的实践技能水平。二是企业专家为高职院校教师举办新技术、新工艺、新设备、新材料等内容的学习培训;或企业安排研发创新人才对高职院校教师采用"师徒制"或"导师制"进行传帮带;或高职院校教师参与企业的技术攻关、技术设备更新改造和技术成果应用,企业把某一技术课题委托给高职院校进行技术攻关和技术改造等来提高教师技术研发和创新水平。三是企业相关人员到高职院校实行阶段性全脱产教学和科学研究,或高职教师对企业高级技术人员和高技能人才进行提升培训,相互融通。

（5）教学管理

校企合作下的教学管理在于注重行动导向,注重职业能力。一是改革学生学业考核评价办法,完善"知识+技能"的考核评价体系,校企双方通过面试、笔试和实操等形式对学生的专业知识和专业技能进行考核,使学生取得相关专业职业资格证书和毕业证书;二是改革教学模式,让学生积极主动参与到学习过程之中,满足学生求知和就业的需求;三是改进教师教学质量评价的方式方法,企业参与教学过程和教学质量的全程监控。

(6)合作就业

合作就业环节是校企合作的目标,既是高职院校人才培养的基本要求,也是企业渴望的重要内容,更是校企合作双赢的核心。主要形式有订单培养、岗前培训、继续教育。

(7)文化建设

让校园文化和企业文化相互交融、相互补充,能促进高职学生的综合素质的提升。一是企业文化进课堂。学校开设企业文化课程,聘请企业管理人员授课。二是德育基地进企业。在企业开设专项德育实训基地,零距离接触企业文化,让学生身临其境。三是企业文化进实训。还原企业真实的工作环境,严格按照企业岗位有关要求进行操作。四是企业制度进校园。学校把企业管理有关条例适当渗透进学生管理当中,让企业制度和大学制度有机结合,使学生及早感受到企业的约束,做到日常行为职业化。

3.校企合作的主要特征

校企合作办学内容和形式的实现必须根据当地区域经济发展和学校自身办学水平提升的需要,在原有发展基础上,围绕高等职业教育人才培养的目标、功能和定位,充分利用区域优势,主动与地方经济社会接轨,形成"政校企行"四方联动机制,打造"基地、教学、科研、招生、就业"融通的办学模式,促进学校内涵和质量的跨越式发展。

校企合作办学的基本特征充分体现在五个方面:一是校企合作办学以系统科学理论为依据,基地、教学、科研(技术开发与成果转化)、招生与就业相互联系、相互影响、相互促进,它们密不可分,构成了系统化地培养高素质、高技能人才的科学实践体系;二是校企合作办学是以经济社会需求为动力,体现实践性、职业性、开放性的高职办学理念,面向地方经济社会发展设置专业,人才知识与能力结构符合社会需求,教学科研体现改革思路;三是校企合作办学是以紧密型、融合型基地建设为重点,抓住校企合作的关键,突破传统基地的学生实操单一功能,着重建设具有多功能、多层次的紧密型、融合型基地,把紧密型、融合型基地作为实施一体化办学模式的重要基础;四是校企合作办学是以拓展多元利益为驱动,在校企合作中拓展多元利益,从思想感情和文化成分上,加强学校与企业的糅合,达到互惠互利、文化融通、互相促进、共同发展,保持长期稳固的合作关系;五是校企合作办学是以提升学生综合素质为目的,合作涉及双方感兴趣的所有方面,形式不拘一格、灵活多样,提供全面的教育服务,为学生获得企业需要的职业能力和综合素质提供理想途径。

(二)高职院校社会服务功能的实现、创新与拓展

1.问题的提出

大学作为独立运行的组织,教学、研究和社会服务,是公认的现代大学三大职能。这是大学在不同的时期不断地接纳社会赋予它的新职责,不断满足社会发展需求变化的结果。与社会的联系越来越广泛,使得现代大学开始超越象牙塔,走向社会的中心,成为整个社会中最具活力、最能代表时代前进方向的机构,并被人们誉为"服务站"。

高职院校作为一种类型的高等教育机构,同样担负着多种多样的社会服务职能,开展有高职院校特色的社会服务是国家实施科教兴国战略和人才强国战略的客观要求。高职院校与普通高职院校相比,它以直接为社会经济发展服务、为产业行业培养各类劳动力作为办学宗旨,与普通教育相比,其社会服务的职能更为突出、意义更为重要。高职院校开展社会服务,是区域经济社会发展的客观要求,也是学校自身生存发展的需要。

增强社会服务功能、参与经济社会发展是高等教育的重要历史使命,如何履行这一重大的历史使命,需要我们不断实践和探索。高职院校社会服务功能的实现和拓展,需要以学校的理念创新、内涵建设和资源整合等作为基础条件,在办学实力和人才培养质量提升的过程中,不断通过路径选择和模式创新,为社会发展提供多种形式的服务活动。

2.高职院校社会服务的内涵

没有教学,大学就不能成其为大学;没有科研,大学就不是高水平的大学;而没有社会服务,大学就不是现代大学。大学作为组织,要与外界的环境进行作用,对资源进行重新整合和配置。组织如何理解自己所处的环境,如何参与自己的环境,如何从环境中选择和加工信息,决定着组织所获得的资源以及组织对环境的作用。服务社会是高职院校适应和影响外部环境的作用过程,文化引领则是其对环境的作用结果。

高职院校的社会服务功能的实现,需要依靠高职院校自身的理念创新、内涵提升和资源整合等作为基础条件,增强实力以获得行业企业的支持,为自身的发展获得好处的同时也提供给企业有价值的、稀缺的人力、物质资源,拓展互利共赢的发展空间,增强各自的核心竞争力。现代经济社会的快速发展要求劳动者素质和能力随着核心科学技术的应用和普及相应地提高。职业教育的社会服务职能是要在教学和科研中具有前瞻性和先进性,不仅要承担起"用明天的技术,培养今天的人才,为未来服务"的重任,还要研究新技术、开发新课程、传播新技能,为社会、企业提供广泛、及时、实用、超前的服务。这种广义的服务理念以经得起产业结构和市场调整的考验为检验标准,这样才能与社会、企业建立融洽、共赢的关系,也才能够在服务社会和企业的同时发展自己,为自身的发展提供更广阔的空间。

作为应用型高职院校,其社会服务的特征与高职教育的特征密不可分,具有鲜明的区域性和行业性特征。主要任务是向区域和行业提供技术应用型和高技能型的人才培训,提供技术创新、推广和服务,推动先进文化的传播和辐射,使学校成为区域的技术技能培训中心、新技术的研发推广中心、区域学习型社会中心,具体包括就业转岗培训、技术研发推广与服务、文化教育传播与辐射、提供社区需要的部分物质和精神产品等。

3. 实现和拓展社会服务功能必须处理好几种关系

(1)明确为谁服务和怎样服务

高职院校参与社会服务的方式很多,为企业等相关组织提供咨询、技术服务、培训等,只是对高职院校社会服务的一般理解。从企业的角度讲,希望向外界展现的是对自己有利的信息,而不希望把自己获利的设计、生产模式和经验进行推广。从科研和教学的角度却恰恰相反,其要求信息全面、客观和公正,希望把先进的设计、生产模式等方面的知识进行推广,从而提高整个产业和社会的效率。企业不希望花费大量的经费投入与自己利润无关的产品的开发和研究,但是科学研究追求的是真理,在不违背道德伦理的情况下,科研应该是没有禁区的。

因此,我们面对的问题是,高等教育需要明确为谁服务和怎样服务。首先,高等教育社会服务的内容应当是有选择的,应当选择那些适合自己的服务项目和服务对象,要拒绝那些对社会起着负面效应的研究和项目,要"有所为,有所不为",这也是作为高职院校教师的起码良知和责任。其次,高职院校参与社会服务并不是一味迎合与满足社会主体对高等教育无限制的要求。再次,高职院校教师直接参与社会服务,这当然是一件好事,但是有的高职院校教师和学生利用自己的优势地位,花费了大量的时间和精力在社会服务项目上,甚至严重地影响了教学,这也是不可取的。最后,高职院校的社会服务,要积极利用自己的优势资源,结合时代要求,服务社会发展。

（2）积极发展高职院校和企业以及相关组织的合作

在高等教育增强社会服务功能、参与经济社会发展、构建学习型社会的过程中,高职院校与企业或者相当于企业的类似组织间的沟通与合作是重要的前提之一。高职院校希望通过与企业及类似于企业的相关组织的合作,更好地培养企业和社会所需的人才,便于学生就业。

（三）基于政府主导视野下的校企深度合作之发展对策

1. 必须依靠制度建设推进校企深入合作

校企合作、工学结合是关系国家技术技能人才培养的一个社会公共命题,绝非仅是教育命题,理应将其放在更高的国家战略、国家制度层面上去审视和完善。职教立法的保证、专项规章的推动、财政经费的支持、特惠政策的倾斜、奖惩政策的调节、协调组织的保障,都是重要的制度创新。

高效的咨询、信息服务和协调沟通机制是校企合作可持续发展的纽带。一方面,政府多个部门的协同化问题需要真正解决。虽然我国职业教育部际联席会议制度已经建立,但是教育、人保、发改、财政、税务等部门在对待校企合作中的一些问题时各有立场,缺少能驾驭相关部门的权威领导牵头,实际效果不明显,亟待改善。同时,校企合作涉及人财物和信息资源的配置及交换,若要真正做到齐抓共管,各尽其责,相互沟通,互惠互利,需要一个有效的协同机制。

另一方面,行业组织和中介组织可以部分发挥牵线搭桥、信息沟通的作用,如在学校招生、专业建设、学校管理、学生就业、企业员工招聘、技术开发等方面提供咨询服务。目前最大的难题是,行业组织的属性没有权威法律界定,行业组织的形态和工作机制形式各异,中介机构目前并不健全。当前,应大力发展行业组织和中介机构,这是市场调节的重要形式,是政府委托服务、购买服务的有效形式,也是校企合作必不可少的服务保障。

2. 校企合作的机制体制亟待协同创新

学校和企业是不同的两个主体，主管部门不同，追求的利益、管理的思路等也不同，学校和企业要跳好"双人舞"，必须要找准两者间的切入点。结合我国经济发展所处阶段和企业尚在快速发展阶段的实际，用社会责任感来要求企业参与校企合作显得非常"柔弱"。从现实出发，这个切入点对企业来说，一是获得一个稳定的人才吸收途径，二是可以通过和高职院校的合作实现技术创新。对于企业来说，深度的校企合作要从学校的招生阶段就开始介入，与学校一起制定教学大纲，同时，派出专人对学生进行面试和素质测评，改革评价机制，为企业储备优秀人才，使高职院校毕业生直接成长为企业生产一线的中流砥柱。

在校企合作的探索中，职业教育集团化办学也是一条新路子，有条件的地方可以依托较为优质的职业教育资源与行业企业共同组建职教集团。当然，职教集团不能只是形式上的集团化，而要在管理格局、运行机制中体现集团化特征，要调整人事管理制度，改革教学内容，加强校内外实习基地建设，真正在内部机制体制上实现突破。

3. 政府要为校企深度合作搭桥铺路

校企合作无疑是职业教育改革最为重要的路径，但由于企业和学校在性质、体制、功能和结构上不同，事实上两者很难通过无缝对接的方式实现真正意义上的合作，而在这方面能给两者架起桥梁的就是政府。然而，由于缺少有关校企合作的政策法规，政府在出面统筹协调校企合作、联合办学、制定区域技能型人才发展规划等方面的作用缺位，致使校企合作的运行机制、体制和模式未能真正建立。

要真正解决这些问题，就要尽快构建由政府主导的校企合作政策与管理机制，以立法的形式制定有关职业教育校企合作的法规或条例，明确政府、行业企业、学校在校企合作中的职责和义务。此外，还需要政府着力培育和大力支持有责任、有能力、有条件的行业组织，加强对行业组织的审核管理，建立行业参与职业教育质量管理的机制，依据行业提供的人才需求预测制定职业教育布局和发展规划。

第二节 高职院校校企合作的主要模式与内容

一、基于不同目标导向的模式分类

(一)人才培养型合作模式

这一模式是企业根据自身的特点和市场的变化,同高职院校进行订单式人才培养。在人才培养方面,许多高职院校与企业已建立起了长期的合作关系。一方面,高职院校利用教学条件,为企业定向培养技术人才和经营管理人才,这已成为企业解决人才匮乏和培养综合性人才的重要途径;另一方面,企业利用先进的生产设备和资金资源为高职院校提供实习基地,这也成为高职院校人才培养的重要内容。采用这一模式,高校主要是为了提高学生的实践能力和创新能力,企业则是为了培养面向市场、面向生产和技术开发的应用型和创新型高素质人才。这种模式的特点是:以合作教育为主要手段,通常采取定向委培招生、联合办学、共建基地、互相兼职等合作形式。

1.校企合作人才培养的必要性

(1)校企合作人才培养是企业人力资源开发的迫切需要

加强高技能人才队伍建设是提高企业核心竞争力和国际竞争力的一项重要的基础性工作。高技能人才匮乏,已经成为制约我国经济发展和产业竞争力提高的一个瓶颈。"中国制造"要走向世界,仅仅靠劳动力的低成本难以参与国际竞争,更难以占领国际市场,迫切需要高素质的劳动者,特别是大批高技能人才。

(2)校企合作人才培养是职业教育提高自身竞争力的迫切需要

完善以就业为导向的办学模式,工学结合、订单培养、产学研一体化等,都是职业教育在办学过程中促进就业、促进办学水平提高的成功范例,也是职业教育校企合作人才培养模式的重大突破。以就业为导向的办学模式,要求培养的学生与用人单位科学、有机地实行"产销"连接。也就是运用校企合作人才培养模式,充分发挥教育在人力资源开发中的能动作用,利用市场的力量使职业教育在促进人力资源开发中发挥更重要的作用。而职业教育也只有在促进人力资源开发的过程中认识自我、完善自我、发展自我,才能提高自己的核心竞争能力。

2.校企合作人才培养的可行性

(1)职业教育的培养目标与企业人力资源开发的需求相吻合

职业教育以培养生产、服务一线应用型人才为目的,是培养数以亿计高素质劳动者和数以千万计专门人才的平台,与国民经济的各行各业迫切需要数以千万计的高技能人才和数以亿计的高素质劳动者的需求相吻合。

(2)职业教育是企业人力资源开发的重要途径和手段

职业教育是适应社会和经济发展的产物,与行业、企业、农村和社会用人部门密切相关。市场需求是职业教育最根本的切入点,与经济建设同呼吸、共命运,所以职业教育可保证直接有效地开发人力资源。

3.校企合作人才培养的具体实施途径

国家要求加快人才培养体制和机制的改革,积极推进校企合作教育。鼓励高等学校与企业开展合作办学,联合建设重点领域学科和专业,按照企业对人才的要求实行"订单式"培养。聘请行业主管部门和企业共同参与制订人才培养目标、进行课程设置、开展教学质量评估。加大人才培养模式和教学管理制度的改革,工科在校学生要到企业进行毕业实习和毕业设计,时间不少于6个月。建立"双导师"教师队伍,积极邀请企业专家兼课,派教师到企业学习。

高职院校通过与用人单位签订校企合作协议书,与用人单位就教学实习基地、冠名班、就业基地等事宜,经双方友好协商,达成合作意向。

校企合作协议书就是用人单位的"订单",这张订单不仅是一张用人需求的预定单,还包括从培养目标、课程计划到教学方法、评估方法等在内的订单培养计划。要在用人单位"需求"的前提下,充分发挥用人单位人力资源与物质资源在办学过程中的作用,具体做法如下。

(1)教学层面的合作

①企业参与学校招生和毕业生的就业。在学校招生阶段即选拔一个班的学生作为"签约准员工",企业就缺口岗位与校方达成培养协议,每年所需专业人数通报校方,由校方负责招生、培养,企业选择优秀学生进企业顶岗实习一年,学校和企业共同签订高技能人才的就业协议。校企双方合作共

同研究培养高技能人才的专业教学计划,使学校的专业教学计划能够与市场需求良好对接;注意把企业人力资源开发计划与学校的教学计划、课程标准对接,使企业人力资源开发和学校教学环节紧密结合,教学针对性更强。

②企业为校方提供实践基地,由企业指派人员对学生进行实训;加强学校教学与生产实际的结合,弥补学校教育与企业生产脱节的缺陷,培养和锻炼学生解决企业生产一线实际问题的能力。校企双方共同研究开发培养高技能人才的教材,并将与企业生产密切相关的、直接从企业生产一线提炼出的生产性案例在校内对学生进行案例教学,或由企业工程技术人员或生产骨干根据课题的内容和教学要求在生产现场实施教学。

③学校根据企业需要对企业的在岗人员进行专业知识培训或取证培训。

(2)师资队伍培养的合作

校企共同选定培养高技能人才的师资;学校积极引导各专业教师深入企业生产一线顶岗进修,紧贴企业实际进行培训课题开发,同时聘请企业有丰富实践经验的技师、高级技师走进学校一起参与课题开发和直接从事教学。

(3)产学研合作

拓宽产学研一体化办学思路,在条件成熟时,积极承接企业加工项目,由教师带领冠名班学生进行技术攻关,成功后将其开发成冠名班教学课题。

(4)文化层面的合作

将企业文化与理念传输给教师和学生。每年请企业有关部门主管为学生开展讲座。企业还参与对学生的评价、学生管理模式的制订,有针对性地培养学生的职业责任感和敬业精神。

搞好专业文化建设,通过引入企业文化,校企结合,培养学生适合企业需要的专业文化素质,即专业化的工作技能包含技术、资质和通用管理能力;专业化的工作方式包含形象、思维、语言;专业化的工作操守包含道德、态度、意识。

4.校企合作人才培养的作用和意义

对国家来说,校企合作培养人才是加快国家人力资源开发,促进就业和再就业的重大举措;是全面提高国民素质,把我国巨大的人口压力转化为人力资源优势,提升我国综合国力,构建和谐社会的重要途径。

对企业而言,"订单培养"是快速造就人才的有效途径,开展校企合作能有效地保证企业对技能紧缺型人力资源的开发需求,可以较好地解决企业对人才标准的培养途径与质量要求等问题。在校企双方紧密型合作的过程中,由于教学计划是校企双方共同制订的,所以学生在实习前初步具备了顶岗生产的能力,使企业感受到接受学生顶岗实习不仅不是负担,而且成为有效的劳动生产力。同时学校让合作企业优先挑选、录用实习中表现出色的学生,使企业降低了招工、用人方面的成本和风险,获得了实惠与利益。在教学中充分体现"订单培养"为企业"量身订制"人才的功能,突出企业岗位要求,注重工学紧密结合,加强学生对企业文化认同感与归属感的培养,并最终实现学生综合素质与企业岗位的无缝对接。将校企合作作为营造"学习型企业"的重要组成部分,提高企业竞争力。企业亦可以通过对教育的支持,起到宣传效应,树立企业形象。

对学校来说,开展校企合作能有效地使学校了解企业对人才数量与质量的要求,从而确定人才培养目标,确立服务企业的办学理念,明确人才培养的质量要求,创新人才培养方案的制订,变革人才培养的途径与方法,使之满足企业对技能紧缺型人才的需求。在招生宣传方面,学校注重突出订单企业及其合作的成效,让学生与家长更多地了解企业发展前景与岗位要求,努力使他们对自身发展做到心中有数,体现了"以学生为本,为学生发展考虑"的办学理念。校企合作人才培养是职业教育的核心竞争力所在,一定要坚持并发扬光大。

对学生而言,校企合作人才培养模式使学习内容与企业的需求零距离、使实践锻炼与职业岗位零距离,必将促进实践能力和综合素质的提高;还能使学生亲身领略企业文化并更好地融入其中,培养学生对企业文化的认同感与归属感,让学生更多地了解企业发展前景与岗位要求,从而对自身发展做到心中有数,提高就业水平与发展能力。

(二)研究开发型合作模式

这一模式是校企双方以科学研究和技术开发为"接口",以促进科技与经济有效结合、提高企业技术创新能力为目标而进行的合作,是加速科技成果产业化进程、促进科技与经济紧密结合、快速提升企业技术创新能力的重要手段。

职业教育应坚持校企合作、产教融合、工学结合、知行合一的发展道路，这不仅是经济发展对职业教育提出的客观要求，更是职业教育可持续发展的必由之路。其中，高职院校开展科研工作是解决行业、企业人才需求，为地方经济和社会发展提供技术和智力支持的重要途径。校企合作开展科学研究与技术开发的实施途径如下：

1. 建立校企合作平台，找准科研方向

高职院校的科研工作要紧密结合区域经济和社会发展的需要，所以教师在进行科研选题的时候，应本着服务地方的宗旨，以解决现实问题作为出发点和落脚点。

2. 完善校企合作机制，营造良好科研氛围

很多高职院校的科研工作很难开展，其中根源问题是很多教师思想上对开展科研工作的认识和重视程度不够。

通过完善校企合作机制，在校企合作、工学结合模式下，学校有计划地安排教师到企业挂职顶岗，从而培养教师的实践能力和科研能力。政策上可提供的保障有：①学校要建立健全科研激励机制，充分利用科研工作的导向作用来激励科研人员，创设良好的科研氛围。例如，在时间上为教师参与科研工作提供政策支持，或参加顶岗生产实习，让教师在生产过程中发现问题，设立研究方向。②在科研工作推广上，要体现技术要素参与分配的原则，对教师实行效益提成、技术入股，在职称、津贴和聘用方面向参与科研工作的教师倾斜。

3. 发挥中坚力量，组建科研

无论是青年教师还是来自企业一线的老教师，都难以成为科研团队的核心力量。学校可以先从引进或培养学术带头人入手，通过引进外来教师或重点扶持校内科研能力较强的教师，使他们能够脱颖而出，形成科研团队核心。在此过程中，学校的制度保障很重要，各高职院校可启动学术带头人制度，借助"传、帮、带"的方式，带动其他教师一起搞科研，让他们在科研中发挥各自优势，让科研项目成为高职院校应用型研究得天独厚的载体。

4. 深化校企合作模式，建立科研成果共享平台

我国高职院校校企合作形式划分为三个层次：浅层次合作、中层次合作

和深层次合作。大部分高职院校基本建立了校企之间的浅层次合作。而从浅层次到中层次升级的关键在于校企之间师资互聘、订单培养,在人才培养方向上更加订制化,更加贴近企业岗位需求;从中层次到深层次的升级则对学校的科研提出更高的要求,要求高职院校能够针对企业的发展需要确定科研方向、进行成果转化和应用,既能有力地促进教学,又能服务企业的发展。很多高职院校存在科研成果欠佳、推广不足的问题,通过校企合作模式,建立起科研成果共享平台,可以使科研成果得到更好的推广,产生理想的效益。

校企双方形成多元投资主体,建立互惠互利的利益共享关系,能够优化教学、科研一体化模式。所以,建立科研成果共享平台,是深化校企合作的要求;同时,深化校企合作也为建立科研成果提供了保障。

建立校企双方共赢的利益驱动机制,可以充分调动和激发校企双方科研合作的积极性,巩固校企合作的成果。所以,校企双方以科研项目为依托,可以实现双方利益的联结。从寻找符合发展要求的科研项目开始,学校就与行业、企业进行对接,通过联合调研确定方向,让科研方向符合企业的利益,有利于企业的经营发展,科研成果产生实际效益,增加企业收入。

(三)生产经营型合作模式

这一模式是校企双方围绕开发生产科技含量高、附加价值大的科技新产品,以满足市场需求、提高企业效益为目标而开展的合作。在这一合作模式中,高职院校一般以技术作价入股,参与企业技术开发、生产经营和日常管理,有的在技术入股的同时注入少量资金,使合作双方利益共享,风险分担,关系更加紧密。

1. 主体利益的一致性

各合作方从自身利益的需求和发展目标出发,共同开发、生产、销售技术产品,变下游合作为全程合作、局部合作为整体合作、单纯技术合作为技术经济全面合作。这样,可以发挥各方主体的优势和积极性,保证合作的长期性。

2. 市场交易内部化

各方主体之间原有的市场交易关系被整合在所组建的高新技术企业内部,用制度和组织取代市场交易来实现资源的优化配置,少走弯路,有效节约交易成本。

3. 投资主体多元化

这种校企合作形式,不仅使多种出资形式有效结合,共同投资、共同经营、关系明确,直接实现与市场的对接,而且可以使投资风险、经营风险相对分散。

(四)主体综合型合作模式

在这一模式下,校企双方合作的目的具有多向性,即通过多方位、深层次的合作,达到既培养人才,又提升创新能力,同时获取最佳经济效益的目的。它不是单纯的一对一的合作,而是一对多、多对多的合作。其形式主要有共建高新技术开发区和大学科技园,建立松散或紧密型的教学、科研、生产联合体等。

二、基于不同主体作用的模式分类

研究者根据校企合作的主体作用不同,将校企合作的模式分为以下三种。

(一)企业主导型校企合作模式

在该模式下,企业为满足市场竞争的需要,一方面致力于提升自身的研发能力,另一方面以委托开发、合作开发和共建研究机构等形式寻找高职院校的技术支持、咨询和服务。企业处于主导地位,并承担相应的研发和成果转化风险。高职院校的技术创新活动围绕企业的需要进行,其研发活动的内容、形式和范围由企业决定,高职院校是参与者的角色。

1. 企业主导校企合作的原因与方式

从现实情况来看,产学研结合也必须以企业为主导,才能以市场机制实现持续的技术创新,充分发挥出产学研结合这一技术创新平台的作用,这是新经济革命的基本结论。企业为主导的原因主要有两个:一是企业的经营目标是追求利润最大化,这一目标只有在市场竞争中才能实现,明确和强化企业在产学研结合中的主体地位,有利于在产学研结合中引入市场机制,把握研发工作的市场导向,从而在制度上保证持续技术创新的实现;二是企业由于具有贴近市场、了解客户需求方面的优势,能够较为准确地掌握市场现在和未来的技术需求,从而有利于在产学研结合中正确把握研发方向,迅速地把高职院校、科研院所和企业的科技资源整合起来,提供有市场前景的产品和服务,提高产学研结合的成功率和效益。

企业真正成为校企合作创新的主体主要表现在以下四个方面。

①企业要作为校企合作创新的决策、投资主体,这意味着企业在合作创新形成之前,应根据自身的利益和对市场的认识,自主选择适合本企业发展目标的合作创新项目,并进行筹资、投资,承担相应风险,大学、科研院所以及政府的专家共同参与项目的筛选和论证。

②企业要作为校企合作中研究开发的主体,并不是说合作研究开发工作一定要在企业进行,而是指企业在研究开发的整个活动中要把握其产业化方向,从产品设计、原材料选择、生产方式到项目管理,企业在开发研究的每一个阶段都应该参与,以保证研究开发紧贴企业的产业化能力。

③企业要作为合作创新利益的分配主体,即如果合作研究形成产品,企业就可以自己申请专利进行必要的保护,同时在合作之初,就详细规定利益分配的方式,合作成功之后在满足大学和科研院所协议规定的利益外,有权对其收入进行自主分配。

④企业要作为技术转移的主体,即对于大学和科研院所因政府资助所得的研发成果在进行技术转让时,企业应负责与大学研发机构共同制订详细的技术开发计划书,确定能有效达成技术商业化目标的合理期限。

2. 企业主导型校企合作的几种典型模式

校企合作创新的方式不断涌现,合作的领域、规模、期限不断扩大,从企业出题、高职院校和研究所攻关这样一次性短期合作,逐步发展到共建企业技术工程中心、开放型实验室和联合经济实体等多种形式的长期稳定的合作关系。

(1)共建经济实体

大型企业或企业集团为长远发展的需要,协调产学研各方的资源优势,以法律规范下的协议或合同为依据,按照现代企业制度组成长期合作经济实体。其主要特征如下:以自己稀缺的资源为合作目标寻求合作伙伴,实现了资源的紧密结合,优势互补,风险共担,利益一体化;除了资源合作,还体现了组织、管理、市场等各方面合作;一般有比较完善的管理体制,产权明晰、责任明确、责权规范,优势发挥充分;利益分配按各方出资比例确定,其中高新技术的出资比例要根据技术的预期收益与风险性、市场的紧迫性、技术的独占性和稀缺性等因素确定。在实践上,合作形式可表现为有限责任公司、股份制公司、科研或生产联合体等;一种特殊现象是共建科研型经济实体,形式为研究开发中心、中试基地等,一般建立在企业内部或大学和科研机构内部。

(2)作为校企合作高级形态的技术并购

从技术经营角度看,获取战略性技术的手段不必从研发起步,而可以从购买技术资源开始。企业在技术经营中,通过利用企业外部的技术资源,迅速实现本企业的经营战略,而且在利用外部技术资源的同时,也考虑企业自身的技术积累和储备。总体来说,企业以上游研发成果为目标,购进下一波崛起的中小型科技公司及相关原创技术或产品,从而进入新的产业领域或市场,通过创新主体外部化、收购、投资或控股来完成产业创新。通过并购、联合企业、研发联盟及技术搜索获取技术的重要性随时间的推移有所上升,而内部研发的重要性有所下降,由并购获取研发资源成为企业获取技术的重要战略。另外,技术更迭催生了许多创新型公司,从而为技术并购提供了条件。

当前我国高新技术产业发展很快,但是企业规模总体偏小,规模经济效益不够显著,不利于进一步的技术升级和企业发展。如果通过有资源优势的大企业对这些掌握某一方面高新技术的中小企业进行技术并购,则可以形成资源和技术的良性互补,充分发挥出新技术的市场潜力,反过来也可以加强原被并购企业的研发,使更好的新技术迅速诞生。另外,集中在高职院校和研究院所的科技资源,许多校办或院办企业(多数为中、小企业)、科技园、创新基地和高科技孵化器,由于体制等原因,其经济效益还远未得到充分发挥。技术并购这种高级、紧密的结合方式,可以使这些具有高技术但市场能力不足的企业的技术更好地进入研发能力相对不足但是面向市场能力强的企业,使并购企业的技术水平大大提高,也使产学研的结合更为紧密、有效。

一般来说,在进行技术并购前,可先将研发工作交由中小科技创新公司来完成,然后再把这些公司收购。先进行技术联盟,然后实施技术并购,先风险投资,再选择目标公司,既降低了自行开发的风险,又降低了单纯技术购买的风险。

以企业为主体的技术创新体系和企业主导型产学研结合机制是深化我国科研体制改革、构建国家创新体系的战略重点,是我国企业在严峻的国际竞争和未来发展中应对挑战和危机的主要举措。

企业主导型校企合作创新模式无疑有益于形成以企业为创新的主体,以市场为导向,引导企业进行广泛的校企合作,发挥各自优势和资源集成,完善创新产业化链条,以最快速度实现技术突破和产业化。

(二)高职院校主导型合作模式

高职院校凭借其技术和人才优势进行技术创新,成果成熟后以技术转让、专利出售等形式向需要该技术的企业特别是中小企业提供,实现技术从成果向市场和效益的转化。在该模式下,高职院校处于主导地位,决定研发内容和合作对象,并独立承担研发风险。

1.高职院校主导型校企合作模式的内涵与特征

高职院校主导型校企合作模式就是高职院校居主导地位的校企合作,其实质内涵在于,高职院校凭借其知识、技术和人才的优势,联合科研机构,为企业提供核心技术,并以技术转让、专利出售以及建立高新技术创业基地、孵化器、大学科技园等形式实现技术的产业化,更好地实现技术创新的社会价值。在该模式下,高职院校在推动创新过程以及处理与其他合作主体间关系时处于主导地位,研发创新的内容与目标、合作创新的方式、创新收益的分配、创新风险与责任的承担等关键任务均由高职院校主导。需要指出的是,在这种模式下,高职院校处于主导地位,与企业的技术创新主体地位并不冲突,因为高职院校在主导各种决策时必须充分考虑企业的需求和利益。合作创新的根本目标是形成高质量创新成果以解决企业的技术难题,或者通过满足企业的技术需求而实现科技成果向现实生产力的转化。

高职院校主导型模式是从整个产学研的发展阶段来确定的新的合作创新思路,它不仅仅是一种合作创新模式的选择,更是一种合作创新指导思想的变革和观念的更新。与其他校企合作模式相比,高职院校主导型校企合作模式具有如下几方面优势与特征。

(1)能形成强劲的科技创新和产业研发实力

校企合作的首要目标是解决产业的重大技术需求问题,这就要求部分合作创新主体必须具有较强的科技创新能力,而高职院校尤其是研究型高职院校能较好地满足这一要求。高职院校是各种学术资源的聚集地,掌握着学术前沿知识,可以依托高素质的人才和高水平的实验平台从事各种新技术、新成果的研究与开发。同时,众多高职院校之间具有密切的学术联系和频繁的人才交流,这有利于高职院校之间进行创新资源共享,集成优势资源开展合作创新。在高职院校主导的校企合作框架下,研究型高职院校与企业沿着从基础研究到技术研发再到产品开发的整个创新链条深度融合,与协同创新的宗旨完全契合。特别是一些具有行业特色的研究型高职院校,可以依托所拥有的专业特色鲜明的关键实验设备和重大创新平台,面向特定产业链条的关键环节与核心技术,开展多层次的校企合作研发。而且相对于行业性研究机构和企业研发机构而言,此类高职院校在学科广度和深度以及人才积累方面的优势,使其能够具有更加强大的研发实力,而高职院校的公益属性使其能够淡化对于短期经济利益的追求,从而强化围绕关键核心技术开展合作研发的意愿。

(2)可促进产学研人才高频互动

校企合作的关键在于人才的合作与共享,而高职院校既是人才的集聚高地,又是人才的培养和输出重地,因而,在高职院校主导的校企合作中,人才的良性互动与精诚合作更容易实现。首先,高职院校能够为各类创新活动提供智力支持和人才支撑;其次,人才培养是高职院校的基本使命,每年输出大量毕业生,特别是其核心优势专业的毕业生大多流向特定产业,而与其有密切合作关系的企业和研究机构又往往是毕业生就业的主要去向,从而为长期的校企合作奠定了重要的人才基础和人际关系基础;再次,高职院校是一种包容性和延展性极强的组织平台,既可以吸引来自企业和科研机构的优秀人才到学校深造、访学、工作,也可以搭建多种活动平台,促进不同领域人才之间的交流合作;最后,高职院校本身还承载特定群体的情感认同,在校友这种联系框架下,人才之间的交流合作更容易展开,而且这种联系效应还会持续不断地扩张下去。

(3)有利于强化高职院校对企业的支持作用

校企合作的重要目的之一就是发挥高职院校和科研机构的人才和技术优势,帮助企业更好地创新发展。在高职院校主导型校企合作模式下,高职院校对创新的目标方向、资源配置和收益分配起主导作用,能够更好地了解企业需求,从而为企业提供更多更好的支持。一是助力企业科学决策。在高职院校主导的校企合作中,高职院校对于未来的目标前景和现实的技术条件有着更为精准的把握,可以依托自身在知识、科技、人才、信息等方面的综合性优势,帮助企业围绕战略转型、产品升级、技术研发等重大决策组织专家论证,提高决策的科学性。二是推动企业技术创新。在高职院校主导的校企合作中,高职院校会更加主动地向企业输出知识和技术成果,并且帮助企业解决人才和技术瓶颈,使企业更好地享受高职院校和科研单位的知识与技术溢出效应,从而不断提升企业的技术创新能力与效率;高职院校还可以依靠自身的技术研发实力,与企业合作开展重大技术攻关,并结成战略联盟,长期为企业提供个性化、集成化的技术研发服务。三是充当企业的"人才储备中心"和"技术支持中心"。在高职院校主导的校企合作中,参与其中的企业能够更好地获得来自高职院校的人才和技术支持。

2. 新常态下高职院校主导型校企合作模式创新的动因

当前我国经济已进入新常态,经济发展的内在支撑条件和外部需求环境都已发生了深刻变化。新常态下,经济增长速度由高速向中高速转换,产业结构由中低端向中高端转换,增长动力由要素驱动向创新驱动转换,资源配置方式由市场起基础性作用向起决定性作用转换,经济福祉由非均衡型向包容共享型转换。而适应和引领新常态的根本出路就是依靠综合自主创新走创新驱动发展道路,因而对促进科技创新的重要组织模式——校企合作提出新的更高的要求。从新常态对于校企合作的新要求来看,高职院校主导型校企合作模式在实践中暴露了一些新的问题,而这些新要求和新问题也构成了对高职院校主导型校企合作模式进行创新的综合动因。

3. 新常态下高职院校主导型校企合作模式创新的取向与路径

(1)新常态下高职院校主导型校企合作模式创新的目标取向

①强化市场发现功能。校企合作要充分发挥市场机制的决定性作用,主要依靠市场的作用来发现和培育新的合作创新领域,依靠以市场需求为导向的创新源源不断地催生各种新技术、新产品、新产业。各种模式的校企合作都要能够创造更好的市场竞争环境,在市场需求导向下实现科研机构、企业在专业优势和资源优势上的协同化与集成化,强化技术创新上、中、下游的有机对接与良性耦合。

②推动产业化创新。校企合作创新要围绕产业链来部署创新链,产学研活动要落实到创造新的产业增长点上,把创新成果变成实实在在的产业经济活动。推行的校企合作模式要能最有效地推进科技和经济紧密结合,推动产学研深度融合,强化科技同经济对接、创新成果同产业对接、创新项目同现实生产力对接、研发人员创新活动同其利益收入对接,形成有利于推出创新成果、有利于创新成果产业化的新机制,从而引导企业和产业向价值链、产业链的中高端攀升。

(2)新常态下高职院校主导型校企合作模式创新的路径选择

①健全运行机制,增强校企合作各方的参与积极性。校企合作要靠合作各方共同推进,只有合作各方各尽其力,才能保证产学研协同创新的顺利、健康、持续发展。在高职院校主导型校企合作中,一方面要充分突出高职院校的主导地位,使高职院校积极利用自身的资源优势和条件,主动在校企合作中发挥主导作用,积极寻找合作伙伴,将先进的、成熟的科研成果推向企业,实现科研成果的产业化;另一方面,要强化企业在产学研协同创新中的主体地位,使企业积极主动地深化与高职院校的合作,并通过自身的努力将科研成果转化为现实生产力,为市场提供新产品、新服务,进而也为企业带来利润。

为了有效增强校企合作各方的积极性,最重要的是要健全校企合作的运行机制。一是建立公平合理的利益分配机制。一方面,应明确界定合作各方的权利和义务、责任和风险,并在此基础上,运用纳什谈判等科学的利益分配方法,通过平等协商,明确合作各方在经济利益分配方面的额度或比例;另一方面,应根据共享原则和未来收益最大化原则对合作过程中形成的知识产权的所有权和使用权做出合理界定,并事先约定补偿机制,保障各方的知识产权利益。二是建立信息共享机制。在校企合作中,合作各方的信息沟通与风险分担十分重要,只有让高职院校和企业共享信息和共担风险才能破除校企合作中的信息壁垒和沟通障碍。在信息时代,信息代表着机会和资源,有时甚至关系着生存与发展,所以在校企合作过程中,要鼓励高职院校和企业积极构建信息共享平台,快速地获得自身所需要的信息,并及时有效地进行信息交流与共享,从而提高合作创新的积极性与效率。三是建立风险共担机制。必须在合作创新系统中建立风险共担机制来降低道德风险和投机行为的发生概率,从而使高职院校和企业不至于由于担心自己要承担过大的风险而缺乏合作创新的积极性。

②提升高职院校实力,强化高职院校对校企合作的源头支撑作用。高职院校要在校企合作中真正发挥主导作用,必须不断提升自身综合实力,不断贡献量多质优的理论知识和科技创新成果,强化对于校企合作的源头支撑作用。特别是研究型高职院校应当结合自身在原始创新和创新平台建设等方面的优势,坚持"顶天""立地"的发展思路:一方面,要紧扣国家发展的重大战略需求,紧盯科技发展前沿动态,聚焦经济发展实践中的热点问题,加强"高大上"的理论创新与技术创新,争取在关系国计民生的重大科技前沿领域和核心关键技术方面形成具有自主知识产权的创新成果;另一方面,要密切关注产业发展与市场需求,瞄准企业创新发展的突出问题与现实需求,开展"接地气"的研发与创新,积极为企业的技术创新提供服务支撑,加快科技创新成果的转化应用。

③优化制度环境,完善校企合作的载体建设和人才支撑。为了深化高职院校主导型校企合作,形成稳定的产学研联盟,高职院校迫切需要与企业建设多元化的合作载体。一是制订合理的校企合作计划,在合作各方之间建立"共同利益区",推动各方积极开展校企合作载体建设。在校企合作载体建设过程中,企业主要关注创新成果的市场份额和利润率以及回报周期,而高职院校和科研院所则更关注创新成果的领先水平和人才队伍的培养,因此,必须找准各方利益的交汇点,事先以契约形式明确各方的权、责、利,尽量减少可能的纠纷。政府在制定政策时,要在满足社会公共利益的前提下,尽量呼应各方的利益,以充分激发各方的合作热情。二是完善以财政投入为先导、高职院校和企业投入为主体的多渠道、多层次的投入体系,保障校企产学研合作载体建设的资金需求。持续扩大财政投入规模,提高财政资金的使用效率,壮大各类风险投资基金,引导民间资本参与,为建设合作研发中心、协同创新实验室、科技创业园等产学研合作载体提供充足的资金支持。人才是校企合作的生命线,要进一步优化高职院校主导型校企合作模式,必须从人才入手,提高人才培养质量、拓宽人才引进渠道,为校企合作提供坚实的人才支撑。一是倡导高职院校依托合作企业建立多层次、多类型的实习基地,实行"教学—科研—生产实践"一体化的教育培养模式,提升

学生的综合创新能力,实现人才培养与企业需求的无缝对接。二是以校企合作为纽带探索多样化的人才引进方式,既可以实行"实引进""软引进""虚拟引进",也可以实行项目性引进、团队整体性引进、科研机构整建制引进,进而在政府相关配套政策的支持下,全面提升人才引进工作的成效,强化对校企合作的人才支撑。

(三)共同主导型合作模式

在该模式下,校企合作双方处于平等的地位,没有绝对的主导者。它们以利益为纽带,以契约为依据,发挥各自在资金、设备、技术、人才和市场方面的优势,共同促进技术创新,共同推进市场开发,风险共担,利益共享。

校企合作是一种校企双向主动参与的行为,不仅是一种职业教育人才培养模式,也是一种有利于企业长远发展的生存发展模式。在全球化趋势下的今天,谋求深度校企合作、校企联合主导型合作办学已经成为企业和学校的共同选择。

1.共同主导型校企合作的含义

共同主导型校企合作是指学校与企业主动积极参与办学全过程,将二者的资源协调融合,实现真正意义上的优势互补、互利共赢。这种合作渗透到办学的各个环节和各项内容,充分发挥了学校和企业各自的优势,并通过深度融合提升办学效益。

共同主导型校企合作的特点在于,企业与学校的合作是全方位的合作,相互渗透,融为一体。

在共同主导型校企合作的教育过程中,培养目标、教学内容的制订由行业、企业和学校共同参与,根据市场需求和教育规律来确定;教学过程的实施与考核由学校和企业分工合作并相互衔接、有机结合;教学质量评价由企业、学校以及学生等多个主体进行评价,达到内外一致、全面质量控制。

2.共同主导型校企合作是现代职业教育发展的必然选择

(1)共同主导型校企合作使双方实现了互补与统一

一方面,企业在校企共同体中处于主导地位,确定培养目标以行业和企业需要为核心,调整课程体系以职业技能为主线,培养专业技能以在校内外实训基地为主体,职业岗位的定向、能力及其标准的确定,取决于行业、企业的市场战略需求;另一方面,学校在校企共同体中处于主导地位,培养目标的确定、课程体系的调整、专业技能的培养等取决于学校主导作用的发挥。学校的出发点和最终归宿都是为行业、企业培养合格有用的高端技能型人才。因此,学校的主导必须服从于行业、企业的需求与发展,企业的主导引导学校的主导,学校的主导服务于企业的主导,二者互补统一,不可分割。

（2）校企共同主导合作办学是市场经济发展和职业教育特质使然

一方面,在市场经济和市场机制充分发展与完善的情况下,建立以市场为导向、以企业为主导的校企共同合作模式和运行机制已经成为市场经济发展的必然要求。因为企业在市场竞争中追求经济利益最大化的同时,比学校更具备了解市场、贴近市场需求的优势,能准确把握市场需求的发展方向,从而提高校企合作的效益和效率。

另一方面,职业教育与行业企业有着天然、紧密的联系。在共同主导型校企合作中,作为主导的另一方——学校能够利用教育资源、人力资源等优势为企业可持续发展提供智力支持,为企业发展培养合格人才。

（3）共同主导型校企合作是推动高职教育发展的必然要求

从教育的目的和功能看,我国高职教育校企合作应走"服务企业、推动企业、引领企业"的发展之路,第一项目的和功能已基本达到。但由于我国高职教育起步较晚、基础薄弱、政策缺失、校企双方定位难等原因,后两项的目的和功能还远没有达到。校企共同主导合作办学是一种深层次、紧密型、创新思维发展的合作模式,也是一种体制和机制创新的发展模式,它将成为推动和引领我国高职教育发展的必然要求。

3. 共同主导型校企合作是现代职业教育发展的优势选择

共同主导型校企合作对于培养高素质技能型人才具有得天独厚的优势,主要体现在以下三点。

（1）理论知识与实践能力紧密联系

在共同主导型校企合作中,理论知识和实践能力是作为一个完整的体系紧密联系起来的。一方面,在实际教学过程中,由于师资、设备等资源的有效结合,学校的理论教学会联系企业的真实项目和实际操作,企业的实习实训也会结合理论知识,让学生在学习中真正实现"学做合一";另一方面,在培养目标的确定、课程体系的开发、专业技能的培养以及教学质量的评价等方面,企业将充分考虑自身的需求与发展以及市场、行业的需要,保证学生的理论知识水平和实践能力的有效衔接。

（2）职业精神与职业技能相互融合

思想是行动的先导,生产劳动中不仅需要技能,更需要精神的支撑。职业精神是现代职业人必须具备的基本素质。培养学生职业精神的最好方式就是让学生在真实的职业环境中体会职业道德情感。在真实的职业环境中学生可以感受企业文化、人际关系、职业精神,学会沟通和交往,获得隐性的职业经验,而这是学校教育难以做到的。共同主导型校企合作的优势在于,学校和企业双方培养目标是一致的,在各个环节或各项内容上都能充分发挥双方的优势与特长,相辅相成,避免了职业技能与职业精神相脱离。

（3）专业定向性与非定向性相结合

职业教育的核心是为社会培养高素质技能型人才。这种人才应具备的职业能力不仅包括专业操作技能,还包括任何行业都须具备的基本能力（知识、技能、经验、职业道德和精神、价值观等综合素质）。在共同主导型校企合作中,学校和企业共同作为办学的主体,都会充分考虑自身的利益,无形中各自都发挥了不同的积极能动作用。企业由于考虑人才适应岗位的问题,可能会更多地考虑专业性培养和岗位定向培养;而学校作为培养人才的专门机构,有育人的基本责任,对于学生的世界观、人生观、价值观、思维方式、个性形式、知识结构等非定向素质都具有直接影响,能更好地将专业定向性和非定向性相结合。

现代职业教育校企合作要完成自己的使命,需要体现国家意志,通过政府主导、行业协会指导、学校和企业真正参与,并作为共同的主体来办学,才可能实现。共同主导型校企合作是现代职业教育发展的必然归宿。

三、基于不同合作方式的模式分类

根据合作方式的不同,校企合作的模式可分为技术转让模式、合作开发模式和共建实体模式三种。

（一）技术转让模式

技术转让模式是由高职院校将科技成果通过技术交易的形式卖给企业,企业根据自己的实际情况选择合适的成果,实现其转化。

技术转让模式的特点如下:

①高职院校、企业按不同开发阶段依时间序列先后进入开发过程,这种

31

模式属接力式开发、技术驱动型,高职院校做前期投入,完成了技术原理的可靠性评估,企业接过来进行中试、工业化生产及市场开发。这种转让有些属于创新过程,更多的属于技术扩散,能够使科技成果应用面迅速铺开,产生规模经济效益。

②对高职院校不需要投入较多的人力、物力、财力,没有较大的风险,但获得的经济收益相对较低。从综合比较的角度而言,对于多数持风险规避态度的高职院校而言,直接的技术成果转化是一种最好的选择。而对于企业来说,需要做大量的二次开发工作,投入大,难度大,风险大,成果转化率低,但一经成功,获得的经济效益也相对较高。

一方面,这种合作模式比较适用于中小企业,有利于促进企业技术引进,加快技术进步;有利于企业在短期内形成自己的产品,提高生产能力。但在合作过程中,项目的选择关系到合作的顺利与否,被转让成果的技术成熟度、技术开发风险等直接关系到企业进一步的生产和经营,企业所冒风险较大。另一方面,技术转让模式加速了高职院校技术成果的转化,较好地保持高职院校的独立性,但对高职院校的技术进步提高不快,因为高职院校在技术开发过程中,缺乏进行技术市场调查和预测的综合能力,技术的先进性、实用性、可靠性有待检验。

(二)合作开发模式

合作开发模式即企业投入人力、资金,由企业根据生产和市场需求提出技术合作要求,或由高职院校根据所掌握的技术将其推向生产,合作双方共同参与,共同进入整个或某一区段的开发过程,属并行式开发,市场驱动与技术驱动兼有。这种组织形式较好地体现了优势互补效应,结合度较高,风险较小。合作研究是最受企业欢迎的方式,因为企业通过合作研究可以最大限度地进行技术信息交流,有效监督研究的质量。

合作开发模式的特点如下:

①合作开发的项目均是企业生产过程中面临的并需要尽快解决的技术难题,或是企业认为有市场潜力的新产品,多数是企业同行竞争中提出的问题,目标高,时间紧,对技术开发周期有明确要求,技术开发难度大。

②由于企业参与科研开发,介入技术创新项目程度较深,项目的风险性减弱,同时高职院校对项目的后期生产经营参与程度加强,提高了项目的成

功率。

（三）共建实体模式

共建实体模式是指企业、高职院校围绕共同目标将各自的部分人力、物力、财力集中起来统筹规划，统一管理，统一使用，在创造财富共同分享的基础上建起来的实体性合作创新组织形式。共建实体是高级、紧密的校企合作形式，也是卓有成效、成熟和最终希望建立的合作方式。企业与高职院校组建的不同形式的联合实体具体的表现形式有建立高职院校与企业合作委员会、共建技术开发联合体、共建工程研究中心等。

共建实体模式的特点如下：

①可以建立长期合作关系。

②共建实体各方有共同的发展目标和利益趋向。

③合作各方技术、条件上相互依赖与互补。

④有比较合理的管理体制与运行模式。

⑤合作各方责、权、利关系明确。

这种模式适合于合作对象之间有较大技术差距的情况，能体现出最大限度的优势互补。企业与高职院校各方基于长远发展目标，通过联合组建开发机构、研究开发中心、中试基地，针对较为复杂的技术进行长期开发工作，其目标是使企业在技术上保证同行业中的竞争优势，并源源不断地为企业开发出新产品。这种模式的合作对象在各自的领域均有较强的技术优势，并各有所长，优势互补，强强合作。

第二章　新时代高职院校产教融合

第一节　产教融合理论

一、产教融合理论内涵

产教融合,即将产业与教育两种不同部门相结合。产业和教育分别承担着不同的社会责任。产业指的是把生产物质等量转换为财富,以此来提高居民生活水平;教育主要是从事一些知识传授,为企业提供专业性人才。教育和产业两者之间属于相互依存的关系,所以二者融合是有内在动力的。

校企合作是学校与企业建立的一种合作模式,是大、中专院校等职业教育院校为谋求自身发展,抓好教育质量,而采取与企业合作的方式,有针对性地为企业培养人才,注重学校与企业资源、信息共享的"双赢"。

工学结合是一种将学习与工作相结合的教育模式。工作与学习是交替进行的,这里的工作不是模拟性的工作,而是与普通职业人一样的有报酬的工作,因为只有这样,学生才能真正融入社会,从而得到锻炼。学生的工作作为学校专业培养计划的一部分,除了接受企业的常规管理外,学校有严格的过程管理和考核,并给予学生相应学分。工学结合教育模式可以追溯到百年前的英国,且持续不衰,主要归功于它切合实际的理念,那就是以职业为导向、以提高学生就业竞争能力为目的、以市场需求为运作平台。

知行合一,知是指良知,行是指人的实践,知与行的合一,既不是以知来合并行,认为知便是行;也不是以行来合并知,认为行便是知。应该认识事物的道理并在现实中运用此道理,将二者统一起来。

放在产教融合、校企合作的理论框架之下,强调的是要培养学生成为知行合一、德技并修的应用型人才。

"四合"的解释是职业教育理论顶天与实践立地的一种完整表述。可以说,这样一种表述既是适应时代发展的存在,又与经济社会发展、产业转型升级的大背景相契合,同时符合职业教育作为一种与经济产业发展最为紧密的教育类型的特征。

通过对我国职业教育产教融合的历史考察不难发现,真正意义上的产教融合至少需要两个条件,一是地方政府的统筹规划和推进,二是一定的产业发展基础条件,两者缺一不可。

一方面,职业教育管理通常以属地管理和地方省市管理为主。试想,如果地方政府不重视,不统筹规划产业、经济与教育人才的工作,产教融合就不可能实现。这就要求政府充分发挥自身功能,由"划桨者"转变为"掌舵者",做好统筹与协调、规划与引导、支持与推动、评估与监督等工作。

另一方面,产教融合的关键在于契合区域经济发展需要,推动产教融合政策落地要因地制宜、有的放矢,不能跟风而上、追求时髦。区域经济发展的需要是根本,高职院校要在专业定位、课程设置、人才培养等方面着力,不仅要根据经济发展趋势,构建相关有广阔市场前景的学科专业,优化人才培养体系,更新课程知识结构,转变教学方式,更应该成为引领区域经济发展的智库高地。

产教融合理论开辟了职业教育实践的新领域,主要包括以下几个方面:

①在职业教育实践上,产教融合理论能够更好地促进知识学习与职业实践相结合,并成功向工作领域过渡。就本质而言,职业教育是关于如何实现人与职业相结合的教育,因而研究人与职业如何结合是其着重点。这种结合是以满足职业需求为目标的,是关于知识、技术、技能等方面的综合能力教育,与分门别类地进行人与知识结合、人与技术结合、人与技能结合的教育有着显著区别。

②产教融合理论反映了职业教育系统的开放性特征和产教之间的运行规律。职业教育的教学是一个开放系统,而非封闭、孤立系统,绝不能离开外部条件和外部支撑,自然需要研究到底是哪些外部条件、外部要素参与到职业教育过程之中,这一领域的探索无疑将进一步丰富职业教育的内涵。

③产教融合理论表达了职业教育"由产至教"的逻辑次序。职业教育的逻辑起点是职业,职业教育就是从职业出发的教育,将职业人才的发展与服务产业发展需求相结合,实现人的发展与生产发展相协调。这就需要在职业教育实践中始终坚持职业需求导向,理顺产教关系,赋予行业、企业、社会

在职业教育中的发言权。

④产教融合理论提供了推动职业教育发展的动力来源。维系职业教育系统运行的能量来自外部，而非内部。外部要素需要从源头开始介入职业教育，为此就要建立以需求为主导的职业教育发展模式。当前我国职业教育的发展模式面临着由供给主导向需求主导的转变。

⑤产教融合理论为科学制定职业教育公共政策指明了方向。要想职业教育体系整体效能得到充分发挥，就需要保障职业教育成果的有效输出，需要保障外部要素和信息的有序输入，更加需要制定产教融合、校企合作的制度体系，优化有关人才招聘、职业准入、人事管理制度和政策环境。

二、产教融合理论要点

在高职院校发展教育中，产教融合如同一条坚实牢固的链条，将教育与产业有效衔接，以此促进二者的协同发展。如何在职业教育系统内部将产业系统的重要因素与信息都输入进去，如何将这些要素与信息进行有效整合而达到预期效果，是推进产教融合理论的要点。

（一）实践要点

1.通过职业需求信息的输入，为职业教育改革发展提供正确方向

职业教育必然要将职业作为主要研究视角，把必要的职业分类，具体的职业现象、职业标准、职业规范、职业特征、职业定位、职业分布范围以及职业发展与变化等相关信息输入职业教育教学全过程，才能保障职业教育改革发展方向的正确性，职业教育才可能根据实际职业需求培养出必要的职业人才，然后在职业领域中将合适的人才输送给社会，从而达到"从职业中来到职业中去"的目的。

2.通过职业胜任力要素的输入，为职业教育专业标准制定提供标杆

如何让教育对象毕业后能够在社会上胜任相关职业工作，是职业教育教学需要重点思考的问题。学生通过职业教育不仅需要掌握扎实的理论技能，还要达到相应的能力标准。因此，职业教育专业标准要依据职业胜任力进行开发。具体而言，职业胜任力源于对产业系统中此型职业的分析，因而在分析职业胜任力实际需要时要应用科学方法。通常将用于描述职业胜任力的不同维度称为职业教育目标分类。职业胜任力的问题，可通过职业教育目标分类进行解决。从职业教育专业能力、社会能力以及方法能力三个

维度对职业胜任力进行分类,因而其职业目标就等同于能力目标。我国将职业胜任力分为知识、技能、素质三个维度,这三个维度也是指导我国职业学校专业教学标准开发的主要依据。

3.通过典型工作任务的输入,为职业教育课程开发提供载体

产教融合理论有利于输入典型工作任务或实际职业活动,以职业活动任务、项目或工作过程为载体开发职业教育课程。教材是普通教育课程中的重要载体,然而与普通高职院校相比,职业教育课程仅仅依靠教材是远远不够的,因为职业教育课程具有双载体的显著特征,具体包括两类,即典型工作任务与教材。从字面意义上来理解,可以发现典型工作任务为职业教育课程的核心,而教材则是围绕着典型工作任务而展开的课程目标。为什么在职业教育课程中存在典型工作任务这一载体,究其原因,与能使职业胜任力问题得到重点解决息息相关。只有充分结合典型工作任务或实际职业活动才能解决职业胜任力的问题,如果仅仅依靠书本上的有限学习内容或验证性实训以及相关实验等,不能让学习者得到职业胜任力的整合与再现。典型工作任务这一载体从何而来,一般是由实际职场当中行业、企业方面负责提供,相关高职院校需要对这类课程进行加工,以使其能够与教育教学的使用要求相符合。教材则是基于典型工作任务这一载体进行的教学内容组织与教学设计,包括一系列相关教学文件、教学辅助支撑资料等。

4.通过职业环境与文化的输入,为校企共育活动开展提供可能

如果只在高职院校环境中实施职业教育,必然受到较大的局限。在现代职业教育教学中,除了学校固定的专任专业教师之外,还应包括由诸多经验丰富的企业人员担任的兼职专业教师,两者在教育中均发挥着举足轻重的作用,因而整个高职院校呈现出“教”与“学”相结合的文化特征。而且,也只有在复合环境下实施教学活动,才能将校企合作、工学结合的职业教育特点完整体现出来。同时,高职院校的教学标准与社会实际需求联系非常密切,在教学评估过程中有时还需要行业协会、企业以及政府的参与,这是为了与现代高科技发展的速度相匹配,可能与如何提升职业教育质量并无太多关联。因此,如果没有产教融合,校企合作就没有符合时代发展的职业教育,也就不能从职业教育系统外部及时输入要素与信息,当然也就难以实现有效教学。

（二）产教融合实践动力

1. 内在驱动力

产教融合的内在驱动力可以集中为技术创新与改革。通过技术创新与改革而开发出关联性或替代性的制作工艺、高科技技术、创新性产品等，而后在企业中对这些技术更新进行充分应用，使企业原有的服务或产品技术路线得以改变，从而对原有企业的人才需求结构进行大力改变，产教融合在改变中得到了动力支持。同时，人才的需求标准也在技术创新与改革中发生了相应的改变，原有企业为了适应社会的发展而需要更多新型人才，校企之间也就拥有了更大的合作空间。

2. 企业动力

产教融合的企业动力可以归纳为追求核心竞争力。企业未来的发展与企业能否在激烈的市场竞争中保持核心竞争力存在很大关联，因为这才是支撑企业竞争的重要支柱。就当今情况而言，人才已成为影响企业核心竞争力的关键因素。企业只有源源不断地培养出创新型的特色人才，不断对人才培养机制进行完善，不断实现对高端人才的高效更替，才有可能成为竞争中的强者。通过产教融合，企业可以在自身发展决策等重大事务上付出更多精力，这样不仅有利于企业竞争力的提升，还可以让相关合作院校顺利完成人才培养的具体事务，从而在降低企业人才成本的同时，提高企业的生产效率。此外，让学生在接受高职教育时期就开始着手培养竞争力，可以在提高其专业技术能力的同时，增加对企业的认同感，以增强企业团队的凝聚力。

3. 学校动力

高职院校的基本功能就是培养人才为社会服务。在实际教育教学中，高职院校的人才培养目标主要面向社会生产建设与管理服务两个方面，致力于输出更多技术技能型人才。如今，伴随着科技的不断创新与产业的转型升级，社会上对实用型与应用型技术技能人才的需求逐年上升。在此需求的推动下，高职院校只有不断提高技术技能型人才的培养质量，才能与当今社会的时代发展相匹配。基于此，高职院校提升社会服务能力的必经之路与不断创新产教深度融合的机制与体制、不断提升高职院校学生的就业能力与岗位适应能力密切相关，这样所培育的人才才能与社会进行无缝衔接且易于满足社会的实际需求。同时,在上述模式下,还可以缩短技术技能型人才的成长周期,缩短人才培养周期的同时,还要注意增强技术技能型人才培养的适应性与针对性。

4. 主要推动力

依据区域经济发展的理念,只有对创新型人才或者特色工艺人才进行有效培养,才能创造出产业品牌和品牌经济,也才能使区域经济发展保持强大的核心竞争力,因而高职院校需要对创新型人才以及特色工艺人才进行有效培养。再加上我国当前职业教育需要依托于区域经济发展的强大优势,若想为社会培养出更多具备较强适应性的技术技能型人才,需要不断对产教融合教育进行深化,不断使人才的培养质量与内涵得以提升,这样才能最终实现上述教学目的。

产教融合的有效开展并非高职院校的独角戏,而是同时需要行业企业以及相关政府部门的共同参与。虽然产教融合的目的在于培养社会人才,但是高职院校、行业企业以及政府在产教融合工作开展过程中所发挥的作用却是不尽相同的,而且分别有着各自独立的利益诉求。首先是高职院校。高职院校是产教融合教育教学工作开展的主体,不仅负责高职院校学生专业理论知识的传授以及与行业企业之间的安排与衔接,还负责高职院校学生未来就业与创业的设计与安排。可以说,产教融合工作开展的过程中,所有的教学安排、实践安排、双方协调等工作主要还是由高职院校展开,所以说高职院校是产教融合教育工作开展的主体。其次是行业企业。行业企业是高职院校产教融合教学开展的合作方,行业企业的主要作用就是配合高职院校开展相应的产教融合教学工作。虽然行业企业对于产教融合教学有着自己的诉求,但是就产教融合工作本身而言,其同样属于教育主体之一。当然,行业企业在产教融合教育工作开展的过程中并不承担主要的教学工作,而是为高职院校产教融合提供必要的实践教学设备和教学条件。或者说,行业企业在高职院校产教融合教学的过程中主要提供的是技术支持。可以说,行业企业在产教融合教学过程中占据次要地位。但是,在某些特定的情况下,行业企业也能够为高职院校学生提供必要的教育教学或者实践教学。所以说,虽然行业企业在产教融合教学过程中所发挥的作用与所占据的地位不及高职院校,但是它同样是产教融合教学工作的构成主体。此外,还要说明的是,为了更好地发挥高职院校产教融合教学的作用,产教融合教学中的校企合作并非仅指高职院校与一家企业进行合作,而是与多家企业进行合作,所以这里的企业指的是一部分企业。多元化的行业企业构成不仅能够丰富产教融合教育的开展形式,还能满足高职院校可能需要面对的不同教学需求。由此可知,行业企业在产教融合教学过程中发挥着重要作用。最后是政府部门。政府部门是产教融合教学的宏观推动者和调控者。高职院校、行业企业以及政府部门共同构成了产教融合的作用主体。在推动和开展产教融合教育教学的过程中,高职院校、行业企业以及政府部门三者之间不仅需要各尽其职,还需要通力合作、密切配合,以最大限度地提升产教融合的教学效果,为国家培养出更多符合社会需要的人才。同时,对于产教融合教育教学过程中的消极行为、懈怠行为以及推诿行为应予以坚决打击。

(三)产教融合要重视学校融入市场的关键作用

产教融合与校企合作紧密相依。关于校企合作的意义,学校加强了专业建设,丰富了教师实践经验,提升了人才培养质量,培养了学生实践能力和关键职业能力;合作企业吸纳了紧缺人才,减少了资金投入,弥补了自身产能和技术研发力量的不足,降低了生产成本和员工培训成本,提高了市场竞争力。高职院校在产教融合方面具体要怎么做? 校企要如何有效合作? 细分起来,当下流行的校企合作方法主要有订单培养、工学交替、教学见习、顶岗实习、产学研模式、校企共建、合作经营、专业教学指导委员会和校企联谊会等。关于校企合作为什么往往流于形式,究其原因,还是在于最终各方利益诉求不一致。订单培养,企业等不及,其中涉及费用时会相互推诿。工学交替则极易沦为"薅学生羊毛"的培训。教学见习,企业无法放心安排学生参加相应的生产工作,而且这种工作形式的效率相对较低。顶岗实习和教学见习高度重复,缺乏实际意义。产学研模式虽好,但是学校和企业之间因为缺乏沟通,双方普遍缺乏动力。企业认为学校不懂行业,而学校则认为企业缺乏知识理论,双方各行其道,合作办学自然也就难以成功。关于产教融合,不仅应当将教学和实践合二为一,还要重视将学校融入市场。因为只有真正融入市场,学校才能切实将知识教学与实践教学落到实处,否则徒有其表而已。具体而言,首先需要转变学校的教学思想。现今高职院校产教融合还是以理论教学为主,实践教学依然需要依附于理论教学。这种思维认知本身就是错误的,产教融合的效果自然不佳。要想真正实现高职院校的产教融合,可以从以下几点做起:一是需要高职院校转变产教融合的思路,主动走出去与市场融合。这既是以服务地方经济为目的,变现高职院校的知识价值,又为产教融合的有效开展提供契机。因为这样一来,学生就真正拥有了学生与员工的双重身份,既能专注于课堂知识的学习,又能直接与市场相对接,产教融合教学也就落在了实处。二是高职院校可以丰富双创基地的经营模式,鼓励或者支持教师、学生创新创业,但是不要以营利为重点,更不要搞创业培训,而是真正面向市场。三是在帮助和引导教师和学生创新创业的过程中,要学会利用课堂所学知识指导实践,同时要注意将创业实践反馈到课堂教学之中,双方互相作用,共同促进,真正实现产教融合。产教融合的关键在于帮助学生在加深知识学习与掌握的基础上,将知识变现,其思路要放在科研成果或者技能领域的创新上,而不是放在教学教法的精雕细琢或者企业谋利上。此外,高职院校还应当主动和当地政府联系,以解决民生问题为目的,发掘人民的生活所需,并尽量以此为窗口,开展产教融合教学,如此既能推动地方经济的建设与发展,又能提高产教融合的效果。一旦高职院校所开展的自主产教融合取得成果,行业企业自然会主动抛出橄榄枝,未来的产教融合之路才会越走越宽。

(四)产教融合是国家大系统结构优化的要求

产教融合是经济产业转型对人才需求转型的必经之路。经济产业转型升级需要人才的支撑,而新型人才的培养则又需要高职院校、专业、教育理念以及教学方法的转变,这是一套联动的完整体系。经济产业的转型升级推动着高职院校教育理念以及教育方式的转变,而高职院校的人才培养又反向作用于经济产业的转型升级。因此,产教融合是经济社会转型的关键,产业转型→教育转型→产业转型,这是最理想的闭环。产教融合是解决企业人才需求与高职院校人才供给结构化矛盾的重要途径。如果按部就班,不仅其培养出来的社会人才无法顺应时代的发展需要,还会造成传统专业人才过剩。从社会角度出发,如果企业无法为社会培养出能够符合社会发展需要的人才,那就必然会阻碍新兴产业的建设与发展,国家的创新发展就会成为无源之水和无本之木。产教融合是国家大系统结构优化的要求。国家和企业在结构上具有拓扑相似性:国家的政府部门好比企业的行政部门,主要负责统筹规划;国家的产业部门好比企业的业务部门,主要负责促进经济发展;国家的教育培训部门好比企业的人力资源部门,负责输送人才。由此看来,国家本身就是一个大企业,其大力发展教育以及大力开展教育变革,目的便在于促进产教融合,以推动国家以及社会的良好发展与进步。产教融合本质上是一种跨界融合。高职院校和行业企业分别将各自的优质资源拿出来进行合作,以达到资源互补、发展共赢的目的,校企合作拓展了双方的资源范畴和能力边界。但是,产教融合并不是简单的形式统一,而是灵魂互融。以水(企业)和面粉(高职院校)进行举例,如果简单将面粉放入水中,这充其量可以称为"校企结合"。如果将面粉放进水里并揉一揉,揉成面团,将二者深度融合,此时才真正是"你中有我、我中有你",二者之间难舍难分,如此才是真正的产教融合。因此,产教融合的第一步是把双方的资源都打碎,第二步是进行资源细分,第三步是进行跨界重组,这也是教育改革的创新之法。先破坏后重生,最后再定型。所以转型和升级不一样,升级是微调,属于打补丁式的完善,而转型则需要破坏性的革新。有深度的校企合作源于顶层设计上的融合。在我国产教融合方面做得比较好的是医科高职院校及其附属医院,因为二者同属一个东家,二者在创办之初就已经深深地结合在一起,产教融合本身就已经孕育其中,比如医科高职院校学生的实习,对医院来讲就是员工培训。

(五)产教融合的内容

产教融合要融合什么?产教融合是产业界和教育界资源的融合,是产业和教育不同发展方式的融合,这两者的运营模式不同。简单来讲,需要从价值观、规律和模式三个层面进行探讨。首先是价值观的融合。"三观合"的学校和企业才能实现长久的产教融合。作为高职院校,不能过分清高,因为企业本身就是以创造价值利润为核心的,这是实现二者合作的基础和前提。反之亦然,高职院校立德树人,培养社会先进人才,企业也要给予认可和支持,双方在价值观上要保持一致。其次是教育规律和职业发展规律的融合。从企业的角度讲,不仅需要明确自己到底需要什么样的人才,还要明确企业人才培养的一般规律是什么。一般而言,企业既需要能够达成目标的人才,又需要能够实现自我驱动成长的人才。但是,作为高职院校,企业需要了解高职院校做教育的目的和目标又是什么,或者说自身做教育究竟是为了推动社会进步还是助力企业发展,社会人才的培养和企业人才的培养之间应当如何融合。最后是高职院校和企业之间模式的融合。企业与高职院校各自所属的行业以及行业属性并不相同,所以二者的运营模式自然也会存在很大的差别。但是,产教融合需要高职院校与社会企业的通力合作,这也就要求高职院校与行业企业之间必须建立起一种共通的模式。对此,我们需要从教育的角度出发,对高职院校和行业企业的性质进行挖掘。从教育角度而言,高职院校的本质是通过课程以及实践的方式培养社会人才,而企业的本质则是帮助高职院校提供相应的服务技术。因此,校企合作的产教融合模式也需要将课程、实践、人才培养以及技术四项元素进行融汇与贯穿,才能创新性地设计出一种产教融合的发展模式。

1.产教融合的难点

高职院校产教融合存在如下问题:一是意愿的问题。在产教融合的实际合作中,高职院校和企业普遍存在着先热后冷的现象,主要原因在于双方不能真正为彼此赋能。二是合作周期短的问题。校企之间的合作通常不超过一个周期,而且周期培养结束未必能够实现合作。具体的原因有很多,但关键还在于双方合作前的沟通是否充分以及双方在合作之中所出现的问题是否得到及时而有效的解决。还有一个原因是行业企业的周期性问题。强周期性行业必然存在一个周期波动,如果学校和企业不考虑周期波动也是难以实现持久合作的。三是高职院校和企业之间的合作深度和层次不高的问题。具体表现为合作双方牵头人权力有限,不能把自己更多的更优质的资源提供给对方使用,由此导致整个合作过程中的创新点大大减少。总体而言,校企之间的产教融合难以有效开展的根本原因还是在于合作效率。高职院校和企业之间展开合作的目的是把二者的资源整合在一起,从而实现"1+1>2"的效果,而不是"等于2"或者"小于2"。如果二者在合作之后的效率小于合作之前的效率或者与合作之前的效率持平,那么产教融合也就失去了作用与意义。

2.产教融合的平台

在实现产教融合的过程中,可以建设基于"共享经济"的校企合作平台。产教融合平台的建设需要从高职院校和社会企业的资源角度出发进行整

43

合,其中,高职院校所提供的资源主要是专业知识,而社会企业所提供的资源主要是产业。产业链和专业群的匹配度可谓是高职院校和产业之间是否应该结合的重要指标。如果二者之间的匹配度较高,产业链与专业相互对应,二者之间的合作意向以及合作可行性也会得到大幅提升,而且未来的合作空间也会加大。反之,如果二者之间的匹配度较低,产业链和专业互不对应或者只有一两个专业对应,那么二者之间的合作意向以及可行性就比较低,而且未来的合作空间会越来越窄。从企业角度出发,企业会根据自身的商业模式和产业链选择高职院校以及对应专业;而高职院校也会根据自身的已有专业选择相关社会企业。二者可以相互将对方视为自己的体系或者资源。换言之,如果双方不能把对方的资源看作自己的资源,那么其整合也就难以真正有效开展。因此,在整合的时候,企业应当将高职院校的一个系、一个专业,甚至将整个学校都视为自己的资源,然后从顶层设计角度出发进行嵌入。反之,高职院校亦然。在设计人才培养模式和师资建设的过程中,也需要把企业的资源看成高职院校自身的资源,并将其列入高职院校的顶层设计之中,只有这样,二者才能实现无缝融合。

共享经济下,每一个合作方都能贡献优势资源,形成资源互补。具体到校企合作,企业与高职院校的某一个专业开展合作,合作的高职院校所有专业也是开放的。反之,高职院校某专业与行业企业展开合作,院校的其他专业同样可与合作的行业企业展开合作。当然,这也要对比学校专业与企业之间的匹配度。院校与企业之间的合作并非具有专一性,所以某具体专业或者年级的学生可以同时与多家企业展开合作。此外,高职院校通过校企合作平台,还可以将全部合作企业放到平台上"共享",打破各企业、部门、资源之间的壁垒,鼓励和促进合作企业之间的相互交流与合作,以实现多方共享与共赢。比如,某企业发现一个新的商机,但是缺乏资金、技术或者团队,这时它除了需要向政府申请创意资金之外,还可以借助校企合作平台发起众筹,或者借助校企合作平台与其他社会企业展开合作。当然,学校也是其重要的扶助力量之一。这便是一种资源共享。这仅是校企合作的初步框架,具体的合作还需要高职院校发挥作用。具体而言,高职院校可以通过人工智能的方式,将寻求帮助的企业的重点问题以及其他校企平台企业的优势进行智能化匹配,继而从中挑选出比较恰当的合作方案,在更好地推动社会企业进步的同时,扩大学校的人才市场需求。

3.产教融合的九链对接

考虑到企业在发展过程中需要对九个层面进行严格把控,在进行产教融合时也就需要与之进行相应的对接。对于企业而言,这九个层面分别是产业、技术、商业模式、员工队伍、岗位、研发创新、人力资源、国际拓展和质量管控。对学校而言,这九个层面分别为专业、课程、实践实训、双师队伍、就业、双创科研、职业培训、国际化和质量保证。实现其中的链—链对接并不容易,因而高职院校在人才培养的过程中需要对这九个层面格外重视。

第一,产业链对接专业群。社会分工形成行业和产业,专业群正是与之对应的需求人才,可以说专业群正是由产业链映射而来的。高职院校在培养人才的过程中,需要通过专业群的带头人将学生学习专业群所对应的产业链进行分析和绘制。如果缺乏专业群的产业链划分,那么高职院校的专业群定位就不会清晰。在对产业链进行绘制之后,再将其与专业群进行比对,如此才能明确高职院校专业群的发展方向,同时学生也才能够明确学习重点。从企业的角度看,其也要对自己的产业链进行划分,以与高职院校的专业群进行匹配,从而明确合作的空间和范围。

第二,技术链对接课程体系链。课程是专业的载体,技术是产业的载体,所以课程体系与技术链相互对应。人才培养的第二步就是划分技术链条,以与课程体系相对应。一些优质的高职院校,可以有针对性地研发一些前沿科技,以反哺到现有的产业技术中。可以说,这是技术链对接课程体系的进一步延伸,对于校企合作的效果以及持久性发挥着重要的推动作用。

第三,商业模式链对接实践实训链教学体系。企业非常重视实践,高职院校的实践教学体系理论上应该是商业模式的一个部分,它应该由商业模式映射而来,这样的实践才能与商业之间建立起良好的合作关系。高职院校实践的一些改进能不能为企业商业模式的改进创造价值,这是值得高职院校和企业共同探究的问题。

第四,员工队伍链对应双师队伍链。高职院校人才就是企业的未来员工,不仅要具备专业的理论知识,还需要具备较强的实践能力。高职院校的双师队伍就是知识教学队伍和实践教学队伍,二者相互协调、共同配合,为企业培养出知识型与实践型并行的优质员工。如果企业内部拥有属于自己的讲师团体,则可以与高职院校的双师队伍相融合,如此既能够实现相互之间的学习,又能够实现双方的共同提升,以更好地为产教融合做贡献。

第五,岗位链对接就业体系。就实际而言,社会中诸多高职院校的创业就业教育做得并不到位,如临近毕业季的"双选",数百家企业直接到高职院校内进行招聘,而未能对岗位链和就业体系之间的融合进行深入探究,这并不是真正的产教融合。高职院校就业教育要懂得教学和岗位的匹配,如通过对岗位做标记的方式,跟踪每一年这些岗位的变化情况,而后再将变化结果反馈到课程教学体系之中,以保证高职院校教学与社会发展相适应。另外,因为学生的就业意向也是在不断发生变化,所以高职院校可以专门针对学生的就业意向建立数据库,并且及时与企业所提出的人才需求相对应。最终通过人工智能计算的方式,建立人才与岗位的匹配与对接,并使之成为一种动态的机制。

第六,研发创新链对接双创科研体系。研发创新是企业自身的责任,企业可以根据自身的实际需要进行相应的需求调研、技术论证、试探研究、产品试制和商业运营。科研双创链也是从创意开始进行相应的创意激发、专业引导、创新验证、项目开发和创业运营。例如,针对学生提出的创意点,高职院校不仅可以对其进行择优科研,还可以向企业进行推送,进而与企业的科研相对接,从而实现共同创新和同步创新。

第七,人力资源链对接职业培训体系。企业的员工也是需要不断培养和成长的,但是因为企业缺乏相应的人才培训体系,所以可以将其人才发展链与高职院校的职业培训体系相对接,助力社会企业人才的成长与进步,这也是校企合作的应有之姿。

第八,国际拓展链对接国际化体系。现在我国的诸多社会企业纷纷将目标和市场投向国外,开展国际化业务。但是,这个过程并不容易,需要面临语言不通以及员工培养等多重问题。高职院校可以为企业的发展困境提供支持,帮助其培养专业的人才,同时可以进一步拓展校企合作的空间。具体而言,高职院校可以通过专业人才培养或者对企业人才进行再培育等方式解决这一问题。比如,高职院校可以通过设置海外定向班的方式培养国际化人才,而海外定向班的成员既可以来源于高职院校自身,也可以来源于企业。这是一种新的校企合作模式,产教融合的国际化使命就是为企业国际化赋能。

第九,质量管控链对接质量保证体系。高职院校内部普遍设有教学质量保障体系,以检验高职院校所培养出来的人才是否符合社会需要,而社会企业同样也设有产品质量管控链,以接受社会对其产品质量的考核,这两种质量保障体系的内容和方向虽不相同,却暗含联系。从结果角度出发,企业产品质量的保证需要以高职院校人才的品质保证为前提。因此,高职院校可以按照社会企业所需要或者所要求的质量保障体系进行教学,以从初始角度出发培养符合社会企业发展需要的人才,从而提升产教融合的效果和质量。

第二节　产教融合改进路径

资源是人类行为动力的基础。人类的各类活动无一例外要以资源为支撑,人类发展的历程从某种程度上也是石器、土地、青铜、铁器、煤、石油、电力、海洋等资源开发、利用和争夺的历程。资源是诠释组织建立、运行和发展的钥匙,军队、教会、政府、企业、学校等各类组织皆是资源分散与集聚的结果。可以说,资源不仅是人类及其组织存在和发展的基础,也是解释人类及其组织的行为的关键。高职院校作为一个有机体,是由教师、学生、学校管理人员、实训设备、经费等资源聚合而成的,同时它还和有机体外部的政府、行业企业、社区、其他高职院校进行着资源交换。充足的资源,是高职院校深化产教融合的根基和前提。

产教融合反映了职业教育的本质要求,是实现人才培养规格与社会人才需求统一的最佳途径,是促进职业教育发展的重要方式,也是提高高职院校人才培养质量的重要手段。产教融合是指学校与产业在人才培养、技术开发、成果转化中紧密合作,在理念上高度认同,在战略上高度一致的办学模式。高职教育的人才培养目标就是为社会发展培养高质量的人才,而高质量的人才培养还需要借助于产业的力量。产业为人才培养提供了必要的经济基础,同时高职院校又为产业输送高质量人才,并最终实现两者的相互促进和共同发展。这种办学模式的实施,可有效解决学生就业难和企业招人难的问题,既提高了高职院校的人才培养质量,又缓解了社会的就业压力。由于产教融合在我国高职院校中实施的时间不长,所以还有各种因素造成人才培养困境,这就需要处理好人才培养与产业发展之间的矛盾,不断优化和调整产教融合办学模式,最终全面提升高职院校人才培养质量。

一、制定符合企业需求的人才培养目标

产教融合是职业教育与地方产业经济紧密联系的重要枢纽,也是提升高职院校人才培养质量和增强企业市场竞争力的重要途径。所以,人才培养目标应该从学校、企业和社会发展等视角出发,制定出符合企业需求的人才培养目标,切实为企业发展提供助力。应该由学校、企业、政府等参与主体协商制定人才培养目标,综合各方面的需求,最终达到协同育人的目的。高职院校要深入企业开展调研工作,明确企业发展需求的人才标准。企业积极参与到人才培养目标的制定中,并将其纳入企业的发展目标,切实发挥产教融合的主体价值。在人才培养过程中,学校和企业做好衔接工作,为学生提供实训机会和平台,全面塑造学生的职业能力。经过双方协商,学校定期输送教师和学生到企业参观、实训和实习,既能提高学校教师的专业技能,又能锻炼学生在企业文化、岗位技能需求等方面的能力,从而培养出符合企业发展需求的技术技能型人才,切实提升高职院校人才培养质量。

二、注重顶层设计,完善健全有力的体制机制

参考对发达国家的产教融合特点分析,国家和地方政府要以立法的形式制定更为具体的法规或条例,明确政府、行业企业和学校等各方在产教融合实施过程中的责任和义务,从而切实、稳定推进产教融合进程,畅通产教融合渠道,主要从以下几个方面改进:第一,除了将法律法规约束作为产教融合的基本保障,政府还应做好统筹协调,充分推动各级相关部门的联动,对产教融合实施过程提供多方面保障,如具体可行的体制机制、稳定的经费投入、必要的资源配置等,形成规范、统一和联动的政策体系,使产教融合的各阶段都有所保障。第二,政府可以通过出台相关优惠政策、推行相关激励与处罚举措、提出权益保护的细则等,增加对产教融合企业和学校的具体支持途径,并畅通社会捐款机制,吸纳行业社会捐助资金,支持产教融合的发展。第三,通过组织协调行业相关专家、院校教师和优秀学生代表成立委员会,引导或协助解决产教融合过程中行业企业或学校可能面临的困难,促进产教融合的顺利实施。

三、加快面向市场的专业及课程设置改革

产教融合背景下的高职院校培养的人才,最终需要到企业中,为促进企业发展创造价值和提供服务。因此,在专业设置和课程设置上,应充分考虑到企业的需求,才能够把控专业和课程设置的合理性。高职院校的教育目的是为社会发展培养专业技能型人才,同时也为促进地方经济建设提供人才服务,为了契合这一目标,专业和课程设置都应该紧紧围绕企业和产业发展所需进行科学合理的调整。学生所学符合企业所需,最终才能达到多方共赢的目的,这也是产教融合办学模式的核心价值。在我国产业结构调整和转型发展的时代背景下,高职院校的专业设置应该具有一定的前瞻性,可以组织专业团队对产业发展趋势展开研究,并与企业进行深入的沟通和交流,然后对专业建设进行合理调整,与产业发展需求进行无缝对接。在课程内容设置方面,应以企业岗位能力需求为本位,寻找企业和学校课程建设的最佳融合点。可以邀请行业和企业专家对课程资源开发进行指导,从企业需求角度对课程资源开发提出高质量建议,使课程资源能够适合企业未来的岗位需求,切实提升高职院校人才培养质量。

四、注重多元跨界,构建规范科学的质量保障体系

为了有效评估和提升职业教育产教融合的质量,应构建科学合理的产教融合质量评估监督体系。第一,注重多元跨界,从职业教育产教融合的特点出发,发挥各利益主体的协同作用,多元主体共同参与评价监督过程,注重跨界互动和交流,从而形成客观全面的产教融合质量评价体系。例如,高职院校主动邀请企业参与产教融合质量监督,根据企业的满意度和评价意见,纳入产教融合的目标考核,根据企业的建议或意见制定整改举措,从而有效推进产教融合的实施。第二,参考部分发达国家的成功经验,政府、院校和企业均可组建产教融合相关监督检查机构,或通过委托专业第三方组织对产教融合实施情况进行评估、检查和监督。高职院校通过设立专门机构加强与企业的交流,从而了解企业对人才的具体需求,确定人才培养方向和教学大纲;企业设监督指导员,负责了解和评价学生的专业背景、能力水平和工作情况等,确保工作内容的合理性和针对性等,并及时与学生进行交流,与学生共同总结,保障培养质量。第三,产教融合评估监督部门应建立

科学、明确的评估标准和长效、规范的监督工作机制,将评估监督工作落实到产教融合的各个环节之中,并利用信息化服务平台,整合收集各方评价数据,形成人才共育、过程共监、责任共担、成果共享的有效评价监督机制,确保产教融合实施质量。此外,可以用评估结果作为依据,建立合理的激励机制,从而提升企业参与产教融合的积极性。

五、注重内外结合,创新多元协同的人才培养机制

为了推进产教协同育人,应构建符合我国国情,且符合高职院校所在地区域特色的产教融合形式,建立双主体参与、全方位协调、全过程监控的机制,探索有效、多样的合作渠道。具体从以下几方面创新培养机制。

第一,校企协同,共建"产业学院"。高职院校可以与企业共同打造"学校—产业学院—专业工作区"的协同育人平台,建立以教学工区为产教融合实体的校企双主体育人机制,并由双主体全方面协调、全过程监控,保障学校和企业共同参与人才培养。一是在共建"产业学院"的过程中由行业、学校、企业共建教学资源库,将产业资源与学校资源融合转化为人才培养资源,开展混合式教学改革。二是基于企业的在岗学习和校内生产性实训基地,开展阶段性的教学模式改革,把理论学习过程与技能实训过程深度融合,使学生能提前熟悉就业岗位工作,实现工学结合,培养和提升学生的实践能力和职业技能。三是学校可以积极承担企业的部分生产任务,与企业签订生产实践任务书,成为企业的生产基地,由企业的技术人员和学校的专业教师共同指导学生进行生产实践,在协助企业完成生产目标的同时实现工学结合的人才培养目标,同时提高企业的合作意愿。

第二,校企协同,共建具有双师素质的高水平师资队伍。促进校企师资队伍融合,通过加强对师资队伍的培训、为企业专业技术人员与院校教师提供调研交流机会等形式,让擅长理论知识的教师熟悉实践技能,让掌握实践技能的技术人员学习巩固理论知识,双方在培养学生的过程中进行优势互补,共同制定双师型师资队伍建设规划,明确教师执教要求,鼓励教师队伍的转型升级,从而提高人才培养质量,提升办学水平。此外,学校可以把行业技术骨干、专业领军人才作为客座教授融入培训师资团队,讲授企业的文化理念和最新的技术开发等,使学生在学习中潜移默化地进行知识体系、专业技能和职业能力的无缝对接,并提高学习兴趣。

第三,校企协同,扩展深化合作内容。随着社会经济的不断发展,市场对人才的需求也会随之变化,因此,高职院校的专业设置和教学大纲也应根据对应行业的市场需求、岗位要求和技能标准来设立。例如,针对现代学徒制人才培养模式的特点,部分要求职业技能证书的专业可以构建"岗、课、证"融通的课程体系:"岗"是指根据职业岗位能力的分析来设计职业岗位课程体系;"课"是指符合专业需求的专业教学课程;"证"是指职业技能等级证书,促进学生及早考证,完成学业后即可上岗。通过这种课程体系,保障学徒的学习质量,提高岗位技能专业能力,提升就业率。校企双主体应根据行业发展趋势确立人才培养目标和方式,共同参与课程模式的构建、教学内容的安排、专业教材的编写等,提高企业参与的话语权。同时,应以学生为中心,注重人才培养的针对性,充分利用校企双向的资源,扩展合作面,深化产教融合,实现共赢。

六、打造"双师型"师资队伍

打造"双师型"师资队伍是我国职业教育未来发展的趋势,也是产教融合办学模式能够顺利实施的重要保障。只有具备专业知识和专业技能两方面的素质,才能真正将产教融合办学模式和理念落实到位。所以,高职院校可以以产教融合平台为桥梁,选派优秀教师到企业进行兼职或者培训,通过多元化培训渠道,提升专业教师的专业技能。教师深入了解企业文化和岗位能力的需求,然后有针对性地进行教学设计,从而提高人才培养质量。学校还可以利用企业资源,聘请企业技术骨干为兼职教师,既能向学生传播企业文化,又能够从实践的角度提升学生的专业技能水平。学校教师可与企业技术骨干定期进行交流与学习,互相弥补专业上的不足,全面提高教师的综合素质和能力,为培养高质量人才提供良好条件。

七、构建一体化产教融合实训基地

实训基地是落实产教融合的重要场所,是培养技术技能型人才的重要手段。基于产教融合办学模式下的实训基地,应该充分发挥政府的统筹规划与协调功能,协调好学校、行业协会、企业和科研机构等各方主体,将教学、生产、技能实训、职业素养、技术创新与社会服务融合为一体,打造全面、高效的人才培养基地。为了确保实训基地的高效运行,要以人才开发为本位,促进实训成果的转化。合理规划实训教学内容,将基础性实训、专业性实训和岗位实操进行有机结合,逐步提高学生实践操作技能,以产业结构和产业链条为主线,合理规划人才培养的目标、规模、类型,与企业岗位能力需求相对接,全面培养学生的职业技能。全面发挥实训基地参与主体的价值,将企业文化、管理、资源、产品、师资和行业标准等融入实训基地,建设教学、培训、技术研发、技术创新和技能竞赛高效融合的实训基地,为提升学生的创新能力提供平台。为了促进实训基地的高质量运行,应该协调好各方主体的利益诉求,并且最大化地发挥各方面的资源价值,为高职院校人才培养提供一个健康、可持续发展的实训基地。

八、完善制度保障体系

产教融合办学模式的顺利开展,还需要一个完善的管理机制作为制度保障,将政府、学校、企业各方面主体纳入管理机制。在政府的政策引导下,充分发挥政府的主导作用,通过法律法规和内部制度建设为校企双方合作提供保障机制,调动校企合作的积极性。明确学校和企业的主体利益,在平衡点中寻找符合双方共同的利益,满足双方利益诉求,是促进校企长远合作的重要条件。高职院校与企业要从战略发展高度协商制定人才培养方案,最大程度实现资源共享,既能保证学生就业,又能满足企业用人需求,从而促进校企双方的长期发展。搭建"四位一体"协同育人平台,引导学校、企业、行业之间的沟通和交流,完善协调监督体系,健全人才培养管理监督机制,切实保证产教融合背景下高职院校人才培养符合企业发展的需求,有效解决人才供给脱节问题。

第三节　产教融合对高职转型的助推价值

一、建立产教融合支持系统的动因

(一)产教融合立法层面

产教融合发展未受到政策保障,有以下三个方面:

第一,企业、高职院校、行业协会代表的非高等职业学校参与校企合作、产教融合的责任和义务不是很明显,缺乏参与产教融合中的企业、高职院校、行业协会各自的权利、必要的监管和法律法规的约束,未充分保护多方的利益。

第二,政府没有颁布奖惩机制,不设定具体标准,没有对产教融合进行监督检查,没有合理地设计各种各样的奖励和惩罚措施。没有建立荣誉奖项,实施校企合作效果较好的高职院校、当地企业、研究机构、当地社区、个人、行业组织,也没有一定的赞誉和资金奖励,对违反产教融合法律法规、政策的参与主体没有明确的规定加以惩罚和处置。

第三,有关学生权益的问题不能确定,对到企业实习的学生给予相关的报酬、补贴,以及在实习过程中遇到人身伤害如何处理,都没有确切的规定。

(二)产教融合组织保障层面

产教融合要持续、深入开展,促进政府、高职院校、行业间良好沟通,构建专门的产教融合协调机构是核心。政府需要建立一个长效的组织保障,来对产教融合的各利益主体进行审批、监督。由于我国政府没有建立专门的协调机构来负责高职院校产教融合方面的设计、审批、考核、监督、评价,所以项目本身缺乏内在动力。企业主管单位、行业部门、财政部门、劳动部门等部门也因利益分配的问题,得不到大力的支持,产教融合只有靠老关系和已有的信誉来支持,没有组织的协调作用,难以形成长效的组织保护机制。为了加强彼此间的协调,保障产教融合组织运行的有效性,应建立从中央到地方各级政府部门间、高职院校与行业企业间的多层次协调机构,明确赋予产教融合协调机构职责和权限,增强产教融合的组织保障能力。产教融合实施较好的国家(地区)都有完善的组织保障来均衡各主体间的利益。各国(地区)均建立了产业合作管理协会,控制和监督企业和高职院校。

(三)产教融合评价体系层面

产教融合和学校教学工作相同,若要保持持续健康发展,必须构建科学合理的评价体系。由于我们国家对产教融合的评价体系重视不够,截至现在,产教融合的评价体系还不是很完善。在政府的指引下,与企业、高职院校、行业机构共同建立 360 评估系统,按照合作的效果来找出差距,总结教训,进而制定更合理的合作方案。政府、高职院校、社会以及合作中的各大主体应严格地对合作效果进行考察和评价。只有借助有效的、可操作性的评价体系,才能检验出产教融合的有效性以及正确性。产教融合评价体系不仅直接体现为企业所培养的实践型人力资源能否达到企业的人才定位,还体现为能否帮助企业获得最大的利益,更体现为能否为区域经济发展发挥最大的作用。

产教融合评价体系没有建立高职院校产教融合专家评估机构,其职责是在产教融合的项目中,关注各主体之间的进展和评估,对其应谨慎调查,谨防合作各方进行欺诈和欺骗。另外,没有建立高职院校产教融合的协商和仲裁制度,其任务是结合系统和管理手段,帮助解决高职院校与企业间合作中存在的矛盾,增加合作的稳固性。应促进产教融合合作各方积极完善产教融合评价体系,鼓励生产,逐步开发以市场为导向的研发活动,注重成果的适用性和社会主义市场经济产业化发展前景。

二、建立产教融合法规支持系统

我国的中央和地方政府积极倡导"以服务为宗旨,以就业为导向"的教育发展思路,并颁布了一系列政策,促进产教融合深入发展,但国家颁布的法律法规较少,关于普通高职院校产教融合相关工作的解决方法缺乏相应的法律规范和相应标准。产教融合主要利用高职院校和企业或科研机构和企业的不同合作方式,展示各自的优势和实力,根据资源共享、互惠互利的原则,一边培养实践型人力资源,一边发展科学技术。教学型院校运用的"合作科教"方式,不能达到企业的要求。运用"合作科教"方式的目的是培养一批具备创新能力且高级技术的实践型人力资源。在资源可以共享的基础上,没有做到互惠互利,也没有国家的宏观政策和法律保障,一切美好的"合作科教"方式不会长久发展下去。国家和政府应该加强宏观管理和指导,鼓励行业、用人单位和高职院校参与产教融合政策和法规的制定,比如制定有关鼓励行业、企业参与产教融合实践型人力资源培养方面的法律法规,利用法律法规来进一步限定政府、企业和行业在产教融合培养实践型人力资源中的权利与义务,特别是对参与产教融合的行业、企业,对其参与培养实践型人力资源的性质和地位做出具体规定,为其提供政策和法规的保障。

三、建立产教融合财税支持系统

为了促进产教融合的顺利开展,我国各级政府除了设立专项资金外,还应颁布税收减免政策,设立产教融合贷款及创新资金,建立风险投资机制等,从而促进产教融合的长久发展。产教融合发展较好的国家通常选择减少直接拨款比例,增加财税、金融方面的间接资金来支持产教融合。其经济优惠政策包含税收减免政策和资金优惠政策。资金优惠政策的主要途径是建立风险投资基金、设立专项贷款制度、实行资金保障和发行股票、债券筹资等。税收减免政策主要包括减免新产品税和科学技术投资等。除此之外,加速生产资料折旧也是许多国家制造业通常采用的刺激企业投资创新发展的办法,其实质是提供无息贷款给企业,即利用减税的方式来回收成本,同时将节省的资金用于新的投资项目。

(一)建立多渠道经费保障机制

为了促进普通高职院校生产、教学一体化,我国各级政府、院校、企业应当建立产教融合教育专项资金,促进有效的整合发展。一方面,明确各级政府的责任和投资的比例,逐渐从设立的产教融合专项资金中支出;另一方面,建立一个稳定的金融投资增长机制,根据高职院校教学的实际需要增加财政投资比例,以确定发展目标与高职院校及其财政支出保持一致。此外,各级政府也可以建立产教融合政府教育奖励基金,鼓励多层次合作。

高职院校对资金进行筹备有以下几种途径:

第一,和地方政府之间开展合作项目,建立产教融合的生产和教育创新基金,给参与项目生产和教育的高职院校教师和学生提供援助,包括实践基地基础设施支出、课题经费等;院校可以与企业和政府部门签订合同,从而获得横向课题研究经费。

第二,还可以吸收社会力量,获得各种私人、企业、团体的捐赠,如校友基金会,促进政府和社会力量的结合,形成一个强大的教育保护机制。资金是一个企业生产得以正常运行的关键因素。政府应鼓励企业建立产教融合专项资金,进而促进产教融合向深层次发展。

企业设立特别基金的方式有:

一是对与企业合作的高职院校提供励志奖学金、产教融合专项基金;

二是对到企业有过实践培训的教师、学生,提供相应的薪酬;

三是企业要按规定时间交付一定的资金,该资金用于企业培训,由政府统一发放。

根据专业培训的时间、地区和规模的差异,一个企业取得的资金也是有所区别的。良好的环境,是鼓励、引导企业大量投资,产教融合可持续发展的重要条件。国家有关部门应该成立一个产教融合专项贷款,专注于培养具有社会主义市场经济产业化发展前景的创新集成的项目。对那些周期较长、资金需求较大、企业扶持困难的高科技项目,提供必要的配套资金,还要建立相应的审查和监管机制。产教融合创新资金是用来重点扶持初创业阶段的中小企业与高职院校进行合作的。对于创业初期的中小企业来说,融资是非常困难的,创新资金的设立是被广泛需要的。产教融合创新资金是企业能够前进的动力,奠定了与高职院校合作的基础。中小企业专项资金主要采取财政拨款的方法,50%～60%是由中央财政支持的项目,其余部分由地方政府和企业提供。另一个重点是专项资金支持大型企业与高职院校开展合作。这主要针对大型企业虽然有一定的创新资源和能力,但往往缺乏合作创新的动力来支撑。大型企业的专项资金,可以通过免费或补贴贷款,促进高职院校与企业更高层次的合作。风险投资对互联网科技产业的发展具有十分重要的意义。风险投资主要依靠政府的财政对一些中小企业进行项目上的支持。

(二)构建全方位财税政策支持体系

产教融合的迅速发展,使财税政策支持体系的建立迫在眉睫。体系的内容具体如下:

第一,积极引导企业主动参与产教融合,政府需要建立一个全方位的财税政策支持体系。政府对参与产教融合发展的大、中、小企业都给予一定的财政补贴和支持。

第二,高职院校教育基金应按职工收入的1.5%～2.5%提取,在政府统一管理和分配后,纳入产教融合专项基金中,剩下的资金直接退款到高职院校。

第三,政府应该对企业税收政策进行顶层设计、宏观管理,减少企业参与生产和教育的支出成本。

政府需要在企业的增值税、所得税和教育的附加费以及营业税等方面给企业一定的税收优惠政策,把企业的积极性调动起来,让更多企业参与到产教融合中,培养出更多拥有高素质的技能人才。许多发达国家通过税收优惠来促进政府和中小企业、高职院校建立合作关系,使企业、高职院校之间产生相互依赖和信任。

企业可以通过安排学生到企业参加实践、培养学生的实际操作能力,来得到教育税收减免,当然这是在企业与高职院校签订计划的前提下。许多发达国家均制定了相似的税收调剂政策,即规定各个企业使用应缴增值税额的 0.5% ~2% 来帮助高职院校培养学生的实践动手能力,这是企业为国家、社会培养人才的责任和义务。假设企业不能履行这个责任,其应缴增值税额的 0.5% ~2% 不但需要补交上去,而且还要接受一定的处罚。

四、建立产教融合组织支持系统

(一)建立产教融合组织运行管理机构

在企业与高职院校的合作过程中,会涉及许多职能部门,这些部门中出现利益争夺时,必须建立一个专门的产教融合协调机构,让其来解决各部门出现的难题,协调产教融合中出现的各种矛盾,从而保障政府、企业、高职院校的正常运行。

产教融合协调机构的主要功能如下:

①协调企业、高职院校等多个主体之间的利益,在资本投资、合作方式和产教融合创新的渠道上,提供具体的细节管理和协调,监督生产和实施项目。

②联合政府部门、高职院校,大力开展产教融合创新的相关理论研究和政策分析,制定实用和有效的政策措施,促进产教融合的顺利开展。

产教融合教育决策管理协会和产教融合教育执行管理协会构成及其任务如下:

第一,产教融合教育决策管理协会由政府牵头,构成部门分别是教育、财政、发展等部门,发挥产教融合工作协调指导小组的作用,加强部门之间的统筹协调,形成政策合力,尽快发布促进产教融合的指导意见。产教融合教育决策管理协会是做决定的组织,其任务是研究高职院校产教融合发展形势,规划高职院校发展目标和内容,协调各主体间的利益关系,制定并落实政策,检查和推进教育工程的发展。在允许的情况下,企业、高职院校和第三方服务机构代表也可称为产教融合教育决策管理协会的成员。

第二,产教融合教育执行管理协会可由政府相关职能部门的成员和第三方服务组织构成。该管理协会是将产教融合教育管理协会的相关计划、目标、任务给予落实并实施,与各大高职院校、企业经理、行业经理和第三方中介组织的经理通过开会讨论、洽谈等形式确定可实施的项目、伙伴以及实现双赢的途径。

产教融合的有效发展是建立在组织保障的基础之上的,然而,在实际调查过程中发现,大多数高职院校还没有专门负责产教融合的协调机构,多数是代管,其产教融合行为很多处于自由、散漫的无组织、无人管理的混乱状态中。正是基于此,高校应逐渐建立专门的产教融合协调机构。由学校设计规划,组建"行、企、校"为一体的产教融合协调机构,以此为平台,以促进"行、企、校"合作主体间紧密衔接、深度合作。按照严格的标准和要求,可建立如下管理协会:

第一,教育规划和专业设置管理协会,其责任是把握行业的发展动态和国内外高职院校教育发展前景,从宏观方面指导高职院校的总体发展方向;提供行业标准、岗位能力目标,对主要设置、课程发展、教师队伍建设等进行研究;全面处理高职院校、企业面临的问题。

第二,师资协调管理协会,在企业、学校协调的前提下,建立校企人事工作轮换制度、互相聘用制度等;建构"请进来,走出去"的教员互动机制,形成一个稳定、共享、高产教融合的数据库。

第三,项目管理管理协会,管理所有事务过程中项目的合作,主要包括:一是项目的过程管理,包括发起、计划、规范安排。二是项目资源管理:其一,人力资源管理,包括合作对象的人数、责任、事务、管理费等;其二,资金管理,包括成本分布、年度利润分享、合作的预算和结算等;其三,材料设备资源管理,包括常用的合作办公设备、教学设备、培训设备的合理使用和适当的管理。

大多数企业设立组织机构是为了企业的经营,产教融合协调机构在企业中设立比较罕见,正因如此,从某种意义上来说,其妨碍了高职院校与企业之间的联系和发展。企业应设立专门的产教融合组织管理机构,按照规章制度来承担其应尽的义务和责任,鼓励高职院校学生与教师到公司进行学习和进修,为各大高职院校提供训练场地、基本设施,规定特定人员做好安全讲解;利用好学校的优秀人才资源,与学校进行产品研发与攻关,为企业未来发展打下坚实的基础;将企业的需求融入产教融合发展过程中,通过制定目标、联手培养优秀人才,并提供基础设备支持等途径,与学校联手,共同培养满足企业发展的必要人才。产教融合协调机构不仅能为企业节省人员招聘费用、缩短职工工作时间、降低职工流失的风险,同时,也为企业带来巨大的利益诉求。

(二)健全产教融合制度保障

政府应该建立专门的产教融合监督检查机构,让相关部门对产教融合项目及其实施情况进行监管和评估。同时,监督检查机构应努力构建顺畅、监管有力的产教融合监督检查工作体系以及长久的监管工作机制,加快监督检查工作的制度化。除此之外,监督检查机构还应不断完善监督检查方式、方法,将有力的监督检查工作落实到产教融合的各个环节中,以助推产教融合监督检查工作的科学化。政府还应建立产教融合的评估体系,制定科学的评价标准,建立严格的评估过程,对产教融合进行全方位、多层次的评估。评估内容不仅是监督是否符合国家的法律法规,是否对当地区域经济产生影响,还要评估高职院校所在的政府在产教融合中发挥的作用如何。以评估系统为基础,逐步建立激励机制,鼓励企业积极参与,对取得良好成果的企业施以多方面的奖励。大多数高职院校向企业寻求合作仅仅是为了生存和发展,能够随着市场的发展趋势谋一席之地。企业、高职院校、行业间需要拓宽渠道,进行形式多样的、全方位的深度合作,逐步推进产教融合的深层次发展,积极研讨有效的产教融合模式,如技术研发、岗位承包等,从而建立稳定长期的关系,促进产教融合在人才培养中发挥最大的功能。传统产教融合存在一定的弊端,我国政府、"行、企、校"应敢于创新,转变已有观念,研究更多适合于我国社会发展的、有效的、多层次的高职院校产教融合模式,对企业的合法权益加以保护,鼓励企业积极介入,调动其参与热情。产教融合的创新机制需要企业、高职院校、政府、行业多方面一起完成。政府应该做好规划、统筹角色,创造一个平等合作、多方共赢、全面提升的氛围,来保障高职院校产教融合有序发展。

政府必须做好各部门之间的宏观管理,协调并沟通好各职能部门之间的利益关系。政府应将各部门的任务、行动统一规划,积极开展产教融合,制定相应的法律法规,为产教融合提供良好的环境及资金支持;确定各主体在产教融合中的权利和义务,规范产教融合行为,为高职院校产教融合的长远发展奠定基础。

促进政府宏观管理应从以下五方面实施：

第一，完善政策、法律和法规体系。高职院校产教融合发展需要有政策、法律和法规及资金的支撑，只有具备完善的产教融合支持系统、多元化的产教融合模式，其才能持续、健康地发展。

第二，采取各种措施，指引产教融合各主体开展联合创新。采取各种手段和措施，积极开展产教融合，各主体通过创新联盟、产学研相结合等各种形式开展联合创新，将产教融合创新与市场创新、技术创新等有机结合，从而有效地提高产教融合创新的总体水准。

第三，完善高职院校内部调控机制，扩大高等教育的自主权。高职院校可以根据需要调整组织管理体系、专业设置，并决定办学模式和管理体系，以实现产教融合的自我调节。高职院校建立和完善弹性学制，显现学习的时间尺度、学习过程的实用性以及学习内容和学习方式的选择性。大学要加强自我内部改革，努力建立教师愿意开展科技服务和技术服务的气氛，使其愿意为企业和社会带来新的服务技术。新形势下，应该有效整合生产活动和教育教学的资源，促进校企合作、产教融合的发展。学院和大学应该在互利共赢的基础上，建立产教融合长久的发展制度和方式，充分发挥高职院校的专业技术长处、教育教学的资源长处等，结合行业、企业的需求，积极提供支持和保障，包括人才、科技、教育培训等。根据高职院校与企业的现实状况，开展多种方式的合作，努力探索建立一个稳定的、长期的人才培养模式，满足社会和企业的需求。

第四，完善企业内部调控机制，加强现代企业管理，明确责任关系，通过规章制度来规范产教融合活动，形成长久的发展制度。企业应当建立产教融合的内在需求机制，提高对产教融合的认识。企业应积极主动地参与产教融合活动，采取有效措施来推进产教融合快速发展。

第五，建立风险预警体系。因为缺乏制度约束与保障，公司承担着风险与压力，合作的风险性贯穿于产教融合的全过程，然而，高职院校自身并不具备实力把资金转化为产品。正因如此，公司对大多数成果的转化不想承担过多风险，只想承担少部分风险。企业希望国家通过有关政策规定或介入风险投资机构、金融投资机构的方式，跟企业共同承担风险。所以学校和企业应在政府、行业的指导下建立风险预警体系，从而最大限度地减少产教融合的风险损失,以提升产教融合发展的效益。产教融合中的参与主体——企业、高职院校都可以在不给对方造成巨大损失的前提下,退出合作。

五、建立产教融合综合评价支持系统

(一)产教融合360评估系统的设计原则

产教融合不仅直接反映普通大学培养应用人才的水平,同样,也可以反映用人的标准和企业的规范性,还可以反映企业的生产能力和技术含量。及时访问结果,收集反馈信息,将有助于促进普通大学校企深度合作的发展,促进高职院校之间的合作互补,使高职院校与企业间达到合作、互助。高职院校应在国家的指导下,与行业协会、合作企业共同建立一个360评估系统,在合作效果评价的基础上,得出经验,寻找差别,确定更有效的训练计划。高职院校在科学性和系统性评价的基础上,遵循以下原则:

第一,操作性原则。产教融合的评价是一个直观的感觉,必须简洁,容易实施。评价者表达出一些特殊的感情,还应该审查设置特点,最重要的是让评价者把产教融合中的优点和缺点用最简洁的词语描述出来,使评价指标体系更加具有科学性和精准性。可操作性的评价包括两个方面:一是指标的建立应清晰、易懂、简化适中,以便于数据的采集,数据的计算应该遵循标准化流程;二是评价体系和指标计算的相应方法应该简单、科学、便于操作,为了确保评估结果的准确性、可信性,要使用科学的方法。

第二,全面性原则。事物总是互相联系的,从某一角度片面地处理问题只能显示出现象,不能揭露其本质。对产教融合的评价应从组织、管理、培养条件、教学过程和培训效果等角度进行。

第三,目标性原则。因为参加评估的人身份未知,它有一个不确定的视角、不确定的评估方式,这就导致将列表变成包括领导评估、同行评估、学生评估等许多评估模型。

第四,指导性原则。产教融合可以反映现有评价体系,用高职院校与企业合作的精神来指导课程的理论学习和实践学习。

(二)产教融合360评估系统的构建

从企业方面考虑,在签订技术转让合同方面,主要考察合作签订技术转让合同的数量;在企业投入资金方面,主要考察企业投入的资金量;在企业投入设备方面,主要考察企业投入的设备量;在企业投入研发人员方面,主要考察企业投入研发人员占企业研发总人员的比重;在合作产生高技术产品方面,主要考察合作产生高技术产品的数量;等等。

在产教融合360评估系统的总体设计上,拟对参与主体进行分类,从高职院校、企业两个主体方面进行综合评价。高职院校评价、企业评价作为总体评价指标体系的2个一级指标,然后将2个一级指标分解为6个二级指标,在此基础上,对6个二级指标分解为25个三级指标。对这些指标进行选取和设计时,既要考虑合作的两个主体——高职院校、企业,也要考虑合作的三个方面——投入、过程、效益,使评价指标体系能较好地反映产教融合运行的实效性,以便于后续研究者参考。根据产教融合综合评价指标体系设计原则,初步设计出产教融合综合评价指标体系。高职院校是产教融合中培养实践型人力资源的主体,在产教融合的过程中具有举足轻重的地位和作用,所以将高职院校的权重设为0.5。从高职院校角度构建评价指标,主要为"高职院校投入""合作过程""合作效益"3个二级指标和10个三级指标。企业是产教融合中培养实践型人力资源的主要合作对象,也是决定实践型人力资源培养的关键合作对象和输出对象,所以将企业的权重设为0.5。从企业角度构建评价指标,主要为"企业投入""合作过程""合作效益"3个二级指标和15个三级指标。

产教融合是适应社会的发展需求的,是教育教学的资源与社会目标协调发展的必经之路。应建立一套适应产教融合发展的、规范成熟的法律法规和政策,来明确参与主体的权利和义务,监督、约束各参与主体的行为;拓宽产教融合经费的筹措渠道,加大企业税收优惠政策,完善产教融合风险投资机制,使高职院校、企业能积极参与到合作中;建立合理的产教融合360评估系统,对合作中涉及的资金、项目、组织结构、合作效果等进行评价;建立一套集科学性、权威性、标准性为一体的支持高职院校产教融合发展的管理体系。

第三章　新时代高职产业学院人才培养模式

第一节　新时代产业学院人才培养模式概述

高水平教学是建设高职院校的重要支撑和核心基础,是持续保证并不断提高教育质量的立本强基工程。高水平教学必须有高水平的育人理念、高水平的教育环境和教学条件、高水平的师资、高水平的专业和课程,还要有高水平的人才培养模式。在全面推进产教融合校企合作的背景下,探索现代产业学院人才培养模式,有利于深化高等职业教育改革、探索应用型人才培养规律、实现高职院校人才培养与企业需求的无缝对接。以现代产业学院建设为平台,推动学分制、"1+X"证书、创新创业、现代学徒制等方面改革,对提高人才培养水平、促进科技服务和成果转化、增强高职院校服务地方和产业的能力具有重要意义。

产业学院是以提升院校服务特定产业能力为目标,整合政府、高职院校、行业和企业资源,建立以应用型人才培养为主,兼有学生创业就业、技术创新、科技服务、继续教育等多功能、多主体深度融合的新型实体性办学机构。建设现代产业学院具有服务区域产业、汇聚各方资源、促进高等教育发展的重要价值。当前,我国经济已经步入"新常态",经济转型升级和产业结构调整优化需要大量的高层次应用技术型人才。因此,"政、校、行、企"共建产业学院培养产业人才,推进人才培养模式改革显得尤为必要。

一、现代产业学院人才培养模式改革背景

近年来,国家对新时期应用型人才培养提出了新要求,特别是对产教融合、校企合作工作提出了新目标、新任务,先后出台了一系列深化产教融合的政策文件。这些政策的出台和推行,对产业学院等新型教育平台的建设发展起到了很好的促进作用。坚持产教融合,将人才培养、教师专业化发展、实训实习实践、学生创新创业、企业服务科技创新功能有机结合,促进产

教融合、科教融合,打造集"产、学、研、转、创、用"于一体的互补、互利、互动、多赢实体性人才培养创新平台;坚持创新发展,充分发挥高职院校与地方政府、行业协会、企业机构等双方或多方办学主体作用,加强区域产业、教育、科技资源的统筹和部门之间的协调,推进共同建设、共同管理、共享资源,探索"校企联合""校园联合"等多种合作办学模式,实现现代产业学院可持续、内涵式创新发展。

人才培养是高职院校的首要任务。现代产业学院建设要以创新人才培养模式为首要任务,面向产业转型发展和区域经济社会需求,以强化学生职业胜任力和持续发展能力为目标,以提高学生实践和创新能力为重点,深化产教融合、校企合作,创新人才培养模式,调整人才培养方案、课程体系、方式方法、保障机制等;积极鼓励各专业打破常规,对课程体系进行大胆革新,探索构建符合人才培养定位的课程新体系和专业建设新标准;推进"引企入教",推进启发式、探究式等教学方法改革和合作式、任务式、项目式、企业实操教学等培养模式综合改革,促进课程内容与技术发展衔接、教学过程与生产过程对接、人才培养与产业需求融合;协调推进多主体之间开放合作,整合多主体创新要素和资源,构建产教深度融合、多方协同育人的应用型人才培养模式。

产业学院人才培养模式是以学校为主,按照参与市场竞争的企业形式组建具有产业功能和教学功能的现代企业,在真实企业环境中学校与企业、教师与师傅联手实施人才培养的模式。其主要内容有:依据人才培养目标构建产业学院性质的企业学院,与企业合作并为企业服务是产业学院人才培养的特点,企业是评价考核实践教学成果的主体。近年来,加强产业学院建设,推动产业学院人才培养模式改革,成为提升教育教学质量的重要抓手,逐步形成高职院校与政府、高职院校与产业园区、高职院校与企业、高职院校与行业协会等多种产业学院建设模式,彰显深度融合、功能复合、多元共建、贴近产业的产业学院建设的特点,体现现代产业学院人才培养模式改革的特色。

二、转变高职院校人才培养理念

(一)创新教育观:从共性层面到分层分类

在各级各类学校培养创新人才的实践中,人们通常是从共性的层面提倡创新精神与创新能力的培养,缺乏针对不同类型创新人才的培养方案,导致对创新教育认识不清、定位不明,对创新教育的概念含糊。高职教育创新人才的培养模式也同样存在培养目标模糊不清、针对性不强的问题。事实上,创新有三个层次:一是初级创新,指对个人来说是前所未有的,一般学生都具备这种初级创新能力;二是中级创新,指经过模仿、改革或发明,在原有知识经验的基础上重新组织材料,加工生产有一定社会价值产品的能力;三是高级创新,指经过长期努力所产生的人类历史上的创新。可见,创新有简单与复杂、应用与基础之分,不同层次的创新活动特点各异,对创新主体的要求也各不相同。因此,创新人才的培养应分类进行,创新教育的开展要分类推进,高职教育需要根据不同层次创新人才的特点建构有针对性的人才培养方案。

(二)教育价值观:从制器到育人

中国教育界普遍把高等职业教育定位为培养技术应用型人才和高技能型人才,强调学生的技术能力,突出了高职教育人才培养目标的技术应用型特征,这有利于将高等职业教育与普通高等教育区分开来。但是,在实践中,这种定位存在片面强调学生的专业知识与技能培养的倾向,导致人文教育缺失,职业素质教育流于形式,学生综合人文素质普遍不理想。从另一角度看高等职业教育,强调教育的社会价值,突出为社会培养各种实用型人才,满足社会对劳动力发展的需要,有利于促进技术和产业的进步,推动国家政治经济和社会发展,但却忽视了教育对人的本体价值,只把人作为一种工具,对教育主体的尊重不足,对人的个性完善及全面发展关注不够。事实上,高职教育是"育人"而非"制器"。高职院校不仅要向学生传授专业知识、训练职业能力,也要把学生人文素质和职业素养的提高、创新精神和创新能力的培养作为重要任务,因为高职教育培养的学生不是工具人、职业人,而是社会人、全人。遵循教育外部规律,高职教育要紧跟社会发展的需求;根据教育内部规律,高职教育要适应人的全面发展的需要,二者必须和谐统一,不可偏废。

(三)教育质量观:从就业导向到生涯发展

技能型创新人才应该具有职业技能素质、职场应变素质、专业创新素质三种层次的素质。就业导向的教育质量观关注的是学生职业技能素质,而生涯发展导向的教育质量观不仅关注学生职业技能素质,还关注职场应变素质以及专业创新素质。因此,教育质量观只有从就业导向转向生涯发展,技能型创新人才的涌现才能得以实现。

重视学生关键能力培养,塑造学生终身学习和持续成长的能力。职业教育为学生的终身教育打下坚实基础的关键环节就在于培养学生的关键能力,通过核心素养的养成,使学生具备较高的职业能力以及终身学习的素养。现代职业教育观强调高职院校必须着力培养高素质技能型专门人才,促进人的可持续发展,通过知识、技能的习得,一方面满足个体的多样化需求,另一方面满足了产业和行业转型发展的需要。并且,学生在职业教育中所获得的关键能力是他们终身受用的,是其未来发展不可或缺的能力。

(四)教育教学观:从知识技术的模仿与被动接受到继承批判与创新

继承是创新的基础,但一味地继承就无从创新,而且形而上学的继承观还会阻碍创新。当前,许多高职教育过于强调学生对知识的记忆、技术的模仿和重复训练,束缚和压抑了学生的创新精神。高职教育的改革必须首先改变传统观念,树立培养创新精神和创新能力的教育观念。在教学氛围上,技能型创新人才的培养要少一些统一化、标准化的教学要求,营造和谐、民主、自由的教学氛围,强调人的独特性和创造性,促进学生自由发展。在教学评价上,要增加学习过程的考核和评价,关注学生的创新精神与创新能力的培养,对于那些在课堂上提出独到见解或者在实践活动中创造出新方法的学生要充分鼓励,尊重其创新性成果,在课程成绩上给予奖励。此外,教师的教学评价要重视形成性评价,把学生平时表现、学习态度、独立思考问题的能力、创新素质等要素纳入教学评价的过程之中,使考试由原来的只考核学习效果拓展到对整个学习过程和学习效果的综合考评。在教学方法上,理论课教师应综合使用如启发式教学法、讨论法、案例教学法等多种教学方法,培养学生的自主学习能力、创新思维能力、动手能力、分析问题和解决问题的能力。实践教学的教师要注重学生在实训过程中的主体地位,充分发挥教师的主导作用,让学生在实践中接触最新的科研成果,激发其创新激情,培养其动手操作能力。

(五)教育主体观:从师道尊严到以生为本

在实际教学工作中,高职教师仍然留有许多理论化教学的传统,而学生也仍然沿袭着死记硬背、被动接受的学习习惯,教育主体和中心仍然是教师,师道尊严在不少课堂中得到淋漓尽致的体现。高职学生是有丰富个性的、完整独立的、有发展潜能的个体,每个学生都有自己的学习类型与学习方法,有不同的特长。因此,教师要转变对高职学生的认识,尊重学生的个性,承认学生是具有可塑性的人才,保障学生在教育活动中的主体地位,最大限度地发挥学生的主观能动性,调动他们学习的积极性。要让学生更好地发挥自身优势,实现个人潜力的开发,首先要做的是教育主体观从师道尊严向以生为本转变,因材施教,扬长避短。

高职创新人才的培养要以学生为主体,就是要鼓励学生在学的过程中主动探究、建构、体验和领悟;以教师为主导,就是强调教师在教的过程中成为教学的设计者、问题的提出者、情境的营造者和经验的总结者。这样才能使高职院校的教师从"死教书、教死书、教书死"的困境中摆脱出来,使学生从"死读书、读死书、读书死"的疑惑中解脱出来,真正实现教学相长。

(六)人才成长观:从拔苗助长到自然生长

许多学校在学生创新精神和创新能力的培养过程中容易存在急功近利的价值取向,关注的是各级各类创新竞赛或者比赛、获得国家专利的科学发明项目等外在的可以看见的创新成果,忽视了学生内在创新精神、创新能力及合作、探究、自主的创新意识的培养。扎扎实实的人才培养被一项项的"工程""计划"代替,人才培养似乎变成一项可以通过一定活动量身定做的"工程"。高职创新人才的培养也极易出现创新人才培养的通病,过于关注学生在各类比赛中的获奖数量以及申请专利的情况,大办创新实验基地,组织各类发明小组、科技班、创新团队。这样的创新机制和行为恐怕也会在一些方面有违创新人才成长的规律。创新人才的培养是一项系统工程,需要潜移默化、润物无声的教育和训练过程,急功近利、追求立竿见影只能适得其反。因此,学校要重视创新人才的过程培养,立足于过程,帮助学生养成艰苦奋斗、脚踏实地的习惯,培养学生奋发向上、积极进取的精神,鼓励学生拥有创新、敢为人先的勇气,摒弃功利化取向。只有回归人才成长的自然规律,才是技能型创新人才的培养之道。

三、创新高职院校人才培养内容

改革高职院校人才培养内容,涉及课程体系的建设、课程内容的选择等方面。合理的课程体系,对人才的培养具有重要意义。高等职业教育课程承载着高等职业教育的思想和观念,反映了社会经济发展对高等职业教育的要求,体现了高等职业教育的价值和取向,直接影响着教学质量。高职院校要培养具有创新精神和创新能力的高素质技能型人才,关键在于构建高职院校科学、合理和优化的课程体系,选择富有个性的课程内容。接受访谈的一位高职院校的校长说道:"课程,在职业教育更要大刀阔斧地改革。"

(一)课程开发主体强调多方参与,构建协同创新课程体系

让企业专家、教师参与到高职课程的开发中。来自行业或企业的专家由于处于生产、管理的第一线,对工作任务最为熟悉,对生产技术的应用最了解,能够把握职业岗位现在与未来从业者的能力要求。因此,高职院校不能闭门造车,高职课程的设置必须充分发挥行业、企业的作用,使行业或企业专家成为课程设置主体之一,可以有效防止高职院校开设课程与生产实际脱节的现象,使课程的开设和课程内容的选择真正以工作岗位为基础,让学生真正学以致用,所学知识与实际应用达到最佳匹配,在此基础上,高职学生的创新精神和创新能力才有可能得到培养。高职课程的设置同样离不开教师。教师在教育教学中起主导作用,是课程的直接相关者,是和学生接触最紧密的人。

重视校企合作开发课程。职业教育就是为学生的职业做准备,以就业为导向,实践性强。各高职院校要主动服务企业,跟踪企业现有的技术动态、生产设备、生产工艺和发展趋势,调查了解企业的需求,更新课程内容。高职教材要走产学研结合之路,加强实习实训教材的建设。高职教材应当为职业岗位或岗位群服务。教材建设尽可能以职业标准为主要依据,教材内容以"够用、必需"为原则,强调教材的职业性。教育必须为社会主义现代化建设服务,必须与生产实践相结合,要始终贯彻落实好这一教育方针,这是高职教育改革与发展的方向。高职院校进行教材的建设可以组织聘请行业、企业一线的能工巧匠以及高职院校内的"双师"教师,根据实际的教学需求以及实践教学、职业资格证书等要求,结合行业与企业的用人需求,并充分考虑现有的实训条件,编写能反映高职特色的实习实训教材。实训教材要突出地方性、适应性和实用性,坚持理论与实践的结合,体现行业与企业生产岗位的最新发展趋势,并不断根据实际需要进行调整。通过高职院校与行业、企业的联合开发,不仅密切了学校与企业的关系,有助于培养高职学生的职业素养和技术能力,确保实施产学研一体化人才培养,而且有助于高职院校"双师"教师队伍的建设,提高高职教师的业务能力和素质。技能的培养和训练重在实践,应紧密联系实际,把实践性的教学贯穿于高职院校人才培养全过程,加大力度开发实习实训教材理应成为高职院校教材建设工作的重要一环。

(二)课程结构凸显职业能力中心,契合创新能力培养需要

课程,就是学生学什么、教师教什么的问题。高职的课程不是本科教育的压缩饼干,不能按照"基础课、专业基础课、专业课、实践课"的学科式模式加以组织。科学、合理和优化的课程体系应当体现知识、能力、素质协调发展的新思想,把素质教育和创新人才培养的理念渗透到课程设置的方方面面。不仅注重对学生进行专业教育,而且还非常重视人文基础知识的传授及科学精神的教育,注重培养学生人文素养和科学素养。科学、合理和优化的课程体系应当包括以下三个方面:第一,理论课程。第二,实践课程。第三,基本素质教育课程。

注重个体差异,加大选修课比例。加大选修课的比例,鼓励教师发挥特长,开设选修课,给学生充分发展个性提供更多的时间和空间,全面拓宽学生的知识面。

高职院校课程结构的调整要以就业为导向,办学关注市场需求,并以之为动力,要把学生职业能力的培养作为课程结构改革的重点。因此,当前高职院校建立"宽基础、活模块"的课程设置与结构体系是非常重要的,课程改革坚持"宽基础"。一方面,要做到知识面宽、综合性强,相邻专业知识相互沟通、融合,强调课程衔接,保证学生学习的知识系统化,符合学生学习的规律;另一方面,课程体系要根据实际灵活调整,采用"活模块"方式,提高课程的岗位针对性、适应性和灵活性。课程的结构应该尽量"模块化",也就是各个模块的知识具有一定的可拼接性,根据不同的培养目标将内容剪裁、拼接成不同类型的知识体系。

(三)课程内容更加突出个性和特色,强调关键能力培养

现代职业教育所倡导的能力本位要求劳动者具备良好的职业适应力,能够符合产业发展的复合化需要,同时具备在各行各业岗位上的创新技能。

而当前职业教育的办学也面临剧烈的变革,职业教育对人的培养更加凸显其综合性与跨界能力,高职院校的课程体系也由原先的知识本位过渡到能力本位。职业教育和人的综合素质能力有着越来越紧密的联系。

高职院校课程内容的建设是一个长期的过程,它不仅随着高职教育的发展而发展,还要紧跟经济技术的发展步伐。为培养高职技能型创新人才,对高职院校的课程内容必须进行认真挑选,课程内容上要更加体现出个性与特色。

加强校本教材的开发。校本化、自主化、特色化是校本教材的最大特色。鼓励高职教师根据学校特色、专业特点、学生的兴趣爱好等,编制校本教材,使教师能够及时把生产一线的知识、技术引入到课堂中,使教学内容更加具有实用性、针对性、适应性。让课程内容关注个体,以个性化为终极追求,张扬教师和学生的个性,彰显学校特色。教材的质量如何,回答这个问题需要根据一定的评价标准。高职教材亟待建立评价标准,完善教材评价体系。高职教材应当以能力本位、知识够用为原则。教材建设应制定教材分析、评价体系和质量的反馈机制,教材开发应当有一个试用环节,调研和跟踪教材使用情况,搜集师生的意见,不断加以修改和完善。将学期选用教材的考核融入学生的评教系统或学生成绩查询系统,从而形成制度、形成规定、形成自然而然的一个教学环节,成为教材选用合格与否的主要依据。在高职教材建设中,需要完善教材评价体系,注意统一性与灵活性相结合,终结性评价与形成性评价相结合,宏观评价与微观评价相结合,单本教材评价与全套教材评价相结合,知识评价与能力评价相结合,认知因素评价与非认知因素评价相结合,实验评价与专家评价相结合。

四、改革高职院校人才培养方式

高职院校人才培养方式的改进,可以从教育教学理念、教育教学制度、教学方法、考试评价等方面着手进行改革。其中,理念是人才培养的灵魂,制度是人才培养的保障,方法是人才培养的关键,评价是人才培养的晴雨表。

(一)把握教学改革三大要点,引领人才培养方向

技能教育、素质教育、创新教育是高职院校应当树立的三种教育教学理念,它们是高职院校人才培养的基石。一是技能教育。高等职业教育是"高等"与"职业教育"两个概念的复合,具有高等教育和职业教育的双重属性。高职教育应以技能教育为根本,强调技能性和职业性,重视学生实践能力的培养,提高职业技能,增强学生的职业能力。二是素质教育。坚持以人为本,全面实施素质教育是教育改革发展的战略主体。高职院校应按照能力素质高、具有创新精神和创新能力的技能型人才的总体要求,逐步构建集知识传授、提高综合能力与注重素质教育为一体的人才培养模式。一位高职院校的领导接受访谈时谈道:"特别是对素质来说,要内化的,内化的东西恰恰要融入教学中,我们的教学要有所突出、有所引导、有所考核,这样才能融入。我们在这方面采取了很多措施,比如护士培养,按一般过去的方式,铺床、打针、吸氧。但是作为护士,服务对象是人啊,如何让患者得到全面的照顾,这要求内化素质。"我们需要对职业教育体系进行全面的梳理与彻底的变革,对于职业教育的改革理念与发展方向、职业教育体系制度、职业教育人才培养等要进行重新反思与创新性变革,立足于职业教育和经济社会的发展,整合社会资源,与社会各界相互合作,顺利融入终身教育体系构建之中,真正实现终身教育和职业教育的相互融通。在终身教育的框架下,将政府、行业、企业等力量吸纳进职业教育的发展中,职业教育改革和发展的全过程要贯穿终身教育的理念和精神,进一步调整职业教育人才培养模式,提高职业教育人才培养终身发展的素养。三是创新教育。我们传统的高职教育历来重视对知识与技能的传授,忽视对学生创新精神和创新能力的培养;重视让学生掌握已有的生产技术、工艺流程,忽视学生对固有的生产技术、工艺流程、管理的创新。高职教育教学应当更新理念,倡导创新教育,高度重视学生创新精神和创新能力的培养。创新能力是高端技能型人才的必然要求。教育教学中要特别注重创新意识的培养,激发学生的创新欲望,注重非智力因素的发展。

(二)深化教育教学制度改革,真正体现以学生为中心

高职院校急需建立新的教育教学制度,为个性化创新型人才的成长营造良好的制度环境。

1.尝试学分制

学分制的改革有助于进一步改革其教育和管理制度,建立职前培养和职后教育一体化的教育制度,进一步通过灵活、富有弹性的制度安排,整合家庭、学校、社会等多种教育资源。学分制有助于打破学习者的时空限制，超越年龄和学时对接受教育的诸多限制，取而代之的是，学生可以通过学分的累加，满足终身学习和终身教育的需求。通过插班学习，为社会人员继续接受教育提供了可能性，真正落实职业教育的公平性，最大程度上满足了不同层次人员的要求，为其提供学习的指导和帮助，实现了正规学校教育服务与社会继续教育相整合的过程。

学分制的改革与创新、学习成果的积累和认证成为终身教育不可缺少的保障，通过学分制的改革，进一步完善"学分银行"的构建，为普通职业教育和终身教育搭建互通融合的立交桥。在"学分银行"下学习者的系列学习成果得以进行累积，并且能够进行不同教育形式下的学分互换，学习的经历和成果能够得到认证。在这套学分制改革框架下，终身学习者突破了学习时间限制，能够灵活地基于自身知识体系构建的需求，选择性地接受教育。终身教育的出发点正是为了解决传统的学校职业教育不能为学习者的继续教育提供渠道等问题。随着社会发展，职业教育"学分银行"制度的架构需要进一步结合社会现实，并结合国家的顶层设计思路，满足不同学习者学习成果能够在职业教育和终身教育体系下实现互通、互认的需求，逐步提高学习者的受教育机会；并通过制度标准的确立，为学习成果实现转换和认证提供服务。

2. 建立双导师制

双导师制原来针对的是研究生的培养，高职院校也可以推行双导师制。高职院校的双导师制指的是在学校内，教师担任学生的导师，指导学生的学习，校内导师为学生综合素质、创新精神和创新实践能力的培养提供了保障；在校外，行业或企业的专家、技术人员担任学生的第二导师，重点培养学生的职业技能。校内导师和校外导师组成配对关系，共同指导学生。通过实行双导师制，加强对学生的个性指导，根据学生个人的能力、志向和特长，指导他们制订个人学习计划，对他们从入学到毕业进行全程指导和负责。

3. 完善校企合作制

遵循教育性、互利性、平等性原则，推进校企双方的深度合作，调动企业积极性，搭建学生创新实践平台，实现校企双方利益共享。学校为企业发展提供各种技术、营销、管理、咨询服务；企业也主动向学校投资，建立利益共享关系。建立合作的长效机制,促进学校积极利用企业的优质资源,包括物质支持、平台共建、师资提升等,改革教学,促进学生创新实践能力和职业技能水平的提升。

(三)改革高职院校课堂教学方法,提升人才培养质量

课堂教学是培养学生创新精神和创新能力的主要渠道。针对高职院校理论教学普遍存在灌输式教学方法、实践教学被动实践的问题,为培养出高职技能型创新人才,高职院校必须改革传统的教学方法。

对于理论教学,教师应综合使用多种教学方法,比如启发式教学法、讨论法、案例教学法等,培养学生的自主学习能力和创新思维能力,提高高职学生的自学能力、动手能力、分析问题和解决问题的能力。

对于实践教学,要注重学生在实训过程中的主体地位和教师的主导作用,培养学生的动手操作能力,激发学生勤于动手、勇于实践、探索未知的精神,让学生能够在实践中接触和感受最新的科研成果,激发学生的创新激情,增强学生的创新能力。

需要指出的是,二者不能完全割裂开来,理论教学与实践教学应有机融合。理论教学与实践教学是一种"实践理论再实践再理论"的模式,把理论教学与实践教学结合起来,理论教学以学习创新的理论知识为主,实践教学以培养学生的创新能力为主,两者并重,实现理论与实践的结合,使创新的理论知识化为创新的能力。

在信息化大发展的时代,高职院校应当加快推动教学手段的改进,运用移动智能终端,借助网络资源的优势,在课堂教学中引入实时的网络信息,增强课题内容与社会的结合度,使得学生更能感受到所学知识点与当下社会实际的结合度,就可以激发学生的学习兴趣,为学生提供丰富多彩的课外知识材料,拓展学生的学习空间。例如,在机械专业课上,教师可结合相关内容在课前备课的时候就找好相关实操视频,学生互相讲述所见、所想,展开点评、讨论,既巩固所学知识又拓宽知识面。

课前预习和课堂导入阶段,学生良好的课前准备和学习情绪的充分酝酿对于课堂教学的成功有着很好的助力作用。教师可以运用微课激发学生的学习兴趣,引导学生的思维走向,激发其探究学习的欲望,使其主动参与到教学活动中。

在课堂教学实践阶段,将 iPad 等移动智能终端应用到课堂教学实践中,最大的优点就是人机互动,可将不同学科有机融合,充分培养学生的综合实践能力。例如,在课上,可设计课堂实践练习,引导学生借助 iPad 设计简易的布景、海报、墙报、手抄报。从这一系列的教学互动中,将学科与学科相互交融,学生眼、手、口、脑并用,驾驭信息技术,学科跨界操作增强了学习体验,使得学习互动广泛而高效,大大提高了高职技能型创新人才的综合实践能力。

由于学生的认知水平是有差异的,对于一些关键的知识点并不是所有学生都能明白,若是问题得不到及时解决,还会使其逐渐丧失学习兴趣和自信心,这对人才的培养是很不利的。这就需要教师精心设计教学环节,引导学生参与进来。例如,在教学微积分或几何问题时,其实是很抽象的,在以往的传统教学中,通常以教师讲解＋演示＋学生操作的方法来突破这一重难点。这种方法能够使部分学生掌握这一技能,但往往有一些学生错过知识讲解的重点,或在听课过程中一知半解,导致对该知识的缺漏。因此,在教学中,教师适时利用动画微课讲解,一是可以吸引学生的注意力,二是通过动画演示三角尺和有尺摆放的位置,让学生可以更清楚地抓住重点,在难点处还可以着重批注讲解,使知识点更加清晰。对于课堂上知识掌握不牢的学生,可以通过反复观看微课达到巩固和加强的效果。

五、深化高职院校考试评价改革

高职院校的考试是高等教育过程的一个重要环节,全面、科学、合理的考试制度能积极引导教与学双方朝教育目标前进;反之,则会对教育目标的实现起阻碍作用。改革高职院校考试制度,在创新人才培养中具有重大作用。

(一)推进招生考试制度改革,实现中高职衔接与分阶段协同育人

1. 成立职业教育招考机构,发挥统筹协调管理职能

政府没有设置专职部门对中高职招生考试实行顶层设计,统筹规划,综合协调,造成条块分割,沟通不畅;在录取评价机制上也存在种种问题,现代职业教育体系没有形成,中高职衔接错位,中高职人才"立交桥"亟待构建。

高职教育要优先对口招收中等职业技术学校毕业生以及有专业实践经验、成绩合格的在职人员入学。加强中高职教育衔接招生考试制度的改革,

当前行之有效的办法是成立专门的职业教育招考机构。职业教育招生考试机构可以和各个职业教育集团联盟,发挥政府主导、企业参与的作用。根据行业发展情况、产业结构、市场需求等制订每年的招生计划,为行业、企业储备人才。从招生考试制度的命题到最终的录取,职业教育招考机构中来自行业、企业一线的专家,政府代表,以及学校代表,三方加强联系,共同负责,对招生考试的全程互相监督,及时反馈情况,不断完善中高职衔接的招生考试制度。在招生考试中,政府部门负责组织与监督,职业教育集团负责对考生进行知识、技能水平的测试,行业、企业负责对考生进行技术与能力的考核。

2.普遍实施高职院校自主招生考试制度改革

高等职业教育考试招生制度改革,逐步与普通高校本科考试分离,重点探索"知识+技能"的考试评价办法,为学生接受高等职业教育提供多样化入学形式。高职院校自主招生考试有必要进一步推广。在招生考试制度改革中,要给高职院校更大的招生自主权。进一步完善分类考试、平行录取,使高职院校招生录取自成体系。各个高职院校应将特色专业作为单招的主打专业,招生时间可以有更多的自主权。高职院校可以和中职学校签订合作协议,双方共同商定高职院校自主招生录取标准,学生在合作学校达到一定条件就能够被高职院校录取,引导生源向优质学校、优质教学资源集聚。

(二)促进"技能高考"改革,选拔具有创新潜质的学生

"技能高考"作为高考改革的一种新模式,具有不可小觑的价值和意义。它有利于连接中高职教育,构建独立的职业教育体系,有利于引导高职教育教学改革和高职技能型人才的培养;同时给中国高考改革带来清新的气息,有利于深化高考改革,形成多元化招生考试格局。

职业教育是一个独立的教育系统,应当独立于普通教育。但是,我国高职院校没有独立的选才体系和选才标准,而是与普通高等院校的选才方式一样,通过高考考查学生的文化知识水平。

任何一种考试制度想要发挥出应有的作用,必须在实践中不断改革,趋于完善。尚处于试点阶段的"技能高考"要得到大范围的推广,需要从以下方面着手努力:

一要建立和完善考试招生管理制度。考试招生管理制度的缺陷是造成教育不公平的重要因素。因此，为保证高职院校自主招生考试的公平公正，必须建立和完善自主招生考试管理制度，推动高职院校自主招生考试由试点转为常态管理。首先，建立和完善自主招生考试公开制度和招生公示制度，落实招生考试的政策、制度和办法。依照各项管理规章制度，严格规范招生管理工作，切实做到政策执行不走样。其次，完善各项工作制度，加强招生工作管理。要制订和完善自主招生人员的管理制度，加强对自主招生人员的教育与管理，明确工作任务和责任，严肃纪律，完善责任追究制度。最后，进一步建立和完善自主招生工作的各项监督制度，加强对自主招生考试的监督，保障考试的公平公正性。

二要建立和完善更加科学的录取标准。"技能高考"要发展，必须建立更加科学合理的综合素质评价体系。对于文化课考试，可以参照普通高等学校统一入学考试的模式；对于技能操作的考评，无成熟范本可以参照，需要在实践中进行摸索。建立和完善科学的录取标准，可以请教育评估专家针对不同专业的性质、特点和要求，对各个重要素质、能力的等级及权重进行量化，形成综合素质评价体系评分表。构建一套科学合理的招生录取标准，录取标准应当具有较高的信度和效度、合适的难度和区分度，既能体现考试的基础性，同时又能发挥考试的选拔性功能；既能保障考试的公平性又能提高考试的效率，寻求效率与公平的最佳统一。

三要拓宽生源。第一，改善高职办学条件，保证人才培养质量。提高教育质量是永恒的主题，是高等教育的生命线。要提高高职生源质量，根本的办法是强化高职办学质量。以质量求生存，以改革求发展，只有改善办学条件，提高人才培养的质量，才能够持久地获得优质生源。第二，加大宣传力度，提高高职的认可度。宣传是提高"技能高考"生源数量和质量的重要途径和渠道。通过宣传，让更多人认识到"技能高考"，熟悉高职。只有让大众了解这种新的招生考试形式以及高职教育，人们才能从心里乐意接受，而不是被迫无奈的选择。

四要正确处理好几对关系。①正确处理好文化课基础知识考核与技能操作考核的关系。"技能高考"一改以往考试侧重文化课基础知识的考核，第一次尝试把技能操作考核放到比较重要的位置，强调学生技能操作水平评价，不管对于中职教育教学的改革还是高职人才的培养，都有重要作用。

因此,应当坚持技能考核,强调学生的实践操作能力。但是,强调技能并不等于不需要文化基础知识,学生的文化基础知识同样重要。因为文化基础知识是学习专业知识的基础,学生只有掌握了一定的文化基础知识,才能更好地去学习、理解和掌握专业知识。另外,文化基础知识有助于提高学生的综合素质和能力,有助于开阔视野,提高学生可持续发展的能力。因此,"技能高考"不能一味地强调技能,而应当在强调技能的基础上,不放松对文化基础知识的重视。把文化基础知识的考核与技能考核有机地整合起来,真正选拔出那些掌握一定文化基础知识、具备学习能力,同时具备较好的实践操作能力的人才。②处理好考试公平与效率的关系。公平与效率是一对矛盾,既对立又统一。高考的公平与效率问题历来是人们争论不休的话题,"技能高考"同样也不能回避这对矛盾。"技能高考"若试图推而广之,也必须考虑是效率优先还是公平优先的问题,做到既能保障考试的效率,又能兼顾考试的公平。"技能高考"是高考改革的重要举措,对高职招生问题的研究,可以为高职招生考试制度改革提供理论支持和政策咨询,进而对国家整体的招生考试制度改革产生推动作用。因此,"技能高考"需要进一步深化理论研究。此外,作为一种新生事物,"技能高考"需要在实践中不断完善,方能最大限度地保障其公平性和科学性。

(三)深化自主招生考试改革,帮助创新人才破壳而出

公平性对于任何一种考试都至关重要,高职自主招生考试应该坚持公平、公正的基本原则。所谓"公平",就是公正而不偏袒,对所有人员一视同仁,不带任何偏见。高职院校自主招生考试制度需要在实践中逐步完善,进一步提高考试的公平性。保障高职院校自主招生考试公平性,可以采取以下几个方面的措施:

一是创新高职自主招生考试理念。传统高考模式下选拔的理念基本上是依据成绩的优劣,不少偏才、怪才不管其天赋潜质如何,在高考竞争中很难获得竞争优势。而高职自主招生要能实现理念上由原先"分数至上""一纸定终身"等转变为基于专业及学生特长双向选择,考试应该重在选拔和录取具备某一职业发展潜质的苗子,这类人才需要同时能够符合生产一线实际需求,能够有培养的潜力。考试录取的内容要更加注重应用性与技能性,贴近生产生活实际。高职自主招生考试要改变仅看文化基础课成绩的传统模式,结合考生实际操作、职业倾向等综合测评其发展的潜质,真正树立与落实考试公平性与个性化平衡的理念,通过多元考试评价理念的确立与落实,为行业和企业真正选拔出合适的人才。

二是建立和完善更加科学的录取标准。高职自主招生的原意是给各高职院校充分的招生自主权,让学校能够录取到符合自身培养目标的人才。为保障高职自主招生考试的公平公正,录取到所需的人才,科学的录取标准尤为重要。综合能力测试中对分值没有做任何硬性规定,专业技能测试也缺乏统一的标准,但是没有规定、没有标准不等于招生录取可以毫无章法。建立更加科学合理的综合素质评价体系,请教育评估专家对各重要素质、能力的等级及权重进行量化,形成综合素质评价体系评分表。各高职院校应该根据培养目标的要求,形成个性化的评价方案。针对不同类型学生特点,采取推荐录取、破格录取、自主录取、定向录取等多种录取方式。

三是自主招生过程公开化、透明化。在高职院校自主招生的语境中,所谓透明度,就是高职院校自主招生相关信息的公开度,亦即有关自主招生的录取方案、工作流程、动态信息、咨询答复等信息的顺畅流通并可以被公众自由获取的程度。招生过程的公开化、透明化可以最大限度地避免自主招生的"暗箱",保障高职自主招生考试的公平性,最大限度地保障广大考生的利益,促进高职自主招生长足发展。高职自主招生要更加透明化,招生工作本不是什么"社会机密",完全可以建立公开透明的招生工作体系,使得招生录取工作公开化、招生信息透明化,向社会公开整个招生过程,接受外界监督,把自主招生录取工作置于群众监督和舆论监督之下。总之,只有保障高职自主招生操作过程的透明、公开,才能从根本上确保高职自主招生的公平公正。

四是完善自主招生监督机制。为保证高职自主招生考试的公平公正,需要不断完善高职院校自主招生考试监督的长效机制,可以从法律监督、社会监督、自我监督三个层面来建立高职自主招生考试监督机制。第一,法律监督。我国现有的法规和政策并未对高职院校的自主招生考试做详尽说明,迫切需要国家出台相关政策或完善相应的法律法规,建立完善的自主招生考试监督机制。第二,社会监督。欢迎社会各界进行监督,发挥舆论监督作用和功能。允许媒体进入高职的自主招生程序,使高职自主招生考试的选拔程序公开化、透明化,让更多的人了解更多的信息,了解录取工作的各个环节与程序。深化社会各界对自主招生考试的进一步认识,善于听取来自社会各方面的意见和建议。第三,自我监督。高职校内也应建立相应的监督机制,出台自己的招生监督办法。杜绝招生腐败行为,受理有关违纪违规问题的投诉和举报,对于招生过程被举报的腐败、不公平、不公正等现象,应当进行调查处理,及时纠正并予以答复。高职自主招生是高考改革的重要举措,对高职自主招生问题的研究,可以为高职招生考试制度改革提供理论支持和政策咨询,进而对国家整体的招生考试制度改革产生推动作用。因而,高职自主招生需要进一步深化理论研究。同时,作为一种新生事物,高职自主招生考试需要在实践中不断完善,方能最大限度地保障其公平性和公正性。

(四)变革培养过程评价机制,顺应创新人才成长规律

一要树立有助于创新人才培养的考试观。建立适应创新人才培养的考试制度,需要我们树立新的考试观,改变以往那种妨碍学生创新能力培养的考试观念,摒弃那种仅仅把分数作为衡量学生素质的唯一标准的考试观念。考试应该从学生创新能力的培养出发,培养学生的质疑精神,建立公正全面的评价体系,正确地认识考试目的,提高学生的素质和能力。

二要坚持考试形式的多样性。人类的智能是多元化的,智力因素是创造活动的必要条件。此外,人格因素是影响创造活动的重要的外部因素,应通过多种渠道、多种方式对学生进行评价,使每个学生都能通过适合其智能特点和学习方式的途径展现自己的知识和能力。培养创新人才,高职院校应该坚持考试形式的多样性,改变以往那种单一的考试形式,综合灵活地运用开卷、闭卷、口试、论文、实验等多种形式,培养和考核学生的创新能力和创新思维。把闭卷考试与开卷考试结合起来,把口试跟笔试结合起来,把平时测验与期末考试结合起来,提高过程考核成绩占课程总成绩的比例,以减少期末终结性考核带来的片面性。此外,考试的结果也可以采用多样的形式,比如,可以采用百分制、等级制。总之,采用多样化的考试形式,有利于综合考评学生的素质和能力,有利于学生创新能力的培养和综合素质的提高。

三要确立以创新能力考核为主体的考试内容培养创新人才。高职院校应该确立以创新能力考核为主体的考试内容,考试内容设计上体现对学生创新能力的培养和学生个性的张扬,使这个"指挥棒"充分发挥作用。考查学生运用知识的能力,考试内容要"活""开放",不应该局限于教材和所谓的标准。理工科的考试内容侧重于创新实验设计,文史类专业侧重于对某一问题发表见解。教师评卷时,学生的见解独到、新颖,应该给予高分,从而为学生独立思考、创新思维的发展提供一个自由的空间。通过对知识的深层比较、分析、理解,锻炼学生的创新思维能力,多给学生探索知识的机会,积极鼓励学生进行独立思考,培养学生的创新能力和创新精神。

四要加强高职院校考试管理。考试管理是高职院校教学管理中的一个重要环节,加强高职院校考试管理,有利于激发教师"教"与学生"学"的积极性。高职院校进行适应创新人才培养的考试制度改革,应该加强高职院校的考试管理。出卷时,加强对考试出卷的管理,提高试卷的信度、效度、难度和区分度,不断提高试卷质量和考试质量。评卷时,不拘泥于标准答案,以一种开放的态度,鼓励学生结合教学内容大胆猜想,对于学生独到、新颖的见解,应该给予高分,为学生独立思考、创新思维的发展提供一个自由的空间。此外,做好考试分析。试卷以及考试结果的分析是考试管理中十分重要的一环,是对考试的深化和提高。因此,高职院校应该重视对考试的分析,根据考试结果建立一个完整的评价体系,发挥考试的激励作用,为教学内容与教学方法的改革提供准确可靠的信息,推动教学的进一步发展。高职院校考试制度是否完善对培养创造性人才具有重要的导向功能。总之,基于创新人才培养的高职院校考试制度的改革是一个系统的、复杂的工程,因为制约创新型人才培养的因素有很多,建立适应高职院校创新人才培养的考试制度并非易事,需要各方面不断积极努力地探索。

第二节　创新开展现代学徒制

一、现代学徒制概述

(一)现代学徒制的内涵

传统学徒制是一种古老的职业训练方法,在职业活动过程中,通过师傅的"传、帮、带"使徒弟获得职业技术和技能,主要是在师傅或专家的指导下掌握所学手艺或工艺的背景知识,取得实际工作经验。徒弟通过观察、模仿师傅的技艺,在实践中获得技能与技术,受用终身。

现代学徒制是以学校本位教育和工作本位培训紧密结合为典型特征的新型学徒制度。它是以校企合作为基础,以学生(学徒)培养为核心,以课程为纽带,以学校、企业的深度参与和教师、师傅的深入指导为支撑的人才培养模式。

现代学徒制是一种教师与师傅联合传授,课堂学习与工作岗位实践紧密结合,对学生以技能培养为主的现代职业教育人才培养模式。它是由企业和学校共同推进的一种培养模式,受教育对象既可以是学生,也可以是企业员工。这一模式强调能力本位思想,主张在做中学、在学中做,以期培养出适应现代社会生产需要,同时具备理论知识与实践操作技能的应用型人才。通过推进现代学徒制达到深化产教融合,校企合作,推进工学结合,知行合一。职业技能和职业精神高度融合,是培养学生社会责任感、创新精神、实践能力的重要举措。

(二)我国现代学徒制的主要特点

①现代学徒制的教育性质。在教育性质上,现代学徒制属于正规教育。学校处于主体地位,企业许多岗位都需要生产者具有丰富的技术知识,只有正规高职院校才能培养这种现代化生产者,企业在培养过程中处于辅助地位。从学习时间上来看,学生接受学校教育的时间应该占到一半以上。理论学习之后马上到企业实践,但还要根据企业的生产情况来决定企业实践,因此,到企业实践与学校理论学习二者不能有效对接,不能做到理论与实践的统一。另外,学校的基本技能学习往往与企业的要求有些出入。由于学

校的主体地位,往往决定了企业参与的积极性不高。

②体现以人为本的现代特征。从教育本身来看,现代学徒制强调促进企业和学生个人协调发展。企业本位的学徒制较为注重企业发展的需要,而对学徒职业生涯发展较为忽视。我国的现代学徒制应该以系统科学思想为指导,充分考虑学生的职业转换和职业发展需要,合理协调企业利益与学习者利益,体现以人为本的现代特征。

③理论知识与实践能力并重。在教育内容上,强调将现代技术理论知识与实践能力并重,传统的学徒制过于强调动手能力,使学习者失去发展后劲,而许多岗位对问题解决能力和创新能力的要求显著提高。因此,从知识水平上看,尽管高职院校毕业生工作在生产现场,但更接近传统企业中的工程师和高级技术员,而不是传统的技术工人。

④注重运用现代信息技术。在教育手段上,注重运用现代信息技术。现代教育技术为职业教育提供了丰富的现代手段,在这种条件下,一些专业实践能力的培养主要是在学校,而不是企业。

⑤逐步呈现多元化结构。在教育主体上,逐步呈现多元化结构。政府开始依法制定学徒合同,颁布高职院校和企业使用的人才培养方案;行业积极参与指导;培训企业具体实施学徒培训方案,配合高职院校完成人才培养过程;高职院校作为现代学徒制实施的基地,对人才培养质量起到保证作用。

⑥以"企业为主"的学徒制主要表现在"企业可结合生产实际自主确定培养对象""学徒培养的主要职责由企业承担""以企业为主导确定具体培养任务"等内容,即推行"招工即招生、入企即入校、企校双师联合培养"模式。此模式对企业的诉求了解更多,方案设置对企业有所侧重。

由于校、企二维角度不同,从学校角度出发,职业教育实施主体是学校,以学习的模式开展,再怎么开展校企合作,再怎么向企业学习,还是要保留学校的特点和要求;从企业的角度出发,企业是主体,岗位需求导向是市场、企业说了算,更直观、更直接一些。"企业为主"的学徒培养模式有助于更快地调整技能人才的供求状况,解决职业教育培育人才与产业需求不匹配的问题。不容忽视的是,特定的职业技能培训虽然有利于学员快速找到对口的工作,但是综合性知识的学习在技术人才未来职业发展中同样重要。

开展现代学徒制的核心目标就是提高人才培养质量,提高劳动者技能水平和职业素质,以学校为主体和以企业为主体的现代学徒制可以共同推进、相互借鉴、互为补充。

(三)开展现代学徒制的主要目标和任务

1.开展现代学徒制的主要目标

现代学徒制工作应以面向市场、服务发展、促进就业为宗旨,以培育具有专业技能与工匠精神的高素质人才为根本任务,建立政府引导、行业指导、企业和学校双主体协同育人的现代学徒制度,形成校企从招生、培养到就业一体化育人的长效机制,深化教育链和产业链融合,推进现代职业教育体系建设,主动服务经济转型和产业升级。

2.开展现代学徒制的主要任务

(1)形成协同育人机制

进一步明确高职院校与合作企业的权利与义务,完善校企双主体育人机制,改革人才培养模式,不断探索人才培养成本分担机制。

(2)推进招生招工制度改革

改革高职院校招考政策和企业招工制度,落实好"招生招工一体化",明确学生与学徒的"双身份"学习制度。

(3)推进现代学徒制教学改革

针对现代学徒制特点,开发并制定现代学徒制人才培养方案,形成"双体系"的校企课程结构,实施"双交替"教学过程,构建校企考核评价体系。

(4)推进专兼结合的"双师型"师资队伍建设

不断完善双导师制度,进一步明确双导师责任与待遇,建立灵活的人才流动机制。

(5)推进优质教学资源的共建共享

充分利用企业资源,有效地将企业岗位标准、企业管理和文化等引入到学校中来,校企共同推进实训设施建设,做到校企数字化资源与信息化平台的共建共享,实现校园文化与企业文化的互通互融。

(6)形成与现代学徒制相适应的教学管理和运行机制

不断完善教学管理机制,加强课程标准建设,建立"双标准"考核评价体系,完善学徒权益保障制度。概括起来主要包括:

①双主体办学,即高职院校与企业各司其职,明确权利和义务,共同制订人才培养方案,共同完成高素质技术技能人才培养任务。

②双身份学习,即在完善高职院校招考录取、改革企业用工制度的基础上,落实招生招工一体化,学徒同时拥有在校学生和企业员工两个身份。

③双场所教学,即工学结合教学模式分别在学校和企业交替进行,在高职院校主要开展理论课教学,在企业主要开展实践课教学,双方共享企业生产设备、人员、技术和学校教学场所、设施、教师等资源。

④双证书制度,即在健全国家标准的基础上,不断推进职业标准、教学标准、评价标准等标准化建设,逐步实现职业教育学历证书体系与职业资格证书体系的有机衔接。

⑤双师型队伍,即人才培养任务具体由学校教师和企业师傅双方共同承担,在专业建设、培养目标、课程开发、实施教学、教学评价等工作方面共同发挥重要作用,采取以企业职业培训为主,实施师傅带徒弟教育教学方式,大力开展岗位技术技能训练。

二、现代学徒制课程体系

(一)课程体系的内涵

1. 课程

课程是指学校学生所应学习的学科总和及其进程与安排,是课程体系构建中的最小单元。

2. 课程体系

课程体系是指在一定的教育价值理念指导下,将课程的各个构成要素加以排列组合,是育人活动的指导思想,是实现人才培养目标的载体,是保障和提高教育质量的关键条件。课程体系主要由特定的课程观、课程目标、课程内容、课程结构和课程活动方式所组成,其中课程观起着主宰作用。

3. 学徒制课程体系

现代学徒制人才培养目标是坚持以立德树人为根本,以服务发展为宗旨,以促进就业为导向,适应技术进步和生产方式变革以及社会公共服务的需要,培养数以亿计的高素质劳动者和技术技能人才。其核心内容有3个方面,即职业素养、专业技术知识、岗位职业技能。

现代学徒制课程体系通常分为4个模块,即职业素质养成课程模块、专业技能基础课程模块、岗位(群)技术技能课程模块、学徒个人职业发展需求课程模块。

(1)职业素质养成课程模块

该模块是培养学生(学徒)以社会主义核心价值观为基础的职业素养(包括职业道德、职业态度和职业行为)。设置此课程模块需要注意与企业文化和岗位实际相结合。企业文化是社会主义核心价值观的载体,个人的价值实现一定要基于工作岗位。

(2)专业技能基础课程模块

该模块应包含相对完整的专业基础理论知识体系和基本技能体系,以行业工作岗位通用的工作任务和职业基础能力为依据,进行课程设置、教学内容开发、课程标准编制。该模块所有课程均为必修课,学徒必须通过每门课程考核,获取全部的学分。

(3)岗位(群)技术技能课程模块

该模块构建要以企业具体岗位的核心能力、合作企业岗位用人标准为依据,以职业资格考试为参考,开发至少两个岗位方向的技术技能课程组合模块,供学徒进行选择,课程以师傅带徒弟岗位培养为主。

制订课程标准时必须了解合作企业的相关内容,诸如工作过程、企业的生产流程、工艺、操作要求等;了解岗位技术技能规范、企业管理和企业文化,营造和模拟企业工作环境,搭建实验室、实训车间平台等;同时,把合作企业中与工作岗位相关的知识和技能纳入学校的课程体系中来。通过课程有效地保证学校培养的学生更加贴近企业的要求,加强学生岗位能力的培养。

(4)学徒个人职业发展需求课程模块

根据不同职业的成长规律,该模块着眼于合作企业学徒的职业发展路径设计课程。学徒根据自身职业发展的需要,在师傅的指导下选择课程,以师带徒的方式,实施在岗的个性化培养。

(二)现代学徒制专业课程体系建设

现代学徒制包含了职业教育最本真、最朴素的原则——"做中学"。大量的实践操作和反复操作,使学徒不仅"会"操作,而且操作"熟练"。现代学徒制与情境学习的理论相吻合。学徒在真实的工作情境中学习,所学的知识技能与其应用之间的联系是明显的,更能理解学习的意义和价值,从而主动学习,并更有效率地习得那些知识和技能。在学徒制中,学徒通过观察师傅及其他工作者的工作,耳濡目染,从而逐渐习得那些重要的知识和技能,同时养成某职业所需要的工作态度。因此,现代学徒制专业课程体系构建的基本方法主要从以下几个方面入手:

1. 企业岗位能力的调研

通过开展行业和合作企业需求调研,明确行业通用岗位和合作企业岗位需求,以岗位职业能力分析作为现代学徒制专业课程体系构建的切入点,分析行业通用的岗位基础职业能力和合作企业岗位(群)核心职业能力。通过对具体岗位(群)的工作过程进行分析,确定岗位(群)的工作任务和内容,对每项工作任务进行职业能力分析,对分析的结果进行排序、归纳与合并,提炼出岗位(群)的通用基础职业能力和核心职业能力。

2. 校企共同建设基于工作内容的专业课程

专业课程应以学徒制岗位所需的知识和技能为载体,设计单项技能训练项目和综合能力训练项目(或案例)。课程内容既要符合整个行业通用的专业理论知识和基本技术技能,也要符合合作企业所需的岗位技能。

3. 教学组织与实施

根据课程类型,灵活采用集中讲授、企业培训、项目教学和岗位轮训等教学组织形式。企业岗位轮训阶段主要以导师带学徒的方式进行教学,根据不同专业特点,1名师傅可带 2~5 名徒弟,组成学习小组,确保学徒熟练掌握每个轮训岗位所需的技能。

4. 开发适合岗位标准的课程资源

校企双方应当积极开发基于岗位工作内容,融入相关国家职业技能标准的专业教学内容,开发适合试点专业岗位标准与现代学徒制教学相适应的教材和数字化教学资源,及时用于教学实践。

现代学徒制专业课程如何与企业开展深层次合作,做到校企课程有效对接,这是保障现代学徒制人才培养质量的关键。许多学校的专业建设仍以学科体系为主,专业课程体系与教学内容尚未完全摆脱传统学科体系的约束。教师在教学过程中,常以知识的系统性作为教学内容的逻辑主线,由于缺乏对企业生产的理解,往往简单地将企业的重点工作项目直接作为课程教学内容的载体,使学生难以理解,造成项目偏大,针对性不强,岗位任务不能有机地融入课程内容,学生上岗后仍然需要一定的实习期。在开展现代学徒制合作后,学校通过与企业开展联合办学,实施课程置换来改造旧的课程体系,即将学校的相关专业课程,部分替换为企业成熟的专项技能课程,同时把部分专业知识课程搬到企业中,让学生到企业上课,由企业专家通过真实环境进行现场教学。同时,把企业需要培养的职业素养课程、安全教育课程等移植到学校课堂上,运用企业培训教学模式和较为科学、系统的课程内容,对学校现行的专业人才培养模式进行改革,并紧扣就业市场需求,突出学生实际工作技能的培养,提高学生就业率。课程置换是培养"企业人"的重要途径,它将学历教育对学生的素质培养与职业实践经验相结合,使毕业生在获得专业学历证书的同时,还能获得企业的行业证书和一线实践经验,从而提高学生的"求职成功指数"。

通过学校课程与企业课程对接,学校已形成校企"双主体育人"合作制度,并不断探索校企合作培养"企业人"的新形式,力求在更深层次上推进校企合作,探索建立"企业人"培养新机制。近年来,很多学校已向社会各个领域输送"企业人"。其中有不少毕业生甚至都已成为企业的技术骨干,有的成为各中等职业学校的实习指导教师,为学校办学树立了良好的教育品牌,这样必将有助于吸引更多知名企业参与到学校办学中来,形成校企结合、互利共赢的良好氛围和机制。

三、现代学徒制的实施

现代学徒制根据学习者个人的情况来制订学习计划,帮助个体进步。现代学徒制中师徒之间一对一的亲密互动,为学徒的个别化学习提供了更为宽松的条件。企业通常根据自己的生产需要提供学徒岗位,也就是说现代学徒制是从真实的人才需求出发,将学习者"拉进"职业教育体系的。这样就有利于使劳动力供需更平衡,从而避免技术浪费或技能短缺。

(一)开展现代学徒制的基本原则

1. 政府统筹

要充分发挥政府统筹协调作用,根据地方经济社会发展需求系统规划现代学徒制试点工作。把立德树人、促进人的全面发展作为试点工作的根本任务,统筹利用好政府、行业、企业、学校、科研机构等方面的资源,协调好与政府部门之间的关系,形成合力,共同研究解决试点工作中遇到的困难和问题。大力发展现代学徒制需要有成熟的立法、高效的执法,明确学校、企业、师徒的权利和义务,保证各方的合法权利和法律约束,着重解决学校和企业管理风险、企业经济效益维护、师徒权益保障等问题。

2.坚持统筹设计,重点突破

要明确试点工作的目标和重点,系统设计人才培养方案、教学管理、考试评价、学生教育管理、招生与招工以及师资配备、保障措施等工作。以服务发展为宗旨,以促进就业为导向,深化体制机制改革,统筹发挥好政府和市场的作用,力争在关键环节和重点领域取得突破。建立教学质量标准及监控评价体系、学生质量评价体系;建立教学质量评估和监管机构,保证学校、企业、学徒三方规范化地落实现代学徒制。

3.坚持因地制宜,分类指导

要根据不同地区行业、企业特点和人才培养要求,在招生与招工、学习与工作、教学与实践、学历证书与职业资格证书获取、资源建设与共享等方面因地制宜,积极探索切合实际的实现形式,形成特色。全面实施工匠职业从业资格考试制度和技能等级认证制度;建立相对独立的教学质量认证机构,形成相对全面的教学质量认证体系,采用相对科学有效的教学质量认证办法,为现代学徒制保驾护航。

4.坚持合作共赢,职责共担

要坚持校企双主体育人、学校教师和企业师傅双导师教学,明确学徒的企业员工和高职院校学生双重身份,签好学生与企业、学校与企业两个合同,形成学校和企业联合招生、联合培养、一体化育人的长效机制,切实提高生产、服务一线劳动者的综合素质和人才培养的针对性,解决合作企业招工难问题。

(二)现代学徒制合作企业的选择

现代学徒制企业的选择非常关键,影响到现代学徒制的质量。因此,必须深入了解合作企业的发展情况,对企业的生产经营情况、生产规模、发展趋势以及合作意向等各方面能力和优势进行充分了解,尤其要对企业的实践平台、产品特点是否与专业相近等进行考察,并组织相关的人员进行充分论证和分析,在此基础上,从众多的合作对象中择优选择一所或者几所,必要时引入竞争机制,确保现代学徒制能够发挥效果。除此之外,企业所需要的人才类型、企业对于学校学生的薪资待遇、企业所需要订单式人才的数量等等,也是学校方面必须和学生进行沟通的问题,进而选择出最为合适的合作企业,让学生有更好的发展。具体来说,在选择企业的时候主要有以下几种依据。

1. 全面了解企业的实力

校企合作模式下选择的企业最好是发展前景较好的大企业,这对于学生是一种有力的保障。

①被选定的企业应该是本地区发展势头好的企业。

②被选定的企业应该是支撑地区经济发展的骨干企业,从根本上解决政府支持力度不够的问题。

2. 选择具有积极性的企业

只有企业自愿地与学校方面合作培养订单式人才才能够让学生学有所成,学有所用;除此之外,还要考察企业的信誉度,避免出现违约现象,造成学生、学校方面的损失;最后要考虑企业需要的订单式人才的数量,要尽可能地让每一个学生都能够得到应有的发展。

①被选定的企业有意愿承担高技术技能人才培养义务,也确实急需这种人才,从根本上解决企业参与热情不高的问题。

②充分考虑企业接纳学生人数问题,可以选定多家企业共同参与现代学徒制,从根本上实现招生即招工。

(三)人才培养方案的制订要求

现代学徒制人才培养方案是实施现代学徒制教学及管理的主要依据。学校、企业及行业协会应根据技术技能人才的成长规律和行业企业工作岗位的实际需求,以岗位所需的职业技能为主线,按照知行合一的思想,由职教专家、企业技术骨干和学校专业教师共同按照企业用人需求来设置课程。

1. 学制

高职一般 3 年。实行学分制和弹性学制管理。根据专业特点和企业需求,实行校企合作、工学交替的分段育人机制。

2. 方案内容及培养目标

现代学徒制人才培养方案应包括专业岗位标准、课程标准、教学标准、考核标准、毕业标准以及相应的教学实施方案。人才培养目标应当高于同专业非现代学徒制实验班的培养目标,与相关国家职业技能标准相衔接,开展"1+X"证书或职业资格证书考试工作。

3. 教学资源配置

应明确规定各个教学阶段尤其是实践教学阶段的教学资源配置,包括实训岗位、技术力量(企业导师、学校导师)、实训场地、实训设备、实训材料、教材、课程资源等的配置与利用。

(四)现代学徒制课程的实施

课程是开展现代学徒制的基本依据,直接影响人才培养质量。深化课程改革,构建符合职业教育规律、体现现代学徒制特征、具有地方特色的课程体系,充分发挥课程在人才培养中的核心作用,是落实立德树人根本任务、适应职业教育内涵发展、全面提高育人水平的重要保证。

1. 校企共同制定学徒岗位标准

以企业为主,校企双方共同制定学徒岗位标准。应当规范岗位名称,描述岗位内容,确定岗位所需的知识和专项技能要求,明确核心能力和技术等级,明确企业课程内容。以企业为主,校企双方共同制定岗位群轮岗实训标准,明确规定每一个具体岗位的实训时间、操作规范、技术要点、达标要求以及轮岗顺序。

2. 现代学徒制课程的基本内容

现代学徒制课程的基本内容包括公共基础课程、专业基础课程、专业技能课程和拓展课程等。

(1)课程组成

公共基础课程包括德育、语文、数学、外语、体育与健康等国家规定的课程;专业基础课程包括试点专业必需的专业技术基础课程;专业技能课程包括学徒制岗位所需的技能训练项目(或案例、模块);拓展课程应充分考虑学徒(学生)的个人发展需求,多样化设置,供学徒(学生)根据自身职业发展规划进行选择。

(2)校企共同建设基于工作内容的专业课程

校企双方应当针对专业特点,制定课程标准,共同建设基于工作内容的专业课程。专业课程应以企业生产任务和学徒制岗位所需的知识和技能为载体,设计单项技能训练项目和综合能力训练项目(或案例)。课程内容既要符合整个行业通用的专业理论知识和基本技术技能,也要符合合作企业所需的岗位技能。

3. 建立健全信息化教学设备和教学资源

为了保障企业岗位资源的有效使用,提高职院校内信息化教学的有效性,学校应根据专业教学需要,配备多媒体教室、微课教室、多媒体阅览室。教师借助信息化教学手段,利用微课、慕课、翻转课堂建立核心课程数字资源库,并与日常教学有机结合,为学生创建多种学习途径。

为了提高企业岗位技能的有效性和针对性,校企双方应当积极开发基于岗位工作内容、融入相关国家职业技能等级的专业教学内容,开发适合专业岗位标准、与现代学徒制教学相适应的教材和数字化教学资源,及时用于教学实践。教师将专业课程内容设计融入智慧化教学应用场景,将教学内容打造为画面丰富、直观性强的学习资源,学生畅游在信息化的学习情境中,根据自己的学习兴趣及知识掌握情况,自主定义学习路径,顺利学习,轻松掌握学习内容。

4. 教学组织实施

(1)按照工学交替方式安排教学过程

校企双方应当共同制定现代学徒制班级专业教学实施方案,根据学徒(学生)培养目标要求和校企双方的资源配置情况,将公共基础课程、专业理论课程、校内实训基地教学实践与企业岗位群轮训教学内容进行整体规划,制订教学计划,合理安排双场所教学内容和任务,配置校企双导师双向流动授课,规范课程开设,做好教学记录,按照工学交替的方式安排教学过程。

(2)突出专业技能教学特色

专业技能教学是现代学徒制教育特色的具体体现,是实现培养目标、培养学徒(学生)职业能力和专业动手能力的重要教学过程,包括实验实训、项目设计等内容的各项专业技能教学应具备完整清晰的教学标准、指导书、教学计划和技能训练教材。专业技能教学实行岗位群轮训和岗位达标制度,每个岗位按照布置任务、策划、实施、检验、反馈、评价等完整的教学环节进行限定时间的训练,训练结束后进行考核。

(3)体现"做学教"一体化

根据课程类型和现代学徒制岗位知识和技能要求,采用灵活的教学方法,依据专业培养目标、课程教学要求、学生能力与教学资源等,倡导因材施教、因需施教,鼓励创新教学方法和策略,采用任务驱动、案例教学、项目教学等方法,坚持学中做、做中学。教师不断提高运用信息技术的能力,加大信息化教学手段的运用,开展信息化教学。将集中讲授、学生自学、企业培训、项目教学和岗位轮训等有机结合在一起。企业岗位轮训阶段主要以导师带学徒的方式进行教学,根据不同专业特点,1 名师傅可带 2~5 名徒弟,组成学习小组,确保学徒(学生)熟练掌握每个轮训岗位所需的技能。

(4)建立多方参与的考核评价机制

现代学徒制教学质量的日常考核要按照过程性考核和终结性考核相结合的原则,由双导师和行业、企业专家或第三方机构对学徒(学生)学习情况进行考核。考核的内容基本上以校企双方共同制定以育人为目标的学徒(学生)考核评价标准,并根据专业特点,合理分配学徒(学生)工作态度、实训表现、理论考核成绩和专业技能考核成绩所占比重。根据每个轮训岗位的实训考核标准,合理设计各种评价表格,从学徒(学生)在岗位轮训期间理论知识和专业技能掌握程度、学习态度、实训表现、岗位工作任务完成情况和职业素养等方面,制定岗位技能考核指标和评分细则,对轮训岗位群进行技能达标考核。

5.建立分段育人、多方参与评价的教学管理制度

校企双方负责组织现代学徒制班级的教学、岗位轮训和考核评价,并进行日常管理。

①学徒(学生)实行学分制和弹性学制管理。学徒(学生)的企业实践课程与学校理论课程学分可以相互置换。

②学徒(学生)在学校期间实行班级管理为主、小组管理为辅;在企业期间实行小组管理为主、班级管理为辅的合作管理模式。

③学徒(学生)实行毕业考核评价制度,建立科学的现代学徒制人才培养考核评价体系。

6.现代学徒制质量控制体系

考核内容主要包括校企协同育人机制、人才培养制度与标准、招生与招工一体化、双导师队伍建设、学徒(学生)培养与管理、保障措施以及创新

点等。

建立合作企业、学校、第三方的质量评价和调控体系,切实保障现代学徒制试点培养的学生能适应现代企业产品结构转型、技术升级的需要,查找问题,不断地总结和完善。高职院校一定要确保学生在掌握必需的公共文化基础知识、具备良好的思想品德的基础上,加强其技术技能的培养。按照"5 个对接"要求来设计质量调控体系,发现问题和不足,持续优化人才培养方案,不断提高现代学徒制的人才培养质量。

在考核评价中,要把好人才培养质量关。第一关是人才培养过程关,第二关是毕业"出师"关。对学生实行"双重"考核,即教师考核学生的理论学习成绩,占总成绩的 50% ;师傅考核学徒在学艺期的绩效,按照绩效折算成百分制,占总成绩的 50% 。

①考核组织。现代学徒制教学质量的日常考核,按照过程性考核和终结性考核相结合的原则,由双导师和行业、企业专家或第三方机构对学徒(学生)学习情况进行考核。

②考核内容。校企双方共同制定以育人为目标的学徒(学生)考核评价标准,并根据专业特点,合理分配学徒(学生)工作态度、实训表现、理论考核成绩和专业技能考核成绩所占比重。

③考核标准。考核项目包括学徒(学生)在岗位轮训期间理论知识和专业技能掌握程度,制定岗位技能考核指标和评分细则,对轮训岗位群进行技能达标考核。

第三节 "1 + X"证书制度

产业结构的每一次升级都会带动经济发展上一个新台阶。如何审时度势,抓住机遇,调整产业结构,加快升级步伐,是影响我国当前和今后相当一段时间内经济发展的主要因素。随着产业的发展,企业技术更新周期快,出现自由人才、社会化人才兼用情况,以发挥人的最大价值;同时,对学校毕业生的需求也发生了重大的变化,由校企岗位能力零距离向学生基础核心能力方向转变。然而,学校则面临着专业跟不上产业的发展和技术的变革;面临人才培养定位由"不变"到"变"的选择;面临着由学校培养需要转移到企业,校企共同培养人才。如何有效地将产、教、校、企联系到一起? 必须各方共同投入,发挥主体责任,来推动人才培养质量的提升。

职业教育与普通教育是两种不同教育类型,具有同等重要地位。任何一种类型教育都要有与其教育功能和活动特征相契合的培养模式和评价制度。职业教育是使人与职业相结合的教育过程。学校职业教育不仅要具备正规学历教育的规范性、严谨性,也要有面向市场促进就业的灵活性、针对性。因此,对学校职业教育学习成果的评价及证明应是学校教育的普遍性与不同行业企业职业要求的特殊性的有机结合。通过启动"1 + X"证书制度试点工作,将进一步发挥好学历证书作用,夯实学生可持续发展的基础,鼓励高职院校学生在获得学历证书的同时,积极取得多类职业技能等级证书,拓展就业创业本领,缓解结构性就业矛盾。

一、"1 + X"证书的内涵及特征

(一)"1 + X"证书的内涵

1."1"为学历证书

学历证书指学习者在学制系统内实施学历教育的学校或者其他教育机构中完成了学制系统内一定教育阶段学习任务后获得的文凭。"1"具有基础性、主体性,要解决德智体美劳全面发展与职业对应的专业技术技能教育,为学生可持续发展打下基础。

2."X"为若干职业技能等级证书

职业技能等级证书是在学习者完成某一职业岗位关键工作领域的典型工作任务所需要的职业知识、技能、素养的学习后获得的反映其职业能力水平的凭证。职业技能等级证书是在梳理社会、市场需要的前提下,结合国际经济的发展情况和高职院校的专业特色,根据先进技术标准共同开发的。"X"具有针对性、引导性、先进性,解决职业技能、职业素质或新技术新技能的强化、补充或拓展问题。

从高职院校育人角度看,"1 + X"是一个整体,构成了完整的教育目标,"1"与"X"作用互补,不可分离。"1"凸显的是教育功能,具有主体性和基础性特征。"X"凸显的是职业功能,具有针对性和引导性。二者不是简单的并列关系,而是育训结合、书证融通的完整体系。"1 + X"证书制度就是学生在获得学历证书的同时,取得多类职业技能等级证书。"1+X"证书制度将相关的职业教育体现为一种教育的重要特征,是贯彻立德树人基本任务、完善职业教育相关培训体系、深化产教融合的重要体系。"1+X"证书制度的课程体系,是将职业技能等级标准的内容融入专业课程教学中来。教学方法采用讲授法、讨论法、直观演示法、练习法、读书指导法、参观教学法、现场教学法、自主学习法、任务驱动法等。

3.职业技能等级证书与职业资格证书的区别

职业技能等级证书与国家职业资格证书概念不同,口径不同,划分的等级层次也不同。

(1)职业技能等级证书

院校内实施的职业技能等级证书可以定义为:学习者在完成针对某一职业岗位关键工作领域的典型工作任务所需要的相关知识、技能和能力的学习任务后,获得的反映其职业能力水平的凭证。面向院校在校生的职业技能等级证书是对学生在某一职业技能领域职业技能水平的客观反映,这与国家职业资格证书不同。它不仅是技术标准或行业企业标准要求的准确体现,还应该是能够在院校实施的职业教育或培训标准。"1"与"X"的相生相长还体现在它们之间的"配伍"关系,不能简单、机械地将中职、高职同职业技能等级证书的初级、中级、高级一一对应,这样的话容易将职业技能等级变成又一套学历体系,"书证同质"会失去"1+X"证书制度的改革意义。

职业教育"双证书"制度人才培养模式培养出来的学生仅获取1个职业技能证书,仅拥有单一技术技能的毕业生已不能胜任当前工作岗位。随着新技术、新工艺、新材料等不断出现,工作岗位需要具备多种技能复合型人才,即拥有"X证书"各种凭证,具备多种技能的高素质复合型人才。显然,"X证书"中的X肯定不等于1,如果等于1的话,就类似我们以前所说的"双证书"制度,已不符合职业教育和社会发展的要求,所以说X必定大于1,或等于2或等于3、4、5等。同时,"X证书"凭证需要解决新技术新技能的强化、补充或拓展问题,其考核标准需对应工作岗位技术技能,具有很强的针对性和先进性。

以专业为载体的证书比较适合初入领域的个体获得,而以职业为载体的证书则比较适合岗位工作多年的、有明确工作方向的人获得。

（2）职业资格证书

执业资格证书是国家对某些特殊行业规定的准入资格；从业资格证书包括专业技术人员和技能人员职业资格证书。为扩大就业创业，国家逐步削减职业资格证书的规模，除了国家法律法规要求的对某些特殊行业规定的准入资格证书外，其他职业资格证书要逐步转变为水平类证书。市场将随着企业的需求变化而转变，不再过分强调执业资格证书，而是以满足企业需求为主线调整高职院校技能的学习，更加注重实用性、针对性和有效性。

（3）二者区别与联系

教育部门的职业技能等级证书是以专业为载体，而人社部门的证书则是以职业为载体，一个专业涉及的职业技能等级证书可能对应多个人社部门的证书，同一名称的两类证书在内涵上可能不同。人社部门的证书与教育部门的证书应该发挥协同作用。

"1＋X"证书制度试点精准指向"打造学生一技之长"这一职业教育的本质特性要求，可以有效解决"教学脱离实际、专业脱离职业、学生脱离岗位"等难题。"1＋X"证书制度试点要求教师唯有掌握更高更新的技术技能，才能胜任"X"证书的培训教学工作。"1＋X"证书制度试点有利于院校提升服务地方经济发展的水平，是学校主动对接产业需求、专业主动对接职业岗位、课程主动对接技术进步的过程，使产教更加融合、校企结合更加紧密。

（二）"1＋X"证书的性质、特征与功能

1. 性质

它是职业技能水平的凭证，反映职业活动和个人职业生涯发展所需要的综合能力。在高职院校内实施的职业技能等级证书，本质上仍然是一种学习结果的凭证。

2. 特征

它反映完成某一典型工作任务具备的综合能力，不是准入式的资格鉴定，也不是岗位工作经验和业绩的认定。

3. 功能

对学生个人来讲，有利于学生自我职业能力的认知、个人职业选择与发展。对用人单位来讲，有利于用人单位选人用人，将人力配置到最合适的岗位。

"1+X"证书做到了三个对接：

①对接科技发展趋势，即新技术、新工艺、新规范、新要求，对接国际先进标准。

②对接市场需求，对接关键岗位、生产一线岗位技术技能人才紧缺领域。

③对接职业标准，反映职业岗位所需的职业知识、技能、素养，是职业知识、技能、素养的综合体现。

二、开展"1+X"证书试点责任与分工

(一)开展"1+X"证书制度的主要要求

"1+X"证书制度是高职院校的一个新生事物，对于开展校企合作、产教融合，提高人才培养质量有着积极的作用。因此，作为试点初期，在政策的指导下，做好各方面的工作尤为重要。

①找好专业带头人和组建教师团队。支持、配合、参与培训评价组织对有关"X"证书和标准的开发建设工作，为实施试点工作奠定基础。

②创造条件成为"X"证书试点院校。做好各项准备工作，开展试点。

③参与职业教育国家"学分银行"建设。有序开展"1"与"X"的学习成果的认定积累和转换。

④做好"1+X"证书制度试点工作的宣传、推广、总结工作。开展"1+X"证书制度试验研究，为丰富和发展中国特色职业教育理论贡献力量。

(二)开展"1+X"证书制度的意义

启动"1+X"证书制度试点，是深化复合型技术技能人才培养培训模式和评价模式改革的重要举措，对于构建国家资历框架等也具有重要意义。职业技能等级证书是"1+X"证书制度设计的重要内容，是一种新型证书，不是国家职业资格证书的翻版。教育部、人社部两部门目录内的职业技能等级证书具有同等效力，持有证书人员享受同等待遇。

办好新时代职业教育的顶层设计，需要试点先行，稳步推进。需要处理好"1"与"X"的关系。学历教育是基础，不能用证书代替"1"。"X"的数量与质量要研究，避免滥发证、乱培训。

"X"项赋予学生更加贴合企业需求的能力，提升学生的就业和持续发展能力。要充分认识"1+X"证书制度对促进人才培养、评价模式和教育教学

管理方式改革的重要意义。

1.提升职业教育质量和学生就业能力

职业教育主要培养目标是社会需要的技术技能人才,传授满足生产劳动所需的职业精神、知识技能。职业教育的出路是要求学生具有就业能力,对接行业、企业需求,按照岗位需求对学生进行知识、技能和能力方面的精准培养。高职院校将"1＋X"证书制度试点与专业建设、课程建设、教师队伍建设等紧密结合,推进"1"和"X"的有机衔接,提升职业教育质量和学生就业能力,同时为企业培养了合格的人才。"1＋X"证书制度普及后,职业技能等级证书会成为学生就业"入场券"。学生可申请多种证书、多个等级,把技能提升与个人兴趣、就业方向、持续发展等衔接起来,更加有利于自身的发展。

2.深化教师、教材、教法"三教"改革

(1)教师培训

由于"1＋X证书"的实施,特别是新标准的实施,给教师们带来了新的挑战。因此,教师们要抓住机遇,深入研究本专业"1＋X"证书的设计与实施,走进企业,开展技术技能学习。

(2)教材改革

通过实施"1＋X"证书制度,课程标准、教学标准、实训室建设标准、顶岗实习标准将全面进入"国家标准"时代,这些标准的制定将为"1＋X"证书制度的实施起到积极作用。课程标准是继专业人才培养方案后人才培养的主要依据文件,包括课程教学目标、教学内容、教学项目、课程学时、考核标准等内容。为推进"1＋X"证书制度,要积极主动参考甚至引入行业、企业职业标准,对课程标准进行修订或改革,把技能鉴定要求纳入课程教学目标,把技能鉴定内容纳入课程教学内容,在课程教学过程中融入技能鉴定要求,提升教学的针对性。要根据标准和课程内容的变化修订和编写教材,学校和企业将进行深度合作,共同进行教材的开发和建设,将新的标准纳入教材建设中来。

(3)教法改革

许多教师在教法方面,主流仍然是老师讲学生听模式,职业教育培养的是技术技能型人才,强调学生的动手能力,纯理论教学方式既枯燥又无法调动学生的学习兴趣。

通过深化教师、教材、教法"三教"改革,职业教育质量将得到极大提升,更有利于促进校企合作、产教融合,校企共同建好用好实训基地。

3. 培养优秀的高端技能型人才

学校应通过专业设置、人才培养方案、课程标准、师资队伍建设、教学内容重构、信息化建设、培训场地设施等重新制定教学标准和毕业学生质量检验标准,规范人才培养全过程,完善职业教育体系。

4. 健全质量保障机制

高职院校应通过制定高质量的相关职业技能水平标准,并按照有关规定,借鉴国际国内的相关先进标准,开发的相关职业技能标准要体现相关的新技术、相关的新流程、相关的新规范以及新要求。

三、开展"1 + X"证书制度试点及保障

(一)开展"1 + X"证书制度试点重点工作

"1 + X"证书制度试点重点工作主要包括若干个技术技能人才紧缺领域"X"证书与标准开发建设、培训大纲及教材开发、考试题库建设、培训站点建设、考核站点建设、信息化平台建设、学分银行建设、相关管理体制机制建设以及培训、考核、颁证、信息查询服务、补贴发放等具体工作,此外还涉及标准、流程、技术等问题研究和相关基础制度建设。

1. 重构人才培养"新"方案

如何做好"X"证书培训体系与人才培养方案有机衔接,首要工作是做好专业教学标准和职业技能等级标准的对接,对职业技能等级标准的能力要求、标准内容、考核方案等相关内容进行深入学习、系统研究,对本专业职业面向、培养目标、培养规格、毕业要求等专业人才培养关键要素进行全面梳理、科学定位,以职业教育培养培训并重的新理念,重构"1"与"X"深度融合的人才培养方案,优化课程设置和教学内容。对接专业教学标准,逐步制订与不同类专业人才培养方案融合的培训指导方案,分为本专业、近专业类以及社会培训类培训指导方案,尽快与现有相关专业人才培养方案融通,确保其可操作、可实施。

2. 确定考核大纲

与标准对应,创新考核方式,研究评价模块,形成《××职业技能等级证书考核大纲》,规定好考核人员条件要求、范围、内容、方式等。

3.做好书证融通

按照"X"证书试点要求,结合学习成果认证与转换规则等,首先考虑与现有课题体系对接、融通方案;其次,开发推广"X"证书课题与资源,帮助修订人才培养方案;最后,拓展到各专业,开展学习成果认证与转换。

4.搞好教材开发

对照标准和培训指导方案,开发初、中、高不同级别教材;对应不同专业、不同对象使用,设计教材系列丛书,制订计划,逐步开发、编写、出版;创新教材体例,采取活页式、工作页式等不同的呈现形式,逐步完善机制。以职业工作过程为导向,通过项目实施教学,为学生参加"X"证书培训储备基础理论、工作方法和基本规范。

5.做好题库开发

对照考核大纲要求,开发统一的题库,适合线上、线下考核使用,除技能考核外,要充分考虑安全、素养、职业习惯、道德、知识等方面的考评要素。

6.创新开展师资培训

打造师德高尚、技艺精湛、育人水平高超的教师队伍,是"1+X"证书制度试点的一项重大任务。通过研究"1+X"培训师的资质要求,丰富"双师"标准内涵,将它与教师轮训制度、新教师实习制度和企业实践制度相结合。首先要设计针对试点院校教师的培训方案,明确培训目标、对象、课程、培训教材等。试点院校要聚焦并关注教育部领域内的"X"证书,与培训评价组织紧密合作,积极参与职业技能等级证书的开发;同时,对应研究初级、中级、高级三级培训师的资质要求,丰富职业教育专业的"双师"标准内涵,将胜任具有高含金量"X"证书的培训师作为"双师"的重要评判内容。其次,制订师资培训考核方案,每次培训后对教师进行考核,对应制定教师初、中、高标准,组织教师参加"X"证书的相关技术技能培训,将它与教师五年一周期全员轮训制度、新教师一年期教育实习制度和三年期企业实践制度相结合,提升教师实施高含金量证书的培训教学能力,考核后发相应证书给教师;最后,要建立相应级别标准的考核题库等,根据考核要求选择不同的试题。

7.网站和网络资源建设

建立"1+X"试点专题网站,设置新闻、通知、试点院校展示、校企合作案例等,内设管理模块,对试点院校、考核点、专家、教师、学生信息进行信息化管理;结合教学资源库,开发网络培训、考核资源。

8.设备开发与企业合作

对应标准实施,结合职业教育改革发展需求,对接专业教学标准,开发适合培训、考核、教学一体化,具有可拓展、可升级、扩组合的模块化多功能教学平台,服务院校人才培养;制订企业合作办法,实行企业动态推荐机制,切实为考核评价工作服务好,适合院校改革发展需要。

以下为工业机器人应用编程"1 + X"证书操作要求:

(1)高级要求

①能对带有扩展轴的工业机器人系统进行配置和编程;能对工业机器人生产线进行虚拟调试。

②能按照工艺要求完成工业机器人二次开发。

③能对工业机器人系统及生产线编程与优化,可以在相关工作岗位从事工业机器人系统及生产线应用编程、工业机器人系统及生产线运维、工业机器人系统及生产线集成、自动化系统升级改造、工业机器人系统及生产线虚拟调试、工业机器人应用系统测试等工作。

(2)中级要求

①能遵守安全规范,对工业机器人单元进行参数设定;能够对工业机器人及常用外围设备进行联结和控制;能够按照实际需求编写工业机器人单元应用程序。

②能按照实际工作站搭建对应的仿真环境,对典型工业机器人单元进行离线编程,可以在相关工作岗位从事工业机器人系统操作编程、自动化系统设计、工业机器人单元离线编程及仿真、工业机器人单元运维、工业机器人测试等工作。

(3)初级要求

①能遵守安全操作规范,对工业机器人进行参数设定,手动操作工业机器人。

②能按照工艺要求熟练使用基本指令对工业机器人进行示教编程,可以在相关工作岗位从事工业机器人操作编程、工业机器人应用维护、工业机器人安装调试等工作。

9. 学分银行

第一，学分银行是模拟或借鉴银行的某些功能和特点，以学分为计量单位，实现各级各类学习成果的存储、认证、积累与转换的学习激励制度和教育管理制度。

第二，基本功能：①便于各领域依据资历框架制定相应标准。②通过标准设计证书体系、搭建课程体系、指导资源建设、规范教育培训。③依据标准进行比对，推动各级各类学习成果转换。为个人提供各类学习成果认证、积累与转换服务（建账户，登记、认定、存储和转换学习成果，引导学习等）；为学习型组织和院校提供业务指导和定制服务（大数据分析、档案管理、人力资源评价管理、资源共享、教育教学改革等）。

第三，核心功能是通过建立一个可供参照的标尺，作为建立各级各类资历之间融通与衔接的纽带和桥梁。

第四，具体实施"1＋X"证书制度，应建立以学分认定、积累和转换为主要功能的职业教育学分制银行，学分银行管理系统服务学习者等多元用户，让学生获得的"X"证书可以折算成学分，实现"X"证书学分和"1"中的其他课程学分互换。这是破解职业教育发展不平衡不充分难题，畅通技术技能人才成长渠道的重要途径和手段。在试点初期应先行建立和完善校内的学分银行制度，为试点工作保驾护航。

学分制是学分制银行的基础，学分银行是"1＋X"证书制度的实现路径，"1＋X"证书是终身学习战略的具体体现。学分银行管理平台的功能能够导出学员学习课程种类、学习时长、学分数量，指标数据与 X 证书要求进行对接转换，实现 X 证书认定，利于相关部门掌握学员终身学习状况。

（二）开展"1＋X"证书制度试点工作的保障措施

1. 充分发挥行业优质资源作用，以"1＋X"试点推进产教融合、校企合作

在各个职业教育教学指导委员会的支持、指导和监督下，整合行业优质企业、院校资源，开展与校企合作、专业建设、"三教"改革的相关活动，共同促进职业教育改革迈向高质量。

2. 建立专业教育教学创新和创业平台，开展竞赛和相关交流研讨活动

组建专业教育教学创新联盟，不断以"1＋X"试点为核心，促进教育教学改革，促进教学模式创新、人才培养和评价模式创新等。开展科研、课题研

究和成果推广与交流等活动。

创新"1+X"证书教法,实现"1+X"证书中的"X"需要调动学生的学习积极性和主动性。当前,职业教育的教法仍以传统的方法为主,已无法调动学生学习的积极性。因此,要开发符合时代需求的教学资源,包括微课教学资源、慕课教学资源、教学视频资源、信息化教学资源等。教学资源与职业标准、岗位要求对接,实现任务驱动。

开展"1+X"证书教学,最有效的方法是教师的教法能够吸引住学生,让学生对学习产生兴趣并主动参与其中。教法又分为教学手段和教学方法。教学手段分为板书、多媒体展示。教学方法可采用讲授法、讨论法、直观演示法、练习法、自主学习法、任务驱动法等。

3. 成立认证联盟

认证联盟包括政府机构、行业协会、龙头企业、大型企业、机构联合以及国外机构等,这些机构颁发的证书应是业内公认的且具有权威性。同时,"X"证书必须按职业能力高低分层分级。证书的开发应植根于标准的开发,包括职业标准、职业能力标准、专业教学标准等系列标准的开发。

依据标准与证书实施推广实际需求,邀请行业、企业等不同单位,成立"X"证书认证联盟,建立动态建设机制,不断吸收更多成员加入,认可开发的标准、证书和配套的教学资源等,确保标准与证书的公信度、企业认可度和"含金量"。对于学校层面来讲,应考虑做好以下几个方面的工作。

①设计制订好学校"1+X"证书制度整体计划和具体的实施方案。

②编制相关经费预算,落实培训、考核的经费保障等,根据考核专业级别的不同,购置相关设备。

③将专业人才培养方案与"1"和"X"有机衔接,将证书培训内容及要求有机融入专业人才培养方案,修订课程标准,优化教学内容。

④按照学校整体发展计划,构建基于证书标准要求的一批高水平专业培训教师团队。

⑤按照"1"和"X"要求,联合企业开发培训课程教学资源。

4. 加大宣传,扩大影响,开展社会监督

加大标准和证书的宣传力度,不断召开宣传会议,邀请更多的企业、院校参与其中进行对接、洽商与合作,使标准和证书得到越来越多企业关注,扩大社会影响力;逐步建立证书信誉平台,接受用人单位、社会的监督与评价反馈,对试点院校、考核点整体工作质量实行多元评价机制,共同促进各方工作质量的提升。试点院校要根据职业技能等级标准和专业教学标准要求,将证书培训内容有机融入专业人才培养方案,优化课程设置和教学内容,统筹教学组织与实施,深化教学方式方法改革,提高人才培养的灵活性、适应性、针对性。

(三)专业课程标准与职业技能等级标准的衔接

1.课程标准引入职业技能等级考核标准

职业技能具有明确的岗位面向,职业技能应适应产业、行业发展趋势,满足企业对技术技能人才的需求,并对学生的职业生涯发展有一定的促进作用。职业技能应对现有职业教育内容具有重要的延伸或补充作用。对于职业教育来讲,不同教育阶段的培养目标定位不同,它们面向企业组织的岗位也存在差异。要紧紧围绕"学校课程"与"企业认证"这两个关键点,使人才供给侧与需求侧互联互通,从供需两端相向发力,达到了产教深度融合、校企协同育人的效果。这就要求我们的课程标准必须具有针对性、实用性和规范性,以具体的职业岗位作为依据,以岗位标准和能力培养为主线,校企共同对原有的课程进行改造,形成新的教学结构体系。以企业项目为依据开展教育教学工作,帮助学生对基础理论、基本规范、安全操作和工作方法等进行系统学习以完成"X"证书培训。课程标准引入职业技能等级标准,直接与企业岗位要求对接,并且考核评价也直接对接。因此,它是人才培养的主要依据文件,包括课程教学目标、教学内容、教学项目、课程学时、考核标准等内容。为推进"1+X"证书制度,参考甚至引入行业、企业职业标准,对原有课程标准进行修订或改革,把技能等级鉴定要求纳入课程教学目标,把技能鉴定内容纳入课程教学内容,在课程教学过程中改进教学方法,提升教学的质量。

2.推进专业课程考核制度改革

学生不同的教育阶段有层次之分,企业经营中因分工不同,岗位有层级之分。因此,职业技能等级证书应对接不同教育阶段的层次和不同岗位的层级。

不同教育阶段的毕业生会配置到不同层级的工作岗位,不同层级工作岗位对从业者职业知识、技术技能和能力水平呈现出不同要求,并体现出职位的层级差异。同一工作岗位不同从业者的综合能力成熟度也会呈现出等级差异。而不同从业者能力成熟度的差异最终需要通过完成真实工作任务的质量程度来衡量。如何将职业技能等级培训与专业课程考核相结合是我们实行"1+X"证书试点中遇到的难点。"1+X"证书制度要融入专业人才培养,因此,参加职业技能等级证书考核的专业人才培养方案要进行适度调整。专业人才培养方案涉及人才培养目标、过程、方法以及考核等,包括专业基本信息、修业年限、职业面向、培养目标与规格、课程结构与体系、教学计划、教学要求、实训实验环境、教学评价、师资保障等内容。同时要认真分析职业技能等级标准的能力要求、标准内容、考核方案等,将这些内容纳入到专业课程的考核之中,重在过程而非期中、期末考核定结果,不断推进专业课程考核制度改革。要使教学考核评价机制能够真正实现"课程标准与职业标准的融通""课程评价方式与职业技能等级考核方式的融通""学历教育管理与职业技能等级管理的融通",并以此考核评价标准优化课程设置和教学内容,培养出更适合职业岗位需求的技术技能型人才。

在融入过程中,要注意以下几个方面:

①要考虑职业技能等级标准与教学标准的并轨,让这两个标准统一为人才培养标准。

②专业课程的设计,特别是与证书相关的课程,内容的前后衔接等都要与证书培训内容相协调,避免课程的重复设置与内容的无关叠加。

③教学的组织与实施也要进行改革,学校的专业教育与证书的培训教育二者本来是两个独立的学习阶段,如今要合成一个有机的学习阶段,必须做好时间的分配、师资的调配以及学习形式与场地的迁移等工作。

专业教学的主要内容是负责专业人才的基础理论知识的培训,而职业技能主要是通过加强专业特色的教育来进一步提高专业人才的特殊性。在人才培养的过程中,我们可以将学生在校的前半段时间主要用于专业知识的学习,这样可以进一步夯实学生们的专业知识能力。而学生在校的后半段时间,我们可以进一步培养学生的职业技能,重点突出职业技能教育,这样可以形成"1+X"证书的教育制度模式,进一步提高教学质量,提高学生们的素质。

3.加强师资队伍建设

开展"1＋X"证书制度试点,高职院校要着力打造一支专业技能强,能管理、善教学的教师团队。要准确把握"1＋X"试点工作的背景与意义,通过组织教师参加"X"证书的相关技术技能培训,提升教师的培训教学能力;结合自己学校的实际情况,做好人才培养方案开发等试点工作的顶层设计。打造专业"双师型"团队,加强国培教师职业技能等级标准培训,提高专业骨干教师实施教学和考核评价能力。通过引进行业、企业兼职教师,优化师资队伍结构,全面提高专业师资团队的教学与培训能力,并投入专项资金重点开发"X"证书培训课程。对于承担"X"证书培训教学的教师要实施分级管理和配套奖励,将教师的个人发展与"1＋X"证书制度试点结合起来,拓展教师晋升新通道。

第四章　新时代高职产业学院内部治理结构

第一节　高职产业学院治理逻辑与路径

一、高职产业学院的实践基础

国内职教界对产业学院的定义主要有三种观点：一是"联合体"说，如徐秋儿认为产业学院是为了有效实现工学交替人才培养，由高职院校和具有相当规模的企业在理念、机制、模式、条件上形成的产学研一体化深度合作、互动双赢的校企联合体；二是"属性关系"说，产业学院指一所独立的高职院校基于服务对象而表现出来的一种整体属性，即学院在专业设置、人才培养、技术培训、技术咨询和开发等方面具有明确的产业服务面向，在办学过程中与该产业的龙头企业有着全方位、多层次、多功能产学深度合作关系；三是"办学机构"说，产业学院是以行业专门人才培养、企业员工培训、科技研发、文化传承等为共同目标指向而构建的全程融入行业、企业元素的二级学院或以二级学院机制运作的办学机构。

组织机制的类型决定了其治理制度框架、治理过程和治理效度。产业学院多主体办学格局和校企协同的组织逻辑，是职业教育跨界特征的集中反映，使产业学院治理模式天然拥有多元性、兼容性基因。

从组织类型来看，产业学院同时具备教育与产业的双重属性。从学校的角度看，产业学院是面向社会的公共服务组织，既是学生实习实践和创新创业基地，也是校企人员培训基地，通过对学习者开展教育与培训，满足多方关于人才培养的共同需求。就企业而言，面向产业发展和市场需求，向高职院校投入产业、企业、社会资源，使产业学院成为企业的技术研发、产品推广、员工储备的重要平台，产业发展过程中出现的规律性、周期性、政策性、资源性等问题会同步影响产业学院发展。相应地，成熟的产业发展理论和方法也适用于产业学院发展，产业优势可以加快产业学院的转型升级。

二、高职产业学院治理体系的理论基础

（一）协同治理理论

协同治理理论是跨学科协同学和社会科学治理理论交叉融合的产物。协同学基于德国理论物理学家赫尔曼·哈肯（Hermann Haken）提出的"协同"概念，旨在描述不同性质的大量子系统之间相互关联的一种普遍规律。协同学认为，子系统总是存在自发的无规则的独立运动，同时又受到其他子系统对它的共同作用——存在着子系统之间关联而形成的协同运动；当系统靠近临界点时，子系统之间所形成的关联便逐渐增强，当控制参量达到"阈值"时，在系统中便出现了由关联所决定的子系统之间的协同运动，出现了宏观的结构或类型。简言之，整个世界是一个协同系统，各部分（子系统）之间存在相互竞争和协同关系，当各子系统的关联不断加强，子系统之间的协同运动最终会产生一种新的宏观的有序状态。以协同学理论和方法引入治理，意味着处于同一治理网络中的多元主体间通过协调合作，形成彼此啮合、相互依存、共同行动、共担风险的局面，产生有序的治理结构。治理主体多元、治理过程持续且动态、治理行为主动和治理功能互补构成了协同治理主体、过程、行为、功能上的若干特征。

在高职产业学院组建运行中，政府、行业组织、企业、社会组织作为重要的参与者参与到治理中，政府管理、市场机制、社会资本和高职院校共同发挥作用，多主体参与治理、权责共担，激活并整合各类资源，构成了主体多元、相互协同发展的动态系统。高职院校自身不是、也不应是产业学院唯一的治理核心，同样面临跨组织和系统性治理挑战。高职产业学院协同治理，要突破单向的"一中心"治理模式，建立多维度多向度的系统治理网络，以多主体协商治理模式处理政府、社会、企业等组织的主体关系问题，协同治理理论对于构建高职产业学院主体关系和协同治理机制有重要的理论指导作用。

（二）利益相关者理论

利益相关者是指那些能够影响组织目标实现，或者被组织目标实现的过程所影响的个人和群体。有关理论认为，应通过契约的方式，让利益相关者有机会参与组织管理。治理是指各利益主体积极参与决策，实现权力共享和互动合作的结构与过程。利益相关者理论被越来越多地运用到高等教育研究领域,决策过程涉及学生、教师、管理者、董事会与校外的个体和机构,共同参与制定政策与规章以及合作将其付诸实践。学界将大学治理视为大学利益相关者共同参与决策的结构和过程等,利益相关者共同参与决策已成为国内外研究者关于大学治理内涵的共识。

产业学院是典型的多元利益相关共治组织。从横向看,利益相关者包含政府管理部门、产业协会、学校或二级学院、师生员工等对产业学院发展产生直接影响的群体或个人。从纵向看,利益相关者按职权分工又分为产业学院理事会或董事会、产业链企业、二级学院管理层、下属分支机构、一线人员等。各相关者从各自利益点出发,力求利益相关者价值(利益)最大化。应当关注不同价值取向的利益相关者的不同利益诉求,制定利益相关方多元治理机制,以利益相关者为主体进行内部权力再分配,构建利益相关者治理生态共同体,推动多元利益主体分权制衡、协同治理,凝聚创造共同价值,实现整体利益的最大化。

三、高职产业学院治理策略

随着高职产业学院的发展演进,一个"多主体 + 利益共同体 + 协同机制"的产业学院治理模式正在形成。在这一模式下,要重塑多主体协同体系下新型主体关系,厘清各利益相关者基本权责,构建运行框架,建立协同保障机制,从机制、组织、法律、技术、文化等各方面推动从战略到执行的实现。

(一)构建产业学院治理主体新型关系

基于波特钻石模型,单独一个企业甚至单独一个产业很难保持竞争优势,只有上下游产业之间形成良性互动,才能使产业竞争优势持久发展。如产业下游竞争力提升,就会对产业上游提出更高的要求,形成提升效应,一定程度上成为产业创新的外部动力。

虽然政府、学校、企业、师生各方角色定位不同,但当他们同属于一个产业学院的利益相关方,就构成了钻石模式中的支持性产业要素:二级学院、师生、企业是产业学院治理体制的直接参与者;地方政府是产业学院建设的宏观调控者,引导和监督其他各方利益相关者;高职院校、产业组织是技术支持和资源投入方,同时要平衡政府、企业、教师、员工与学生之间的利益关系。有必要对政府、高职院校、行业企业、师生等多元主体间的相互关系进行重构,提供政策支持的地方政府视为上游,提供技术和资源的产业企业和学校视为中游,参与教育服务的二级学院、师生视为下游,上中下游共同构成了产业学院竞争力的重要部分。以合作发展为纽带,构建学校、政府、行业、企业、社会组织之间相互信任的合作、参与、学习关系,推动实现人财物资源流动、技术与信息共享,形成休戚与共的命运共同体和发展共同体。

(二)推动产业学院相关立法实施

以产业学院为突破口推动职业教育法律体制建设,坚持扩大高职院校办学自主权,明确产业学院法人地位,加大政府简政放权的力度,加快建立健全混合制办学体制和运行保障机制,尤其在涉及人财物管理、准入与退出、激励与约束等方面进一步完善制度建设,梳理社会资本准入的负面清单,完善行业指导规章和政策,提升行业指导能力,共同破解高职院校混合所有制办学的体制变革困惑。

(三)加强产业学院内部治理顶层设计

产业学院作为新的办学形式,具有混合式所有制和现代法人治理特征,内部体系的设计应打破以行政为主导的封闭式治理结构,构建由行业、企业、第三方组织、专家学者、教师、学生、校友等各方利益相关者广泛参与的开放式多元治理结构。由学校、企业、行业、政府等多方代表组成产业学院董事会或理事会,由行业协会领导、地方政府工作人员、企业领导、学院内部专家组成董事/理事成员,由行业企业专家、企业集团高管、企业一线研发人员、专业负责人等产生代表,通过下设专项工作团队实施专业发展、产学合作、团队建设等工作。

通过建立董事会/理事会设计决策、管理层实施执行、各团队分工协助的运行机制,实现多元主体共建共管协同治理。董事会/理事会对产业学院办学中有关发展规划、专业设置、教学管理、新技术研发、招生就业等重大问题进行决策,发挥审议、督导、咨询、协调作用。企业作为办学主体之一,拥有和校方一致的发言和决策权,在专业发展方向、资源配置等重大问题决策上具有决定性作用。院长向董事会/理事会负责,负责组织实施产业学院专业设置、专业群和专业建设、培养方案制订、课程建设、"双师双能型"教师队伍建设、行业企业专兼职教师选派、校内外实验实习实训基地建设等各项事务。产业学院要有一定的办学自主权,人、事、财、物应放权到位,在人员聘用、机构设置、资源调配方面可相对独立。

(四)优化高职产业学院运行机制

产业学院作为校企利益共享的重要载体,与产业的兴衰休戚与共,在专业设置、课程体系、招生规模等方面做到与产业发展同频共振。为快速响应产业和市场变化,产业学院内部治理要借鉴先进的企业管理理念和运行机制,建立精简高效的内部流程、竞争性分配激励制度和灵活的人才流动机制,在校企双方制度基础上构建全新的管理模式,兼顾公平性和效率性、公益性和盈利性,推动办学各方从业务融合向经验融合、文化融合的转变。

1. 构建跨界管理组织和建设机制

矩阵式管理是现代企业中最常见的管理架构。矩阵式管理也称系统式或多维式管理,包含两种分工体系:一种是由上至下的职能分工体系,即传统的上下层级;一种是同一层级不同的条线分工体系,即业务单元。同一个团队中的成员可能来自几个不同部门,一个员工可能同时属于几个不同的团队。这种管理架构实现了快速信息交换和资源流动,极大地促进了业务创新和差异化变革,已经被证明可以显著提高效率、降低成本,且灵活地适应外界变化。

产业学院内实施矩阵式管理,校企双方人员组建结构化的项目团队,以条线业务管理为主、层级管理为辅,纵横交汇关联运行。矩阵内以项目为单位,实施开放竞争的项目化建设,开展项目化评价。基于业务分工基础,形成竞争性配套与合作机制、共享共用的动态运作机制,各单元相对独立、灵活分工、交互合作,优化资源整合度和利用率。同时发挥各种业务单元的专业优势,强化个人能力发挥和团队集成效应,推动产业学院内多学科交叉和新技术应用,提升内部竞争力。

2. 建立与企业接轨的人力资源制度

围绕人力资源管理,产业学院应建立起一套与企业管理接轨的薪酬、绩效、素质测评、培训及招聘等人事管理体系。要针对教学、科研、管理及并重型人才类型特点,制定多元化评价方法,以成果为导向研制开放型评价指标体系。强化对能力、业绩、增量、特色和对学院、产业及区域社会贡献度的考核,突出关键成效、高端成效在评价体系中的优势,以工作成果和实际业绩为依据进行分配。要建立灵活的人员流动机制,促进校企双方人才合理有序流动,让处于产业不同环节上的专业教师和企业员工,通过人才流动,促进理念、技术和工作方式全面融合,锻炼形成一批兼具教学、科研、管理能力的多面手,打造学习型团队,培养和选拔复合型人才,增强产业学院人力资源竞争优势。

第二节 高职产业学院内部治理结构的分析框架构建

一、产业学院内部治理的必要性与特殊性

(一)产业学院生成的多重制度逻辑

多重制度逻辑强调的是制度彼此间的相互作用,产业学院作为一种制度性产物,因此其生成过程可以视为宏观市场发展、中观机制作用和微观个体行为间多重制度逻辑综合作用的结果。

不同行为主体在政策执行过程中,通常以自身利益为基点来选择遵循各自的制度逻辑。由于主体行为受内在需求的激励,因此在微观个体层面探讨产业学院生成的可能性时应着眼于源自院校、企业、政府、学生等利益相关者自身属性的主客观需求。一是就院校行为逻辑而言,其行为决策所必须遵循的逻辑基点是人才培养,努力方向是提升人才培养质量。进一步在职业教育领域,高职院校以培养技术技能人才为使命,凸显职业性和技术性。学校需要最大化地吸引市场的教育资源,以实现教育与市场间的节奏同步化发展、人才培养质量和市场人才需求间的无缝隙对接。二是就企业行为逻辑而言,其行为决策所必须遵循的逻辑基点是盈利,努力方向是优先保障投资人的利益。因此,企业组织有获得战略支持、效益支持、治理支持三方面的需要。尤其是大型集团公司需要在控制成本的前提下招聘和培养大批高绩效员工,同时迫切需要在应用型研发、技术改进、生产服务等关键业务环节形成核心竞争力。三是就政府行为逻辑而言,其行为决策所必须遵循的逻辑基点是改善民生,肩负着推动经济高质量发展的使命,其着力方向是坚持创新驱动、发展现代产业体系。因此,地方政府既有促进地方产业升级、服务地方企业发展的内部需求,也有创新制度安排、激发市场主体活力的外部需要。四是就学生行为逻辑而言,其行为决策所必须遵循的逻辑基点是个人发展,着力方向是职业生涯的可持续发展。因此,学生对提升个

人职业能力有着最直接的需求,对高质量实现就业创业有着最切身的需求,对技术技能的市场高适应性有着最长远的需求。主体间不同的行为逻辑与价值判断使其在多重机制逻辑下形成了冲突、竞争或合作的结果,在多重理论逻辑的推动下各主体的合作关系倾向深度联结,使产业学院的诞生成为可能。从三链融合的视角来看,产业学院与产业链、教育链、创新链这三链重叠的区间高度契合;从整体性治理角度看,产业学院能从组织管理上协同整合各主体行为方式、实现合作共赢的治理目标;从组织合作间的交易成本来看,学校、行业、企业的交易契约组合需要更加注重合作效益。由于学校和企业具有相互依赖的内生性诉求,政府推动参与使合作获得制度性保障,因此加速了校企利益共同体发展形态走向更高级。

多重制度逻辑下的市场逻辑对产业学院的生成起到了至关重要的作用,这里的市场逻辑指的是包括生产、教育领域在内的广义的多重系统。伴随生产力水平不断提高和科技的进步,企业组织在生产流程中的技术迭代加快,市场对技术技能型人才的职业技能和培养周期提出了更严苛的诉求,这种诉求需要教育来配合回应。但由于当前高等教育特别是职业教育领域仍保持着相对泛化和孤立的发展方式,与具体产业链、创新链要求之间存在一定的精准化"真空地带",使当前的院校人才培养与企业的人才需求间的错位日益加深,依靠单个领域的主体解决人才供给侧与需求侧的矛盾已不再可能。要培养产业发展所需的专业人才,就需要突破各领域的独立运行逻辑,联合多种市场力量构建教育改革的重要载体,重塑技术技能型人才培养的组织逻辑。以职业教育领域为例,新型院校的组织逻辑应能实现职业学校教育与职业培训一体化、院校课题研究与咨询决策服务一体化、创新创业与企业技改一体化。

(二)产业学院的价值与特征

1. 产业学院的核心价值

产业学院的核心价值对其建设目标、方向和路径具有引领性的作用,若要对产业学院建设展开进一步的研究,首先必须明确它的核心价值。产业学院的核心价值在于人才培养。必须强调的是,由于产业学院本身具有跨界属性,在学校、企业、行业中均发挥作用,所以产业学院的人才培养不单指学校阶段的高素质技术技能人才培养,还包括企业中的人才培训与发展、行业中的技术技能认证与服务。具体来说,产业学院的核心价值可以理解为"产业学院要解决的关键问题是什么"。诚然,就理论上而言,产业学院确实具有增强教育的适应性、激发产教融合内生动力、促进办学机制体制创新等建设价值,同时具有资本、人才的双重价值取向。但是,这种多重价值内部并不是绝对均等的,否则会在产业学院的具体实践中造成多头领导、行动混乱的情形,因此需要辨明谁主谁次、孰轻孰重。尽管产业学院服务于地区产业行业的发展,但如果将服务企业、提高企业价值作为产业学院的核心价值是不合理的,原因是服务产业不等同于服务企业:服务企业解决的是如何提高个别劳动生产率以获取更多利润的问题,服务产业要解决的是如何提高整个行业的劳动生产率的问题。因此,只有人才培养才能从根本上实现产业学院自身不可被替代的核心价值。

2.产业学院的组织特征

院校、企业、政府等相互独立又紧密联系的主体协同整合,组建成产业学院这个新有机体,它具有以下有别于传统院校的组织特征:一是多元共生性。多元共生性特征符合在当今复杂多变的产业环境下,强调开放性、拓展性和互联性的跨组织多元竞合模式,这种模式使组织内部的互动更为高效,为产业学院带来了超出原有各主体能力所创造的价值。二是服务指向性。由于产业学院服务指向明确,因此其更侧重多方协同确定人才培养方案,特别注重职业标准、行业标准和产业要求,根据所在行业的产业链变化动态调整专业方向,实现良性运行。三是跨界复合性。跨界复合性具体表现在产业学院既像企业,又不是仅追求营利的企业;既像办学机构,又不只依靠政府和学校投入资源;既像科研机构,又十分注重科技资源配置的效率。四是独立现代性。与传统院校相比,产业学院的独立性体现在产业学院中各主体保留了各自相对的独立自主性,通过权力的多元配置,能够有效提升组织整体行动的效能。

(三)产业学院治理的特殊性

尽管产业学院和传统院校具有共同的核心价值定位——人才培养,但由于产业学院具有多元共生、服务指向、跨界复合、独立现代等特征,因此产业学院的治理研究并不同于传统院校的治理研究。对于这个全新办学组织来说,把握产业学院治理的特殊性对产业学院的发展尤为重要。产业学院治理的特殊性主要表现为：产权结构从单一到多元。传统的公办院校具有单一的教育投资体制，投资主体依靠国家或政府，产权制度与产权结构单一，产权主体权、责、利分配较为简单。但是，产业学院投资主体多样，产权更为复杂，产权结构和经营方式多元化，因此需要更为明晰的产权制度，明确好各主体所拥有的权利和义务，同时还要保障国有资产的安全和各主体的合法利益。

从组织的功能到功能的组织。产业学院作为产教融合的深度实践产物，已经从单纯的订单班、现代学徒制等校企合作项目演变到一个实体的组织，即从承载的某项功能演化到了一个具有特定功能的组织，这就意味着需要进行权力的分配以保障组织的良好运转，需要良好的治理体系以规范组织内个体的行为。

从政府、企业的间接参与到直接参与。在传统的校企合作中，企业、政府是实现校企合作人才培养的途径和手段，而产业学院直接将企业、政府纳入其内部，将人才培养作为其内生动力，由间接参与变为了直接参与，使产教融合的形式更为简化。这种身份定位的转化，同样也需要通过治理以保障政府、企业等参与主体顺利实现角色的过渡，更好地发挥各自功能、行使各自权力。

二、高职产业学院内部治理结构的理论分析框架

（一）高职产业学院内部治理结构的构成要素

1. 高职产业学院内部治理结构的要素分解

利益相关者通过联合、结盟等方式成立新的组织，以创造独立个体所不能实现的目标，并且还可以共享新组织创造的剩余价值，这种剩余利益的分配影响着利益相关者间的关系。具体来说，院校、企业、行业等通过共建高职产业学院，能够实现资源的共享使用，不仅可以满足人才培养、技术服务、决策咨询等方面的需求，还能共享剩余价值。但是，院校、企业、行业等并不能明确知晓自身或其他主体各自在产业学院中创造的价值部分。如此一来，为了尽可能提高自身所得的利益，个体可能会产生非生产性的寻利行为，损害其他主体的正常利益。因此，为保障利益分配的公平，维护组织运行的稳定，需要对各主体与资源利益分配相关的权力进行有效平衡、监督、约束。高职产业学院内部治理是一个依靠内部各主体相互之间发生互动关系,进而影响治理结构中权力的分配与制衡的过程。相应地,高职产业学院的内部治理结构是为了产业学院内部各主体规范地行使权力而建立起相对静态的、特定的系统。也就是说,高职产业学院内部治理结构是在各主体权力分配的动态变化过程中构建出来的。因此,在高职产业学院的内部治理结构中,需要对治理主体、治理关系、治理运行等方面进行探究。要素分解是对高职产业学院内部治理结构的抽象把握。为了更加简洁明了地呈现高职产业学院的内部治理结构,以便更加科学客观、全面深入地探究高职产业学院内部治理结构的特征,应针对高职产业学院内部治理结构进行要素分解。其中,治理主体是指内部治理机构中的各主体,治理关系是指内部治理机构中的权力分配方式,治理运行是指内部治理结构中的一系列机构、机制与制度。在此基础上,其系统内部各要素及其不同组合关系能够让内部治理结构形态变得丰富多样,进而呈现出不同类型的内部治理结构模式。

2. 高职产业学院内部治理结构的要素内涵

（1）治理主体要素

分析高职产业学院各参与主体是研究其内部治理结构的基本手段。高职产业学院的治理主体可以是院校、企业、行业协会、政府、产业园区、研究院等,在数量和类型上不受限制。治理主体通过签订契约、建立制度等形式,明确各主体间的相互关系,确立各主体在内部治理结构中的地位。就高职产业学院的建设目的而言,各方主体是以打造校企命运共同体为前提进行的深度结合,从而形成了拥有各主体属性的全新的、独立的组织,而各主体对这一新组织的建设发展负有重要责任。

（2）治理关系要素

①决策权。高职产业学院是独立组织,需要设立独立的决策领导机构以行使决策,并由专门的人员担任,保障决策科学有效。高职产业学院最高的决策权力机构一般为董事会或理事会,拥有决定学校重大事项的权力。同时从企业高管、院校领导、专业负责人等中产生主要领导者,组成一批高素质、高专业化、具有丰富管理经验的领导决策团队。

②执行权。在高职产业学院内部治理结构中,执行是指接收、遵循、下达决策的行为。院长是高职产业学院的最高执行人,对高职产业学院的管理运行负主要责任。院长需要通过最高决策机构指派,并由最高决策机构

向其授权,在理事会等决策组织的授意下行使权力。

③监督权。为保障利益相关者合理的权益,在构建高职产业学院内部治理结构时,除了确保决策的科学性和执行的有效性,还需要对决策和执行的行为进行监督。通过建立健全完善的监督约束机制,实现高效的高职产业学院内部治理。通常来说,监督行为以监事会为主要载体,监事会成员对产业学院内部治理结构中的权力行使进行必要的互相监督和制约。

(3)治理运行要素

①治理机构。治理机构是高职产业学院内部治理结构的组织载体。一般来说,常见的高职产业学院机构有董(理)事会、监事会、行政机关、办公室、党组织等,权力主体通过直接或间接参与以上具有特定功能的机构行使其决策权、执行权和监督权。

②治理机制。治理机制是高职产业学院内部治理结构的方式载体。为了使产业学院中的表决、监测、权力调整、利益分配、人事任免等一系列程序高效地运行,就需要有对应的一系列多种多样的治理机制,以明确怎样的程序能使组织运行合理顺畅。

③治理制度。治理制度是高职产业学院内部治理结构的契约载体。各主体以契约的形式制定一套科学合理、适时调整和不断完善的自我约束和相互制衡的制度,包括组织章程、管理办法、实施细则等。这种对权力制衡关系达成共识的契约,能最大化地确保各方合法权益的实现。

(二)高职产业学院内部治理结构的理论基础

1.资源依赖理论的阐述及应用

资源依赖理论认为,组织依赖资源而存活,由于单一组织中的资源数量和种类都是有限的,无法独立于外部环境而生存,因此需要将自身资源与其他组织进行交换以丰富组织中的资源种类和数量,实现组织的持续发展。因此,组织对外部环境的资源需求转换成了对其他组织的依赖,多个组织对资源的需求就形成了组织间的相互依赖。当然,这种相互依赖的程度并不总是相同的,这主要由组织所需资源的特性决定。例如,如果一个组织拥有的资源对其他组织来说是很稀缺的,那么其他组织就对这个组织产生了很强的依赖性。这种依赖性就是权力的由来,当组织间的依赖程度不相等时,那么组织间的地位就会不平等。基于资源依赖理论,组织需要主动地改造外部环境,需要在动态的资源交换中能动地改变组织间的关系,实现权力与地位的相对平衡。具体来说,组织可以通过提高资源的交换条件降低对外部的依赖,也可以通过联盟、合并等方式共享组织的核心资源。产业学院就是各组织通过联盟的方式共享核心资源的一种形式。基于各组织间资源的互补性,院校、政府、行业、企业等通过投入资源加入产业学院。例如,院校的发展依赖市场的需求,需要获取产业的最新技术,而企业正好能为院校提供技术资源;企业的发展依赖高绩效人才,而院校正好能提供人才与教育资源等参与主体,既能通过组建产业学院使用众多资源,又不用再次为其付费。因此,为了实现资源的共享,不仅需要推进产业学院资源的投入与开发,还需要将这些资源加以有效利用,并服务于各主体。同时,需要建立严格的治理机制和透明的信息披露机制,以保障资源利用过程中的有效性和合法性。

2. 利益相关者和三螺旋理论的阐述及应用

利益相关者理论最早被运用于公司治理领域。该理论主张,由于利益相关者对企业的发展有着重要影响,因此企业的治理逻辑不能单纯地关注股东的利益价值,还需要关注与企业发展相关成员的利益价值,以最大化地实现企业能够创造的利益价值。三螺旋理论是在利益相关者理论的基础上,对社会中的学校、政府、企业三大利益相关者间关系的进一步确认。该理论建构了教育组织、政府组织、企业组织在社会系统中最佳的合作关系形态。三螺旋理论主张,在知识经济新时代的社会系统中,教育组织、政府组织、企业组织是社会系统中的重要利益相关者,对社会利益价值的创造发挥着重要作用,需要建立一种全新的合作互动关系,这种合作互动关系在三螺旋理论模型中具有融合、共生的特征。具体来说,融合指的是组织重构,教育组织、政府组织、企业组织将建立起混合型组织或形成三方网络,并在这种全新的组织中协同合作;共生指的是角色重塑,在这种混合型组织中,教育组织、政府组织、企业组织不仅具备了自身属性所拥有的功能,还能够共享其他两个角色的功能。

产业学院属于利益相关者组成的典型的三螺旋理论模型,需要在社会系统中创造重要的利益价值,而要实现这种效益的最大化就需要各个利益相关者相互协作。相较于传统院校,产业学院具有院校、政府和企业等更为明确多元的股东或所有者,它们既是产业学院的治理主体同时也是核心利益相关者。当院校、企业、政府之间的利益诉求发生矛盾与分歧时,它们可能会通过治理主体的身份采取非正常的治理行为来争取和维护自身利益,而这种非正常的治理行为会导致内部治理的混乱,提高产业学院的治理成本。因此,如何在产业学院中建立起内部治理结构以促进各利益相关者间的融合共生,平衡制约各主体间的权力,是实现产业学院效益最大化的关键。

3. 治理理论的阐述及运用

治理最初被视为一种管理范式,是协调具有不同或冲突利益的多方并联合采取行动的过程,主体各方则因组织特性有权以自身利益为导向采取行动。治理理论主张,权力主体行动的动力来源无外乎利益的驱动、法令的推动和社会心理的认同,权力交换关系虽然是不等价的,但却可以互惠的,治理的最佳状态是“善治”。因此,治理是一个过程,而非静态的规则或单一的活动;治理的基础是调和,而不是分配;治理主要依靠持续的相互作用,而非一种正式制度。

随着院校办学主体的日益多元化,要实现有效的治理就要依靠权力主体各方通过相互配合与协作。就产业学院而言,首先就是需要平衡配置各主体的权力,以调动各主体参与治理的力量。基于人才培养、技术变革、地区产业发展等共同的目标需求,产业学院各主体的相互合作有了前提和基础。因此,在产业内资源有限和追求效率的情况下,教育领域和产业领域的人才培养主体的协作意识也在逐步增强。当然,产教融合存在的问题具有典型性且难以回避,因此需要强调动态性调整的权力分配,注重分权与制衡,使各权力主体协同参与学院事务的管理,进一步发挥市场在人才培养中的主动作用。

4. 委托代理理论的阐述及应用

委托代理理论的本质是“授权”,这种行为产生的基础是控制权与所有权分离,即行为主体 A 通过契约雇佣行为主体 B 从事某种活动,并授予 B 一定的决策权,此时委托代理关系生效,委托人为 A,代理人为 B。这样一来,在信息不对称的情况下,代理人会采取机会主义行为以满足其个人利益。因此,委托代理理论阐述的是如何使代理人既能遵照委托人的要求进行行动,又能保证委托者的利益不受或较小地受到侵害。委托代理理论的主要观点有:其一,委托代理关系适用范围很广;其二,代理人与委托人的利益冲突也是普遍存在的;其三,代理人很有可能做出损害委托人利益的行为;其四,需要主动地建立有效的制度约束代理人的行为。

产业学院是由多元化主体构成的组织,因此,组织内的主体可能无法直接对技术、资金等资源进行使用,就需要依靠委托其他主体进行活动。在此情形下,为了预防组织的管理者采取机会主义行为,各主体通过契约将组织权力授予某种特定机构,进而就产生了委托代理关系。基于这种关系的复杂性,就需要形成一系列有效的权力制衡机制以规范和监督代理人的行为,尽可能地保证产业学院中利益相关者的权益不受损害。

(三)高职产业学院内部治理结构的分析框架

人才培养是教育的直接目的,是市场的发展基础,是社会的重要使命。随着产业的转型升级,人才培养投入要素在数量和质量上的需求日益剧增,单个系统的资源要素无法也难以回应这种需求。因此,资源的依赖性促使各主体通过资源整合的方式来实现人才培养。进一步来说,资金、人员、设备管理等资源的互补性是产业学院形成的基础,也证实了人才培养是产业学院的核心价值。为了实现产业学院的核心价值,促进资源的合理使用,在产业学院内部形成了一系列治理结构。为改进产业学院内部治理结构的不足,本研究通过前文对产业学院及其内部治理结构要素进行了系统认知,在此基础上借鉴了资源依赖理论、利益相关者和三螺旋理论、治理理论、委托代理理论,进而提出了针对高职产业学院内部治理结构的分析框架。

首先需要思考的是,高职产业学院内部治理结构是如何产生的呢? 根据资源依赖理论,资源是高职产业学院内治理结构分析不可忽视的环节。它看似超越了高职产业学院内部治理结构分析的范围,其实对内部治理结构有着决定性作用。正是由于需要整合资金、人员、设备、管理等资源要素,才有了治理的存在,因此资源是内部治理结构的起点。所以,关注内部治理结构时不能忽视各主体对资源的投入,明晰高职产业学院内部资源要素对应的隶属和所有形式。根据利益相关者理论,高职产业学院具有多元化的利益相关者,且由于院校、企业、政府等多方主体都能够直接参与学院资源的投入,因此都可以视为高职产业学院的核心利益相关者,进而作为治理主体参与到内部治理结构中。需要注意的是,虽然高职产业学院通常由公有资本和非公有资本联合举办,但也不排除仅公有资本或非公有资本参与的形式,因此高职产业学院并不等于混合所有制办学。可以理解为,混合所有制办学是高职产业学院的主要所有形式,但高职产业学院并不都是混合所有制办学。同时,混合所有制主要突出的是资源要素投入形式,高职产业学院更注重的是多方在全过程的参与,因此高职产业学院资源要素的所有形式并不影响高职产业学院内部治理结构模式的区分。

在理顺高职产业学院内部治理结构的生成逻辑后,需要进一步思考的是,高职产业学院内部治理结构是以怎样的方式呈现呢? 各主体间又具有什么样的关系呢? 基于三螺旋理论,只有促进各利益相关者间的融合共生,才能建立起稳定的内部治理结构。因此,需要内部治理结构中的各主体明确以建立命运共同体为前提,在此前提下,进行权力的分配。权力分配是高职产业学院内治理结构分析的关键。通过权力的合理配置能够改善组织运行质量,提高组织运行效率。权力的配置方式是高职产业学院内部治理模式的重要区分依据,这种配置主要体现在是否拥有某项权力和是不是该权力的主导。具体来说,院校、企业、政府可以同时拥有各项权力,也可以分别拥有某项权力。同时,这种权力配置的多样性,还决定了不同的责任制度。

治理机构、治理机制和治理制度对权力是否合理规范地使用至关重要,用来确保权力主体以不同的形式规范地行使权力。治理机构是高职产业学院内部治理结构的组织载体,治理机制是高职产业学院内部治理结构的方式载体,治理制度是高职产业学院内部治理结构的契约载体。总的来说,院校、企业、政府等各主体可以采取直接或者间接两种方式行使权力。通常,当主体直接参与决策机构、执行机构和监督机构时,属于直接行使权力。当主体委托另外一方或多方代为行使权力时,就需要依靠机制和制度加以保证。

第三节 高职产业学院内部治理结构的优化策略

一、保障高职产业学院内部治理结构主体的合法权益

在高职产业学院治理实践中,内部治理结构中各主体的职能难以发挥,究其根本,就在于企业、院校和地方政府等各主体间权力失衡,主体的权益难以得到真正保障,打击了主体参与的积极性。因此,从主体权益保障的角度出发,具体从理念强化、权力分配及产权管理的角度提出解决方案。

(一)强化多元治理主体的共同治理理念

在高职产业学院的内部治理中,首先需要思考的是如何使多元化的治理主体联结起来,如何提升各主体间的信任程度以及如何处理主体间的利益冲突。只有厘清共同治理理念层面的问题,才能巩固内部治理结构建设的基础。因此,为了加深各主体间的互动关系,提高解决利益冲突的有效性,实现多元主体的利益共享,需要强化多元治理主体的共同治理理念。一方面,以共同契约为实现形式,以利益共享为根本准绳,以在共同治理中的贡献程度,科学设立各主体利益分配的指标与比重,量化企业、行业、院校等主体的合法收益,促进经济、教育、政治资源的良性循环;另一方面,达成一致的互利互惠、平等有效的利益分配与协调治理的目标,在共同治理的过程中持续关注主体间利益的有效协调,继而整合多元化的资源支持,推进高职产业学院多元化治理的各主体利益最大化。

(二)明晰各多元治理主体的权责利分配

在共同治理理念生成的基础上,为了避免在产业学院治理实践中产生定位不清、职责不明、分工混乱的情况,需要事先根据院校、政府、企业、行业等各主体的利益诉求和社会功能进一步明确协商各自的权、责、利,进一步达成理论共识。一是要保障院校在高职产业学院治理过程中享有主要权力,在人才培养的治理过程中享有主导权力,行业、企业把握产业发展的最新动向,因此可以避免在治理过程中因与市场信息衔接不畅造成盲目决策和随意执行,对内部治理起到监督制约作用;二是要保障政府在高职产业学院治理过程中享有重要权力,政府主要承担协调教育资源和提供政策支持

的职责,因此可以对多元主体资源进行有效整合,对内部治理结构起到稳定协调的作用。这样一来,通过明确院校、企业、行业和政府等多元治理主体的权、责、利,有助于维持多元主体参与的内部治理生态平衡。

(三)加强高职产业学院资源的产权管理

通过加强对产权进入、流转与退出环节的管理,有效保障各参与主体的资源投入。其一,建立资产准入资格审核与筛选制度以加强产权的进入管理,提高高职产业学院的投资效益;其二,建立科学便捷的产权交易流程以加强产权的流转管理,允许在高职产业学院内部进行分解与重组,特别是保障企业资本的产权流转;其三,建立规范严谨的产权退出机制以加强产权的退出管理,建立契约允许各主体在合法且不对高职产业学院整体利益有影响的情况下终止合作,充分保障各主体的合法产权权益,提升各主体参与内部治理的积极性,推动建立多元参与的内部治理结构。

二、明确高职产业学院内部治理结构的权力配置手段

(一)形成以理事会领导的决策治理方式

参照法人治理的逻辑,构建多元主体参与的理事会制度,保障内部决策的民主化,确保决策兼顾多方利益。为此,首先需要成立高职产业学院理事会,同时积极吸引来自企业、政府、行业、园区等组织部门的高层管理者优化理事会成员结构。在理事会的领导成员设置上,设立理事长1名,副理事长及理事成员若干名,均通过理事会选举产生,理事会成员的投票权可以参考各主体的资源投入和功能定位。在决策内容上,一方面需要明确理事会的相关行动流程,相关各方对理事会的理事成员结构、会议召开时期、议事决策形式、审议通过程序、管理制度保障等协商一致并制定理事会章程;另一方面,理事会还需对高职产业学院年度发展计划、年度预算、监事会问询、人事聘用、考核评价等重大事项进行决策,同时,统筹多方主体的合作资源,探索多种形式的内部治理结构模式,并指导理事会及产业学院的各项工作,做好协调和协作工作等。

(二)成立职能明确的内部治理执行机构

实行现代化的理事会制度,由理事会负责对高职产业学院院长进行任命。院长拥有最高执行权,对产业学院治理全面负责,是产业学院内部治理的核心人员。同时,根据产业学院的功能定位下设具体的执行机构。在执

行机构的建设中,首先需要整合行政管理机构,加快内部执行机构的扁平化转化;减少部门间的职能交叉,合并职能相近的部门;根据部门职能特征明确常设机构和临时机动机构,加快提升高职产业学院的治理结构对市场环境和办学环境的适应度。然后,成立各种治理分委员会。由于拥有内涵更为丰富的学术治理权力,因此还需建立各种治理分委员会来分担和支撑治理工作,特别是要加强内部学术机构的建设。可以设立教学委员会、学术委员会及学生事务委员会等主要的治理分委员会。教学委员会主要执行教学建设、教学管理、教学研究与改革、学生选拔与培养等教学相关决策;学术委员会主要执行教师考核及晋升、课题申报及评审、创新创业实践等学术相关决策;学生事务委员会主要负责学生的具体日常事务。

(三)确立民主集中的内部治理监督机构

高职产业学院内部治理结构是多主体联合参与,需要更加重视内部监督机构的设置,实现权力间的相互制衡。由于高职院校办学主体单一,对内不单独设立监督机构,通常依靠第三方的外部监督机构参与院校管理。受高职院校治理体系的影响,我国高职产业学院也很少设立内部治理监督的相关机构,这对于多主体参与治理的高职产业学院来说是不利的,需要设立民主集中的内部治理监督机构对高职产业学院治理的科学运作提供保障。一方面,可以成立高职产业学院监事会,监事会成员从理事会、专业指导委员会、教师群体、学生群体中选举,主要负责监督理事会决策和产业学院领导班子的工作;另一方面,可以针对专业建设、教师管理、学生教育等具体的执行机构设立民主监督团体。通过民主监督机构使内部治理的决策到执行整个过程透明化,从而真正形成民主集中、分权共治的多元监督治理结构。

三、加强高职产业学院内部治理结构的监督保障体系

(一)协商共建高职产业学院章程

高职产业学院章程是内部治理结构建立的根本依据,是实现高职产业学院良性治理的关键保障。因此,需要以章程建设为着力点夯实高职产业学院内部治理结构的制度保障。在高职产业学院章程的制定上,要保证多元主体共同参与,确保章程代表多方的利益诉求。具体来说,在高职产业学院筹办阶段,院校、企业、行业等参与主体经过平等协商一致,广泛征求多方意见,共同签订高职产业学院章程。同时,成立章程委员会以保障章程根据产业学院发展规划与各主体合理诉求订立、修改的主动性。在高职产业学院章程的内容上,要体现高职产业学院的特色。结合学院办学目标、功能定位、前景规划等,制定符合产业学院现代化治理的信息披露、议事规则等规章制度。在高职产业学院章程的实施上,治理主体要严格落实章程,按照章程行动。在此基础上,应不断修订、完善产业学院章程,从而推动内部治理结构现代化。

(二)落实现代化的监督评价机制

为确保治理能达到预期,需要建立现代化的多元监督评价机制。其一,建立运行成本监控机制。由企业高管、院校教师、政府代表等多方定期对产业学院年度预算、资金使用等运作情况进行审议,这种审议与最高决策机构和执行机构相对接。当成本监控的主体发现在资金管理的过程中,出现了异议的情况,可以直接向产业学院领导班子反映,或者向理事会提交资金异常情形的说明书。产业学院领导、理事会有义务及时对监督者进行问题反馈,并对相关机制制度进行进一步的优化改造。其二,建立产业学院专项资金监管机制。在产业学院的建设过程中,各主体会投入专项资金以支持产业学院的运行。需要建立起独立透明的产业学院专项资金监管机制,明确专项资金与其他财政资金的不同用途,以保障专项资金的合理使用。其三,建立产业学院治理的发展评价机制。内部治理结构中的各主体需要共同参与评价机制的制定,并根据各自的利益诉求和现实期待,协商确定相应的评价指标。同时,根据产业学院改革治理的情况对指标进行动态的调整。在评价机制实施的具体过程中,需要对治理过程中产生的问题进行回溯,防止该问题在以后的治理实践中再次出现。通过评价机制的运行不断地推进产业学院治理结构改革,促进产业学院内部治理能力的提升。

第五章　新时代高职产业学院公共实训基地建设

第一节　公共实训基地相关理论

一、公共实训基地的内涵、特点以及功能等方面的研究

实训的全称为职业技能实际训练,是指按照人才培养规律以及社会目标要求,对学生进行职业技术应用能力训练的教学过程,一般是处于学校能控状态下。如今的实训不仅是职业教育教学过程的一个至关重要的环节,而且它不再局限于学校,还涉及各类培训机构;不仅指在校学生,还包括进入社会各职业岗位的各类劳动者。相对于实验而言,实训更重视培养学习者的技能实践应用能力;与实习相比,前者强调在仿真或者真实的场景中进行技能的反复训练,而后者则强调在真实的岗位上实践学习。当然实训也不只是技能的反复训练,它主要是通过实践技能的训练来提高学生的综合职业能力,对于实习方式有一定时间限制的学校,实训不失为理论结合实践,突出学生的参与性,使学生在较短的时间内在专业技能、实践经验、工作方法和创新能力等方面获得提高的好方法。实训的独特优势就是既很好地利用了实践中的学校可控,也得到了实习中的职业应用技术性。

对实训基地定义的界定,观点见仁见智。在国内公共实训基地还没有一个权威和完整的定义,在其概念解读中不外乎三个维度。它首先是一个平台,作用是培养技能人才。其次是一个具有一定公益目的而存在的服务性基地,但是其公益性还有待社会经济的进一步发展作为支持,仍然不属于彻底的公益性组织。最后,它对整个国家的发展具有关键性价值。在以往的文献分析中发现,公共性是其根本特征。

二、公共实训基地已有模式的研究

公共实训基地作为一种技能人才培养的有效模式,这一方法在政府的倡导下已被各地积极认同、采纳并且运用。但是,由于其投入资金、建设规

模以及后期可持续运作都需要庞大的人力物力,因而需要多方合作,才能避免人力及物力资源的不足,防止出现难以为继的情况。这种多领域合作的模式选择必然会因不同对象的加入出现各种纷繁复杂的情况。

三、公共实训基地可持续发展创新策略

我国公共实训基地建设已迈入高质量发展阶段,面对其中暴露出的各种问题,需要突破瓶颈、实现质量提升。因此,在解决各种突出矛盾的同时,积极探索创新发展策略,以确保公共实训基地的可持续发展。

(一)抱团取暖:创新服务共同体运行模式

共同体指的是以各种主观或客观共同特征为纽带联结而成的人类群体,大致凝练为共享价值、共通情感、共同利益、共有身份四个内容。将共同体的理念引入公共实训基地运行管理中,构建基于"服务共同体"的公共实训基地运行管理模式,使得政府、企业、学校等多方获利,抱团取暖。

公共实训基地建设是以政府为主导,整合政府、高职院校、企业、行业资源,共同构建服务共同体。以"机制共创、人才共育、平台共享、双师共培、文化共融"为思路,以公益、公共、公平、公开为原则,多方驱动共同推进公共实训基地运作,打造设备实战化、运行市场化、培训协同化的高水平育训结合服务基地。

1. 资源共享机制

构建"政产学研资"资源互通共享机制,促成技术创新资源和基地服务资源的双向流动,实现共同体各主体的资源互通。引入"政产学研资"各主体为基地技术转化提供服务,吸引社会资本参与基地建设。

2. 维护管理机制

政府按年投入公共实训基地的维护和管理经费,学校配备一定的实训教师参与公共实训基地的工作,校企合作企业承担技术指导以及设备更新,实训单位自行解决耗材费用,从而推进公共实训基地的良性运转,有效解决公共实训基地维管成本过高等问题。

3. 市场化运营机制

实施实训工厂式的市场运营形式,政府每年投运行资金,实训工厂的收益作为补充。引入企业的生产流水线,承担一定的生产性任务,构建起良性循环的资金链。在设备补充和更新方面,企业自主向公共实训基地不断提

供技术支持和设备更新,保持设备和技术先进性,建立公共性与市场化相结合的运营机制。

(二)功能盘活:打造多元、立体的社会化服务功能

公共实训基地要进一步拓展服务的广度,提升服务的高度,确立服务区域科技创新和产业转型升级的目标,升级以技术应用推广中心和职业技能等级证书考核站为重点的公共实训基地建设。

1.强化技术技能创新载体建设

地方政府、高科技园区、重点行业和主流企业共同打造产教融合平台、人才培养与技术创新平台、技术技能平台,开展标准制定、政策咨询、职教改革、共性技术攻关、技术服务、核心技术产业化、产品研发等研究和服务,进一步盘活公共实训基地功能,打造多元、立体的社会化服务平台。

2.开展青少年职业体验活动

依托现有公共实训基地资源,建设融职业启蒙、职业体验和职业规划指导于一体,聚焦城市特色产业和未来科技发展的优质职业体验教育基地和职业体验课程,开展独具特色的青少年职业体验活动。

(三)数字赋能:拓展虚拟实训平台

数字技术的突飞猛进,不仅带来了生活上的便捷,也深刻影响教育形态和方式的变革。为此,顺应时代发展,公共实训基地有必要实施数字化管理模式,开展新产业、新技术、新业态培训,推进虚拟现实技术、人工智能技术、信息网络技术在职业技能培训中的应用。

1.数字赋能管理

建设公开、公平、高效的社会服务网络信息平台,搭建实训中心门户网站和办公自动化系统。利用门户网站及时公布实训中心资源和开放时间,接受网上预订、网上监控、网上评价、网上交流等,提供全方位在线服务,保证对外服务安排的公开、公平、公正。社会服务网络信息平台充分发挥网络信息的便捷作用,降低运行和管理成本,提高设备使用效率,加快信息传递,不断提高管理效率,从而提高为社会、企业培训各类高技能人才服务的质量与水平。

2.数字功能拓展

虚拟仿真技术具有沉浸性、交互性、想象性等特征,利用虚拟技术创建的学习环境能使学习者具有身临其境的感觉,类似于在真实的环境中解决真实问题。因此,对应产业链转型升级,针对现有的实训中心,进行数字化升级,融入虚拟仿真技术,构建智能工厂实训基地、综合体验中心,实现具有数字化、自动化、柔性化、精益化和智能化等特色的公共服务平台。

(四)双向评价:构建面向用户评价和第三方评估的双向评价体系

为了规范管理、形成导向、促进发展,有必要建立一套可操作的评价体系,以提高公共实训基地的开放度和社会融入度,构建面向用户评价和第三方评估的双向评价体系。一方面,公共实训基地的直接服务对象对该项公共服务的质量好坏有着最权威的评判权,为此将用户体验理论引入对公共实训基地的评估中;另一方面,通过第三方机构对实训基地的使用效率、利用率、服务的覆盖面以及社会效应等进行评估,形成市场化的第三方评价评估意见。通过两方面的评价,及时发现基地服务中存在的问题,以形成有效的改进措施。

第二节　公共实训基地培养系统下的各方角色

一、高职院校公共实训基地建设模式的构建

根据高职院校实训基地现状和建设模式,高职院校公共实训基地建设关键点有:

(一)明确投资主体

高职公共性实训基地要明确投资主体,其投资主体为政府、企业、高职院校,投资形式有资金、场地、设备、人员等。在建设过程中,把基地实训资源使用量与投资比例进行挂钩,严格按照合作协议承担比例出资,避免资源的提供方和享用方在平等的基础上获得大致相当的满意程度。对于实训基地更换或增加实训基地设备以及较大规模整修所耗资金,根据政府、高职院校、企业在实训基地合作建设的协议,并结合享用方的使用频率、使用设备类型、易耗品耗用量等记录,参建方按照比例进行资金支持。

(二)组建管理机构

为了避免实训基地建成后主体不明确、各方利益分配不均衡和后续建

设资金等难以保障的问题,克服以往由高职院校兼管问题致使公益性、开放性较低的弊端,应建立独立的实训基地管理机构,统一负责实训基地的日常管理活动,运用市场化运作模式,开展职业培训、职业资格鉴定、高职院校实训教学、"双师型"师资培训、新产品或新技术开发与应用、咨询与服务等多功能业务。

(三)建立运作机制

第一,教学项目安排。为了使高职院校公共实训基地发挥最大社会效益,教学项目拟定在广泛调查相关企业岗位技能要求的基础上,在企业一线员工直接参与下,遵循"以培养职业能力为核心,以工作实践为主线,以项目为导向,以任务为驱动"的编写原则,建立以行动体系为框架的现代课程结构,重新序化教学内容,做到陈述性(显性)知识与程序性(默会)知识并重,将陈述性知识穿插于程序性知识之中,增强教学项目的可操作性。

第二,教学进程制定。为确保实训基地的实训资源安全、高效、科学地使用,承接教学程序充分体现公共型高职实训基地的开放性、公益性、公平性原则,该办法适用于在实训基地举办的各类技能教学、培训使用单位。高职院校公共实训基地承接教学程序包括申请、实训安排、通知、使用登记等。

第三,收费相关规定。参建方若自己组织教学人员利用实训基地开展教学项目,原则上不收费,但需如实记录使用时间、使用设备类型、易耗品耗用量等。若通过实训基地委派人员进行教学,则收费用于参与教学人员的劳务支出。对于承接对外培训项目收费,按物价局、财政局审批收费项目、收费标准执行,所得费用用于改善实训基地教学环境和相关人员劳务支出。实训基地财务部门根据实训基地财务管理制度,及时做好收支工作,并随时接受参建方监督,出具收支明细账。

第四,设备管理制度。使用方在具体教学过程中,填写设备完好情况登记表,及时反馈教学设备运行状况,实训基地人员对于存在的问题及时予以解决。对于丧失部分或全部教学功能的教学仪器,管理机构组织有关技术人员进行进一步论证,根据论证意见签字,批准后方可报废,批准报废设备清单及时送交各参建方。实训基地设备换购或新购须组织有关专家论证,批准后进行采购,并将采购清单报送各参建方。

二、高职院校公共实训基地建设模式优势分析

(一) 投资少、见效快

高职院校公共实训基地建设资金由政府、企业、学校共同承担，大大减轻了政府或学校的压力，也可利用社会和其他院校已有的设备和条件，避免重复建设；高职院校生活配套设施、图书馆等教学资源实现最大社会效益。此外，各方参与也有利于使教学项目制定科学化、合理化。

(二) 运行成本较低

首先，以高职院校为依托的公共实训基地模式，管理和运作由独立机构负责，减少了管理和辅助人员。其次，可由各高职院校有经验的教师和企业一线技术人员组成教学队伍，集中优质教学资源。最后，设备维修和维护由高职院校教师或企业技术人员承担。这为实训基地低成本运作提供了可操作空间。

(三) 设备利用率高

设备利用率直接体现了公共实训基地的社会效应，保持设备长期稳定地运行是提高利用率的重要途径。根据资源共享的原则，高职院校学生和企业员工可以利用公共实训基地设备开展技能学习，将极大提高设备的利用率，实现实训基地功能最大化。

(四) 实现各方共赢

对政府而言，公共实训基地建设作为社会职业教育的一部分，是实现高技能人才培养与经济发展需求有机结合的重要载体；对高职院校而言，扩大了社会服务功能，实现了高职院校为地方经济服务的指导思想，同时也进一步扩大了学校影响；对企业和培训人员而言，通过社会公共服务平台，员工得到了培训、技能提升，为企业提供优质员工队伍。因此，政府、高职院校、企业都是最直接的受益者。

三、公共实训基地培养系统下的角色

(一) 政府引领

公共教育培训服务平台，政府发挥着积极的引领作用。首先是精神层面的引领，一系列起支撑作用的法令法规的出台，使基地建设畅通无阻，并不断完善，有利于营造企业积极参与基地建设的公共服务环境。然后是物质层面的引领，为基地建设提供资金支持或以政府为担保邀约新一方的资

金融入;为基地高技能人才培养引进一流的基础设施,提供培养方式创新条件,推出科研开发项目,传播技能文化。

1.区域共享型实训基地的功能定位

区域共享型实训基地是政府发挥统筹协调功能,结合产业结构调整,整合政府、学校和市场的资源,集中资金投入建设的实训基地。区域共享型实训基地面向职业教育教学、学生实训、师资培训、劳动力培训、技术开发、应用与推广,最大限度地实现了资源共享,使之成为技能型紧缺人才的培养培训基地、农村劳动力转移培训的桥梁、社区教育和服务的窗口、校企合作的载体、产学结合的平台。区域共享型实训基地的建设由地区教育行政主管部门统一规划,按照职业教育的区域定位、专业结构以及学校布局,在目标区域内建立一个集教学、科研、生产、培训多种功能于一体,硬件设备先进和软件技术处于国内外领先水平的功能性平台。区域共享型实训基地可充分应用区域院校的智力资源和门类齐全、技术先进的各种仪器设备,成为科技成果转化基地,技术推广、技术服务、技术咨询基地和科技信息集散地,并与企业紧密结合,联合承接工程或生产中的应用课题,以及新技术、新产品、新工艺的项目开发,并成为向社会和企业提供技术咨询的服务机构。

2.政府在区域共享型实训基地建设中的职能

政府职能划分是制定法律隶属关系的基础,是投资者与管理者清晰定位的呈现,是政府权力的一种具体体现。区域共享型实训基地是一个完整的系统,需处理好高职院校与政府、市场的关系,凸显政府的职能和作用,以创新的思维,跳出传统的模式,整合各种资源。政府是外部资源最重要的组成部分,在基地建设中主要有以下几个职能:

(1)管理职能

政府有关部门通过立法、财政、规划、评估等手段对高职院校实训基地建设施加影响与控制。管理职能要求政府依据国家有关法律、法规,做好管辖区域内区域共享型实训基地的统筹规划、立项建设、监督实施、协调控制、效益评估等管理工作,引导高职院校实训基地的持续健康发展。

(2)调控职能

政府通过对社会各方面的调研,通过对人力市场情况的掌握,明确本区域内社会经济发展在一定时期内所需要的专业和人才的数量、结构,确定本区域内高职院校的招生数量、专业设置和影响毕业生流向等因素,确定区域职工培训计划和农民工转移服务计划等,从而调控区域共享型实训基地建设,以使实训基地建设跟地方区域社会经济发展和产业结构调整优化相适应。

（3）财政支持职能

对区域共享型实训基地建设的财政支持,体现了政府对高职院校办学和人才培养模式为地方经济社会发展服务方向上的引导。对不同的高职院校,实施有差别的拨款政策,这是影响职业教育供求总量与结构平衡的有效手段,以促进资源的合理有效使用。

（4）评估监督职能

政府应发挥监督职能,通过对高职院校实训教学质量的评估,监督和促进区域共享型实训基地的建设,掌握其建设质量和效益;同时应对所属区域高职院校共享型实训基地做出客观、公正、全面的评估,以进一步促进区域共享型实训基地建设。

（二）院校依托

在高技能人才培养方面,高职院校拥有多年的教育经验,形成了一套具有地方特色的人才培养模式,基地以此为依托省去了大量的摸着石头过河所产生的不必要的弯路,为其人才培养提供了必要的参考价值。另外,院校在智力、技术、信息方面与一般的组织机构单位相比更具有优势,基地可以利用所属学校的名师、结合企业的专家能人共同研发新项目、新技能,创新有利的培养方案。可以这么说,学校是地方公共教育培训服务平台开展技能人才培养的主要智力源泉之一。

学校主导型公共实训基地投资主体和建设主体是政府与学校,并形成了政府管理为辅、学校管理为主的运行模式。虽然该类型公共实训基地能够节约成本,实现政校资源共享,但是在该类型实训基地,学校参与的主动性不够,企业参与的积极性不高,市场化运行效率不高。因此,要重新构建政、校、企之间的责、权、利关系。①政府要制定相关的激励政策,为企业参与实训基地建设提供税收减免、适当的经费补偿等支持,鼓励企业积极参与实训基地的建设;学校要主动对接企业,主动了解企业的需求,主动为企业提供各种优质服务,激发企业参与实训基地建设与管理的积极性和能动性,使企业能够在设备更新、资源注入以及企业师傅的输入等方面参与实训基地的建设和管理。②学校要由被动管理转变为主动管理，要由被动服务转变为主动服务，要由被动开放转变为主动开放，要由被动共享转变为主动共享，要由被动对接市场转变为主动对接市场。学校只有主动开放实训基地，主动服务企业，主动服务社会，主动与市场对接，才能提高市场化运行程度，由"输血"变"造血"，从而提升实训基地的"造血"功能和运行效率。

（三）企业帮扶

走在公共教育培训服务平台前台的依然是常常提及的校企合作，而事实上，公共服务平台的幕后则是政校合作的牵制。因此，公共实训基地的关注点不只局限于如何使校企合作，而是校企该如何深入合作的问题。企业帮扶的角色并不意味着企业的参与范围缩小，而是为了更突出企业参与公共教育培训服务时应具备的责任感。企业是承担基地高技能人才培养并进行相关技术技能攻克及教育培训模式创新的直接行为主体。企业为了适应社会发展环境，甚至引导行业发展，满足其经济利益诉求，在技术、信息以及师资等方面给予基地全方位的帮扶。

企业主导型公共实训基地投资主体、建设主体和管理主体都是企业，依托企业建设"企业培训基地"或"企业大学"，形成企业主体投资与主体企业管理的运行模式。虽然这种类型的实训基地为企业储备人力资源，提高企业的人才竞争力和市场竞争力发挥着重要作用，但是企业主导型实训基地受到外部环境的制约与内部治理的制约。因此，要正确处理内部环境与外部环境的关系，优化内外部环境建设。一是优化企业主导型实训基地的外部环境。构建符合企业培训发展的体制机制和制度体系，优化企业培训的外部市场环境，形成体制灵活、制度支撑、市场优越的企业培训基地的外部环境。二是优化企业主导型实训基地的内部治理结构与治理机制。重视企业主导型基地的顶层设计与整体规划，明确培训目标，完善内部管理制度，主动整合外部资源，形成良好的内部治理机制；提高企业主导型基地的整体水平与质量，重构培训模式，优化培训流程，改善管理方法，引入职业化培训资源，提升职业化培训能力；重新定位企业的战略发展、人力资源规划与企业培训目标之间的关系，构建科学化、系统化、规范化的企业主导型基地新模式，挖掘企业主导型实训基地的发展潜力与发展动能。

第三节　公共实训基地人才培养方式的类别

根据公共实训基地承担的高技能人才培养任务的差别,可将其培养类别划分为以下几种。

一、教学培训

这种高技能人才培养方式虽然最为普通,但也最为重要。一般可以分为短期培训和长期培养两种方式。短期培训是受培训者指定培训工种中的某一项技能,公共实训基地对其进行高强度的反复培训,以备受训者的临时之需。通常基地对于受训者的理论知识无须太多灌输。这种培训多见于企业对某个新技术的紧急需求。而长期培养则多见于高职院校学生培养中的实践教学环节。有些基地每周都会为在校生安排部分课时接受相关专业工种的实践实训。有些则在院校寒暑假的空档留出部分时间,即所谓的短时期来加强学生的技能操作能力。

二、技能鉴定

基地通过其拥有的一大批较为先进的高新技术以及技术设备开展中高级工、技师等的技能鉴定。其主要目的不只局限于为了确保基地人才高技能水平的扎实性以及基地高技能人才培养方式的有效性。众所周知,严格先进的实训鉴定标准要求倒逼公共实训基地更多地选择技术先进、标准严格、设计规范的培训模式,从而推动高技能人才培养的顺利进行。

三、联盟研发

这是针对高技能人才培养之高的突出手段之一。这种培养方式一般需要在特定的环境下,尤其是在企业和政府对于技术研发的迫切需求下开展。例如,部分企业为了减轻自身技术研发的各项支出,以合同的方式委托基地,或者与基地共同进行项目研究。基地根据要求整合各项智力资源设立研究创新中心或者组建区域技术联盟。这些企业的项目落实往往最后都会形成以基地师资为主要负责人的格局,基地学员则得到了更多新技术研发的参与机会。对高技能人才培养而言,反复的既有技术训练远不及新技术研发参与带来的实际实践效果。技术研发是高技能人才可持续发展的重要条件之一。

四、技术交换

基地作为一个开放的平台,已经不再固守于简单的实践培训,其高技能人才培养的方式更趋于外放。基地更注重打通现实世界,着眼于通过技术交换来达到高技能人才培养的目的。所谓的高技能人才培养的技术交换形式主要是设立竞赛平台。竞赛一方面检验了高技能人才培养的质量,总结经验教训,以备作为将来培养模式改进的参考依据;另一方面,通过竞赛这种大型的平台交流拓宽基地高技能人才培养的视野,领悟其中的先进技术及优秀理念。竞赛的项目往往凝结了参与学校及企业单位全部的操作心血和技术优势,竞赛的过程不仅是体验一种乐趣,更是一项有意义的技术交换活动。通过采用技术交换的方式,基地高技能人才培养方式不再单一,而是更趋多元化,奠定了基地可持续发展的坚实基础。

五、职业教育公共实训基地人才培养模式的基本特征

(一)培养目标紧密对接产业需求和学习培养现状

相对于整个人才培养过程而言,实训基地的实训已经是培养的后端,因此,一方面,实训基地的培养目标要紧密对接高职院校的培养现状,对学生所掌握的技能进行认定;另一方面,应紧密对接产业需求,通过授权委托、购买服务等方式建立行业人力资源需求预测和就业状况定期发布制度,建立行业主管部门、行业协会、企业、学校共同参与的行业职业教育指导委员会,参与职业教育办学的指导、服务、评价。

(二)教学内容体现项目化、整合化要求

离开实训基地,学生或学员将直接面临就业或转岗,因此,实训基地要把"工学结合、做学合一"从口号落到实处,推行项目教学、案例教学、仿真教学、工作过程导向教学等模式。同时,开发一批与当地主导产业、特色产业、新兴产业相关的专业教学标准和课程标准,将真实生产项目贯穿于实际教学中,建立课程内容随产业发展、技术进步而更新的动态调整机制。

(三)教学过程高度模仿生产过程

职业教育公共实训基地是一种介于学校与企业之间的"第三方技能形成组织",它既不是学校,也不是企业,但同时兼具学校和企业的基本特征。因此,在基地中可以采用校企合作的方式构建产教一体"教学工厂",营造具

有真实工作特点的学习训练环境,通过引入企业管理机制,将企业产品转化成教学资源,与先进的虚拟仿真技术相结合。教学流程设计要求以工作过程为依据,教学方法体现在以学生为中心,突出学生的职业活动。

(四)学习评价体现真实性、标准化

由于公共实训基地具有部分企业特征,因此,引入企业的评价机制具有一定的现实可行性。基地可以建立过程评价与目标评价并重的评价体系,通过课堂提问、课后作业、技能竞赛、阶段测验、师生互动等手段,加强考核,引导学生形成严谨的学风和认真负责的态度。

(五)学生管理体现企业化

通过调研我们发现,企业用工要求是职业技能和素质并重,有的企业更看重职业素质。将教学场所布置成企业的生产车间,使学生的学习场所与企业工作环境一致,学习置身于生产企业中,不管是在教室、实训室还是在寝室、食堂,都学会整理、整顿,养成经常清扫、保持清洁的好习惯,以助于学生实现"学生"与"员工"的角色转换。

六、创新职业教育公共实训基地人才培养模式

(一)建立符合公共实训基地特点的多元人才评价机制

公共实训基地连接学校教育与企业岗位工作,所以既不能完全照搬学校的学业评价模式,也不能全套移植企业的绩效评价,而应形成一套具有自身特点的评价机制,这套机制应具有以下三个特征。

第一,人才评价应具有先前学习认定功能和就业能力指示功能,能够为学员在基地的学习提供足够的依据,并为学员毕业后的入职匹配提供有效的帮助。

第二,人才评价以结果导向为主,同时兼顾过程评价,这是因为:一方面,要让学员逐步熟悉企业的评价方式;另一方面,要把评价的重点放在能力的养成,而不完全是结果的达成。

第三,人才评价应充分延续学校全面评价的传统,形成科学、全面的评价指标体系,使评价真正成为学员成长的有效工具。

(二)基地建设和教学内容应体现企业生产元素

在我们设想的公共实训基地人才培养模型中,真实性项目学习占非常大的比例,这就要求实训基地在建设时尽量模仿企业的真实场景,按照生产

要求分隔实训空间和布置实训设备。在教学时,教师按照企业标准与流程以企业真实产品或产品模型为素材组织教学;在考核时,按照企业标准和考核过程进行学业评价,也按照企业基层管理人员的要求不断提高实践操作技能和基本管理能力,成为真正的"双师型"人才。

(三)与领军企业定期互访、规范标准化人才培养

职业教育公共实训基地应重视与行业领军企业的合作和深度融合。这是因为:一方面,领军企业一般代表产业的发展方向和新前沿技术;另一方面,领军企业在内部员工的培训和标准作业化流程上大多有标准、有资源、有机制,彼此合作有较好的基础条件。通过与领军企业的合作还可以使基地较为准确地把握产业的技能需求数量与质量,使基地提升服务产业发展的水平。

(四)职业素养培养应成为公共实训基地人才培养的重心

职业教育公共实训基地不仅要开展技术技能方面的专业教育,更应注重对学员职业素养的培养,增强学员在企业就业后对所从事岗位技能和流程的持续意识和能力。建议将"7S"管理模式引入公共实训基地,让学生体验现代企业的严格管理,使之成为责任教育和岗位教育的重要手段。基地还可以辟出专门空间、开设专门课程培养职业素养,如福建省智能制造公共实训基地建设了 TQM 培训区、5S 模拟区、安全体验区、物流模拟区、WIS 车间管理系统体验区、沙盘模拟区和月亮工程体验区,让学员通过个人体验不断增强职业素养。

(五)重视"创造、创新、创业"能力的培养

随着我国产业转型升级速度加快,劳动密集型产业的生存空间逐步受到压缩,知识密集、资本密集和技术密集成为企业的未来发展方向。企业要想取得成功,只有通过创新来创造价值,才能打造自己的蓝海策略。与之相应,公共实训基地应该为企业培养高素质员工和基层骨干,因此,在人才培养中重视"创造、创新、创业"能力就显得尤为重要。这就要求公共实训基地在设置实训项目时要引入"三创"情境,不再追求实训情境和实训结果的确定性,鼓励学员使用新技术、新方法达到新目标。

相对于高职院校,职业教育公共实训基地在技能形成体系中的作用与功能尚未得到充分发挥,但其既不同于学校也不同于企业的特性决定了它必将在技术技能型人才培养中发挥重要作用。希望出现更多关于公共实训基地人才培养模式的讨论，为这支职业教育生力军的健康发展提供强有力的理论支撑。

第四节　公共实训基地建设与使用

一、实训基地建设与使用的科学实践

所谓实践，是指实训基地的实际训练必须具有生产性、实战灵活性和训练的互启性。实训基地的教学，生产性是其核心。生产性教学实训又必须实现教、学、做合一。

（一）生产性教学

校内生产性教学有两种形式：一种是把生产性的企业车间引到校内实训基地，实训基地生产出一定的产品；另一种是把企业真实的设备、工具环境、任务搬到校内实训基地，从而在实训中进行产品生产。对于公共实训基地来讲，公共实训基地本身就是企业，就应该进行生产性教学。

1. 教、学、做的合一

教、学、做合一是我国著名教育家陶行知先生教育理论体系中的方法论，是陶行知教育思想的核心。校内实训基地必须向公共实训基地的管理模式学习，基地建设企业化，实训教学生产化，在教学中实现教、学、做合一。

第一，实训基地建设理论研究中的"八合一"。国内实训基地建设有不少理论的探讨，由原来教、学、做合一扩大到"六合一""八合一"。"八合一"指生产车间与教室合一、学生与学徒合一、教师与师傅合一、教学内容与工作任务合一、教学用具与生产工具合一、作业与产品（作品）合一、教学与科研合一、育人与创收合一。"八合一"说到底还是教、学、做的合一。

第二，教、学、做合一的内涵。教，一般指教师的教和教学的内容。从教师自身来看，教师既是理论知识的传授者，又是技能训练的指导者。教师的素质，即个人品德和业务（技术）能力是做好教的关键。教师的教学，要按照行业标准，按照生产过程的实际，进行严密的教学设计，注意把职业能力和职业素质培养潜移默化地贯穿于整个训练过程之中，让受训者所学的课程内容与职业岗位能力要求相结合。教师的教学内容要根据职业岗位能力的

要求而设定,要尽量淡化专业理论和专业实践课程的界限,将训练项目作为教学内容的载体;要通过一系列理论与实践相结合的任务式课程内容,以任务形式驱动学生完成专业学习,使枯燥的学习变成一项项具体、形象的工作任务。学,指学生的学习和学习的场所。学生本身既是学习者也是生产者。学生通过项目任务的完成,掌握生产技能。学习场所要实现课堂与生产车间的统一。在实训基地培训中,必须逐渐淡化教室和实训基地的界限,形成生产的环境和场景,把在仿真环境中的受训者转化为生产者的角色。做,指受训者在训练中完成任务以及受训者角色转换为职工的过程。学生的做已经向生产者转换。教、学、做合一其实也就是教师与师傅的合一、学生与职工的合一、教学与生产的合一、课堂与"车间"的合一等的概括。

第三,教、学、做合一的原则。教、学、做合一本身就是原则,具体说来还可以分解为几项具体原则。一是能力素质本位的原则,即把实训基地建成培养受训者职业能力、职业素质,使生产和实训统一的基地。二是学做一体的原则,即受训者边训练边生产(工作),真正实现学做统一,受训与职业合一。三是综合培养的原则,即让受训者在实训基地中学习和掌握生产技能并养成安全生产意识、质量意识、经营管理意识、成本意识、法律意识、经济意识、社会意识和创造意识。四是开放的原则,即实训基地面向所有学生、面向社会服务,实训基地不仅为区域经济、学校服务,还要为社会服务。

2. 不断探索教学培训方法

实训的教学方法有很多种,不同的实训基地应选用相近或不同的教学方法,选择中应因专业(工种)而异,因培养对象而异,因区域经济的需求而异。

(1)模块教学法

模块教学法是在深入分析每个工种和技能的基础上,严格按照工作标准(岗位规范),将教学大纲和教材开发成不同的培训模块,形成类似积木组合式的实训教学方式。

模块教学的一般操作方式:一是划分小组。小组人数不宜太多,组与组之间要平衡,一般采用互补的方式,即实训接受好的与稍差的合理搭配。不同知识结构的受训者搭配,可以取长补短;不同认识方式的受训者搭配,使强势互补,相互学习,相互强化。二是确定内容。实训教学内容的确定要把知识与技能、过程与方法、情感态度与价值观三个维度的目标融入任务中。

培训者(教师)要认真研究课标,分析实训教材,确定实训教程即确定实训的目标、内容、重点、难点、疑点,找准实训的切入点。三是布置任务。培训者要向受训者具体详细地讲清任务,让受训者自愿完成任务。四是实施。向受训者讲明要做什么之后,培训者要紧紧跟随,以指导者的身份指导受训者怎么做。五是进行评价。受训者完成实训任务之后,培训者有目的地展示受训者的作品(产品),让受训者进行讨论、评比、找错、总结。培训者对受训者的评价包括受训者对知识的掌握程度,技能把握的水平,运用知识、技能解决问题的能力以及受训者在实训教学活动中的表现等。

模块教学的特点是:培训目标明确,每个模块的学习都是以掌握必要的技能为目标,以现有实训岗位为平台,按需施教,学用一致,实现掌握技能、技术的"短、平、快"。整个实训教学以技能训练为中心,必要的理论知识为技能学习和技能掌握服务,突破传统的以培训者(老师)为中心的方式,即以现场教学为主,以受训者为中心,教与自学相结合。模块教学更适合多工种培训,可以满足不同个体转岗的愿望,有利于行业调整、工种调整,有利于一专多能的学习。

(2)课题制教学法

课题制教学是一种新的模式,与模块教学有相似的地方,又有很大的区别。课题制教学是把全部实训的教学内容按技能等级分成若干个课题,以每个课题为核心,结合相关的工艺知识、专业理论知识和操作技能进行一体化教学。每个课题模块的专业理论内容和操作技能的讲授、指导均由同一培训者(教师)承担,每个培训者担任几个课题模块的教学。课题结束时,实行教考分离,考核合格可以获得相应的证书。

课题制教学方法可以用不同的课题形式进行设置。

第一,基础课题设置。为了使受训者能够学到多种技能,拓宽知识面,以便将来就业和岗位选择,实训的第一阶段可以不分具体专业(工种),只分为电类、机械类、信息类和综合类等大类,在大类的实训教学中学习基础课题的实训课题。电类受训者可以学电工、电子、钳工、计算机等基本操作技能;机械类受训者可以学钳工、车削、电工、计算机等基本操作技能;信息类受训者可以学文字录入、电子制表、幻灯片制作等基本技能。各个专业的每个基本操作技能模块学完之后,对于达到职业技能鉴定标准的,可以进行技能鉴定并获取相应的等级证书。

第二,专业课题设置。学生经过基础课题训练之后,培训部门应根据市场需求提出专业设置和每个专业所需人数的方案,从而制订专业设置和每个专业所要学习的专业技能课题。培训部门可以根据受训者的实际情况进行首次专业分类教学。这时的专业设置可以是单一型的,如电子、电工、钳工、车工、计算机、家电等,也可以是复合型的,如钳电、车钳、电算、会计等。专业技能训练中采用课题化教学,由专业功底深厚的一体化教师教授该课题所涉及的工艺知识、专业理论、操作技能等。单一型专业的受训者可以学习专业技能课题中相对应的技能;复合型专业的受训者可以组合成新课题模块,学习相近或相邻专业的技能。

第三,综合课题设置。受训者在专业技能课题阶段考核合格后,可以转入综合技能课题学习。培训者要根据人力资源和社会保障部门职业技能鉴定考核的要求,对受训者进行强化训练,使受训者顺利通过等级考核并拿到相应工种的等级证书,而后转入下一分专业的学习,这一分专业的专业(工种)分得更细,旨在培训岗位技能。培训部门按照就业部门的意见制定岗位技能课题模块,这种课题将随市场需求而经常变化。在这一课题中执教的培训者知识必须广博,技能必须复合,应变能力必须强,知识技能必须贴近市场,并能随时学习新工艺、新技术,理论上应该达到市场需要什么岗位,培训者就可以培训什么技能的要求。

(3)行为引导教学法

行为引导教学来源于双元制教育。双元制是德国职业培训的著名模式,双元制教育中的双元指理论—实践、学校—企业、教师—学生、思考—动手结合的模式。在双元制职业培训模式中,"教师—学生"的结合是行为引导教学法的关键。所谓行为引导是指在教学过程中培训目标要立足于受训者思维方式的培训,使培训者具有为解决一切技术问题或达到某一确定的目标而自觉采取行动和思维的能力,并且以受训者为中心(受训者为主角),使受训者发展各种能力并掌握专业技能。行为引导关键在两个方面:一是培训者的行为模式的改变;二是受训者的行为模式的转变。培训者的行为模式转变指培训者必须改变过去的专一备课和授课的模式,实现培训者和受训者共同备课、授课,受训者变成了主角,而培训者成了配角,成了课题的主持人,成了一个课题的组织者。受训者行为模式的转变指受训者由过去的听、学变成了授课过程中的主角。受训者通过独立收集信息、独立制作工作计划、独立完成制作、独立做出评估等活动,达到职业工作中所需的个人行为能力培养。行为引导实行的最大困难在培训老师,老师为了达到这一要求事先要设计出多种方案,并及时对受训者的操作过程加以引导,调动受训者的思维,达到双元受益的目的。在实训过程中,培训者必须不断地予以组织引导,不断地提出一些启发性问题,引导受训者思考分析,或者为受训者设置故障,让受训者找出问题、分析问题、解决问题。在行为引导式教学中,培训者还应注意引导受训者培养质量意识、效益意识、安全意识、责任意识、时间意识、协作意识和独立操作意识等。

(4)一体化教学法

一体化教学是近年来职业教育推行的基本教学方法,采用的是教与学一体的实训方式,旨在提高受训者的综合素质。一体化教学法具体说来就是充分利用现代教育技术,把理论、实训教学内容一体化设置,讲课、听课与实际操作教学形式一体化实施,教室与实训场地(车间)等教学条件一体化配置,知识、技能与素质等职业要求一体化训练,将课堂搬到实际操作室,理论教学与实际操作融为一体。一体化教学采用多种教学方法并且互相配合、灵活运用以使受训者听懂、学会、会用,产生学习的兴趣。在一体化教学实践中,一般先要做好教学设计。一体化教学的教学设计模式有:确定教学目标、进行教学分析、知识起点分析、编写具体操作目标、确定项目达标参考标准、确定教学策略、选择教学材料进行形成性评价、修正教学等。一体化的教学过程以受训者为中心开展。

3.实训车间的管理方法

实训车间的管理既要保证教学的正常运行,又要用企业化的管理办法,使实训变成生产,使学生的练习作品成为产品,使消耗型实训成为生产型实训,这是实训基地应该逐步做到的,也是实训具有生产性的主要检验标准。

(1)岗位责任法

实训生产必须有岗位职责,训者有其位,有位者有其责,有岗者有其责。岗位职责要根据专业(工种)而定,根据实训的内容而定(个别实训因内容不同,实训的方式也不同),还要根据受训者而定。岗位职责带有普遍性的,到岗者都必须遵守;岗位职责也有因受训者个体不同而设定的具体规则。岗位职责以人为本,遵循生产规律,科学设岗,科学管理,以生产实战要求为要求。

（2）质量定额法

生产型实训,既要使受训者学到技术、技能,又必须保证实训生产的质量,保证在单位时间内完成生产定额。生产定额指在单位时间内必须完成产品生产的规定数额。完成规定数额,又必须保证生产质量。

（3）多劳多得、按劳取酬的分配办法

既然实训用企业化管理,受训者实现职工化,那么实训车间必须实行企业多劳多得的分配办法。受训者在完成定额保证质量的前提下,可以实行按劳取酬的办法,以此调动实训职工的积极性。由于受训者与正式员工有区别,分配原则的执行力度可以由实训管理者调控。

（4）实训车间与班级结合的方法

对于学校的实训教学来说,必须把原始班级与实训的班级相结合,把原来未参与实训的班级融入实训的班级,使两者结合,发挥受训者组织的凝聚和协调作用。

（二）模拟生产的实际应用性

技能是实训教学的生命线,实训基地科学建设就是为了培养社会所需求的技能人才。培养技能人才,必须注意坚持实训的模拟生产性和训练的实际应用性原则。

1.技能培训要注意区别性

所谓区别,是指实训培训中要注意区别不同层面、不同系列、不同专业（工种）,有针对性地进行培训。

（1）区别不同的实训培训层面

在实训培训的现实中,培训者、受训者、技能等都有不同的层面。从培训者角度分析,实训基地有不同的层面,有公共实训基地、学校实训基地、校企合作实训基地和企业、行业实训基地等;从受训者的角度分析,有在校学生、在职职工、下岗人员、公务员以及社会人员等;从培训形式的角度分析,有长期培训、短期培训等;从就业的角度分析,有就业培训、再就业培训和生活爱好培训等;从技能的角度分析,有中级工、高级工、技师、高级技师、工程师层面的培训等;从现实需求的角度分析,有证书培训和技能应会培训等。实训基地要根据不同的层面,合理安排好实训培训,以满足不同层面的要求。

(2)区别实训培训的不同系列

所谓系列,是指培训机构所属不同的上下构成。中国实训具有不同系列,颇具中国特色。从大的方面来讲,中国的职业教育就具有两个不同系列:一个属于教育职能部门管理的教育系列;另一个属于人力资源和社会保障职能部门管理的人社系列。在单一的系统中,人社部门有自己的实训和培训鉴定机构,人社部门所属的学校也有实训和培训鉴定机构,这种重复设置的培训部门和机构造成了人、财、物的不平衡,其根本原因还在于经济利益的驱动。从实训基地的性质情况来看,又可以分为公办实训系列和民办实训系列等。

2. 技能培训要注意技巧性方法

所谓技巧,是指在培训过程以及以后的工作过程中,受训者在工艺、操作和知识技术运用中表现出来的巧妙技能。我国民间的不少绝活都带有技巧性。技能操作中如果技巧运用得好,那么,受训者不仅可以顺利掌握技能特性,而且可以收到意想不到的职业岗位效果。

(1)注意技巧的钻研性

所谓技巧的钻研,是指受训者在受训和以后的工作过程中潜心研究,不仅掌握了关键技能,而且在掌握和运用技能中有所创造。对于学校的受训者来讲,最好是专业不细分,多学以达到基础扎实;在专业学习时,要学到专业技术技能的精髓,把握要领;在实际训练中,既要达到鉴定的要求,又要与自己所在的企业技术技能相对接,掌握运用好技巧。

(2)注意技巧的悟性

所谓技巧的悟性,是指受训者在实习实训和实际操作中对技术技能的领会能力。悟性又被称为技巧的智慧性。具有悟性的受训者个体会以自己的感觉在技能操作过程中及时对技能进行辨析、判断和领会,并在悟中有所创造。技巧的悟性是因人而异的,不同的个体具有不同的悟性。悟性本身是不可传授的,因个体领会能力而表现出来。技术技能的绝活往往是因个体的悟性不同而使传授和继承有很大区别,其传承结果也就有了差异。

(3)注意技巧的灵感性

所谓灵感,是指受训者在技能掌握中因自己学习、实践、积累而产生的富有创造性的思路。实训在不同专业（工种）和不同的受训者个体中所显示的灵感结果不会相同。要创造受训者受训过程中产生灵感的氛围，要鼓励受训者在技术操作中产生灵感。实训培训中个体的灵感既因受训者个体而异，也因培训体制而异。我国的培训乃至教育体制已不能够满足人们创新创造的需求。

3. 技能培训要注意手脑结合

实训本身就是一种手脑结合的训练，实训中注意手要动、脑要灵、心要钻、劲要下，使手脑实现最佳配合，获得实训最好的效果。

（1）脑想是手动的前提

实训教学，要把专业理论学好，使受训者自己具备动手的条件。在老师实际操作演示之后，受训者必须用脑去思考，思考老师演示讲解的程序、重点、难点、注意事项，并把这些思考应用在自己动手操作的过程中。

（2）手动是脑想的结果

实训教学中，受训者如何动手操作，全是受训者个体根据自己在学习中的领会，按照老师所教的规范进行。受训者要用自己所学的理论引导自己去操作。动脑，除了实训中把理论用于指导动手之外，还必须注意自我经验的总结和积累，在实训中多思考、勤思考、善运用，使手、脑更好地配合。

（3）手脑结合的培训要注意个体差异性

任何培训学习都应因人而异。个体差异指受训者在思维方式、做人原则、接受能力、知识基础、学习和生活环境等方面的差别。培训者要注意受训者的差别，针对不同的受训者个体进行培训。尽管区别和明确差异比较难，但我们还是要提倡实训因人而异，对感悟和掌握技能慢的受训者给以特别关照。

（三）生产性教学的互启性

所谓互启，是指实训教育中理论与实践、思考与动手、受训者间互相切磋、老师与受训者互动等方法的运用。生产性教学说到底还是教学方式的一种，与企业的正式生产仍有区别，在这种仿真生产实训中的互启非常有必要。

1. 教要注意启发性

教师要以自身的学识、智慧、人格启发学生成人、成才。

（1）明教原则

所谓明教，是指教师在实训教学中自己要明白教什么，让受训者学什么,受训者的职业走向是什么。教书育人,要求所有实训教师必须明教。明教要求教师要有培训计划,有实训中间的考查和小结,有实训结束时的考核和总结,要教给受训者应该学到的东西。只有师傅真明,徒弟才能不拙。

（2）精教原则

所谓精教,是指教师在实训教学中把技术技能要领传授到位。精教不仅要求教者有真技能、真技术,有拿手的本领,还要求教者能够用科学的方法把真技能、真技术教给学生。实训教学有不同的方法,教育应该互相比较,选取最适合的方法传授。

（3）熟教原则

所谓熟教,是指教师在实训教学中熟悉实训教学的情况,熟练地把技术和技能教给受训者。熟教不仅要求教者有经验、有本领,还要求教者了解受训者,对受训者的情况熟悉。熟教还包括教者熟悉教学内容、实训要求和实训环境等。

（4）启教原则

实训教师是技术技能的高手,教师所教的专业（工种）是相同或相通的。有些教师虽然专业（工种）不相同,但培训的模式和方法是相通的。正是由于这种教学中的相同或相通,所以实训基地教师之间应该加强交流、互相学习、互相提高。教师之间的互启作用有时比教师自我学习的功效要高得多。启教还包括了教师对受训者的启发性教学等。

2.学要做到互启性

所谓学的互启,是指受训者之间、不同受训模块之间技能学习方面的互相启发。在实训基地的技能训练和职业培训中,不同受训者、不同教师、不同模块教学之间的互启非常重要,这些互启能够帮助学生长学问、有进步,能够让教师教得更精,学生学得更明。

（1）做中启

做指实际操作,实训中的操作是学习的主要形式,一切实训都是在做中完成的。培训者和受训者按照实训要求进行实训的实际操作,在操作中发现问题、解决问题,在操作中把理论应用于实践,在操作中实现理论—实践—理论的升华。做中互启重点在于受训者之间可以互相启发,以尽快掌握操作的本领,学到技术技能。

（2）问中启

问指在实训学习过程中对问题和实训难题的请教。对于受训者来说，问是有学问的，问的问题一定是受训者自己反复琢磨、研究之后发现自己不能解决的问题。对受训者来讲，在实训中问是必然的、正常的，问才能获得指导。而培训者在被问中也可以发现问题，诸如普遍提出的问题，要么是难点，要么是教师在讲课中没有讲清楚。对于受训者来讲，问还可以向自己的同学问。受训者之间的问，同样可以实现互启，即在问和被问中实现对某些问题的思考。对于培训者来讲，同样也可以对某些问题进行探讨。

（3）助中启

助指在实训过程中，一个小组的成员在模块或课题实训中互相帮助。在同一个实训小组中训练，大家可能会遇到同样的问题，为了防止实训中同一问题的反复出现，助是必要的。另外，每个人的悟性不同，对于悟性高的人来讲，帮助他人解决实训难题是应当的。对于培训者来讲，有时两位教师负责同一课题、同一模块，在教学中互相帮助受训者解决问题也是应当的。

二、实训基地的职业性教育

对主办者来讲，实训基地的建设和使用是为社会培训技能人才，使技能人才能够找到合适的职业；对受训者来讲，实训是为了学一门技能，使其能够顺利就业，即找到合适的职业。职业原则应是实训基地建设和使用的基本原则。

（一）实训基地的职业定向教育

实训基地教育有主客体之分，主体为受训者，客体为培训者和培训机构。实训基地是为就业服务的，实训基地建设和管理就是以职业就业为导向。实训基地的教育和培训必须引导职业就业的主体在培训学习的过程中确定职业目标，并据此制订职业计划等。在实训过程中一定要注意实训主体的职业定向，并以职业定向为核心进行实际职业训练。

1. 确立受训者的职业目标

职业用通俗的话说是指饭碗，每一个有职业能力的人都希望自己的职业既体面又收入高，这是职业者求职的原因。不少人并不满意自己的职业或者职业中的某个职位。实训基地和高职院校必须在训练教育中帮助受训者确立较为理想的职业目标。选择职业目标要实事求是，要量力而行。受训者在实训之初已对自己的职业有所选择，在实训中要注意引导受训者根据自己的职业能力,确定职业目标。受训者在选择职业目标时既不能好高骛远,也不能鼠目寸光,而必须坚持科学的原则、实事求是的原则、留有余地的原则和调整的原则。

2.确立职业计划

所谓职业计划,是指职业人在确定职业目标之后设计的有关自己职业发展的具体内容和步骤。受训者在受训项目选择时已初步选择了职业方向,因而也就有了初步的职业计划。初步的职业计划会在实训基地的训练中不断得到巩固和加强。实训基地要注意帮助受训者巩固职业目标、设立职业计划。职业计划要根据职业目标而定,要做到有步骤、有内容、有时间安排、有计划方案,有时间的保障、经费的供给、家庭的许可等条件。职业计划性原则包括了步骤性、时间性、条件性、保障性等具体原则。

3.选择职业受训机构

职业受训选择,是指受训者对培训机构的选择。选择受训机构要注意喜好性,即有自己想学的专业;要注意社会影响性,即注意受训机构的声誉;要注意发展性,即该职业将来有无发展余地等。

4.定向专业(工种)

所谓定向专业(工种),是指在受训者确定自己的职业之后进行的职业初步定向。职业与专业(工种)是有区别的。专业(工种)定向一般是在职业选择之后才确定的,专业是职业的具体化,是职业概念的延伸。

(二)实训基地的职业素质教育

实训基地的培训不仅仅培训技能,还要培养和提升受训者的职业素质。实训基地的科学建设包括了科学地培训受训者。受训者职业素质教育主要包括了认知性教育、情感性教育、思维性教育、心灵性教育、就业性教育等。

1.认知性教育

认知性教育也被教育者称为认知的停靠点。所谓认知的停靠点,是指认知在受训者的头脑及行为中的停靠之地。认知停靠的结果就是实实在在的操作技能。实训既是对理论的认知,也是对技能操作的认知,还是对自己未来职业的认知。认知往往又是以思想的方式存在于人们的记忆中。

2.情感性教育

情感性教育也被称为情感的激发点。情感性教育指实训基地通过引导和教育激励唤醒人们学习职业技能和职业知识的心向。情感性教育主要展现在培训者对受训者的关爱上。作为培训者，老师要爱生、爱教，用自己发自内心的热情去鼓舞、激励、唤醒受训者学习技能的心向和热情。培训者还要把实训设备、教材、教具转化为潜在意义上的情境，以使受训者在自然而然中掌握技能。对于受训者，培训者要用热情和真爱去鼓舞他们，引领他们学习技能，热爱技能，选取较为理想的职业。培训者要帮助受训者把学习技能和就业的压力变为动力，尽快熟练地掌握职业技能。人没有压力是不会进步的。就业压力在实训基地引导下会成为引导人们掌握技能、本领和寻求就业的动力。

3. 思维性教育

思维性教育也被称为思维的展开点。思维性教育指在实训中通过激活学习者的思想活动，通过手脑并用式的结合、互动而有新的理解、收获。任何形式的学习，如果没有思维，便不会理解，也不会掌握。当然，思维的结果便会产生思想。在实训学习中，虽然以动手为主，但展开思维非常重要。培训者要用各种方法引导学生展开自己的思维，通过设置各种问题情境，吸引受训者充分参加教学活动。要让受训者充分暴露学习过程中的困难、障碍、错误、疑问等，以便引导和解决。在实训中，要发现受训者身上的闪光点，多加鼓励和肯定。要在培训中引发受训者学习技能的兴趣。有了兴趣便有了兴奋点，思维性教育的程度就会加深。

4. 心灵性教育

心灵性教育也称心灵的交流点。实训教学是心灵与心灵的沟通，灵魂与灵魂的交融。心灵性教育指培训者与受训者、受训者与受训者在实训过程中心理、情绪等方面动态的交际过程。实训，需要指导、求教和感悟，这些都需要师生乃至生生之间心灵的交流和沟通。作为培训者，要注意受训者的特长、爱好、脾气、性格、家庭境遇等，以便寻找到心灵上的共鸣点。

5. 就业性教育

就业性教育也称专业职业的归宿点。就业性教育指受训者通过实训而实现就业。实训的内容应与受训者未来的职业相同或相通。培训的目的是让受训者掌握技能，顺利地上岗就业，这是实训主体职业素质教育的根本点和归宿点，是实训教育的根本目的。

(三)实训客体的职业保障原则

所谓职业保障,就是就业保障,就是使实训的受训者学到技能,顺利就业。这里所说的客体,是指实训培训方以及政府的相关部门。实训基地的客体是一个复杂的客体层面,包括了人、财、物以及政策、服务等层面。实训客体的职业性是通过服务和保障来体现的。

1. 服务原则

所谓服务,是指政府相关的职能部门、实训基地的主管部门为受训者学习就业服务,其中包括了政府为实训基地建设的服务。服务包括政策服务,即包括法律、法规、决定等。政策既是规范,又是服务。服务包括了管理服务。管理服务指用科学的方法管理实训基地,扶持实训基地,推动校企合作,推动实训基地的内涵建设和产业化管理、企业化管理。服务包括就业服务。实训基地除了让受训者得到就业技能之外,还必须从更深层次为就业创造条件,包括发展区域经济为受训者提供就业岗位,授予受训者一定的资格证书,为受训者提供相应的创业条件等。

2. 授业原则

所谓授业,就是传授给受训者可以就业的技能。区域经济需要什么样的技能人才,什么样的技能人才可以就业,实训基地最为了解。要把有利于就业的技能传授给受训者,要使受训者都能就业。对于受训者中"个类"人物,指文化差、动手强的受训者,要因人而异,因材施教,使无业者有业,使有业者精业,使精业者创业。

3. 保障原则

所谓保障,是指客体对实训资源、受训者的受训条件、就业等方面的保护、保证、维护等。保障原则主要体现在实训资源的保障、受训者助学的保障、就业创业的保障等方面。由于职业教育长期处于被冷落的状态,实训基地建设的投入和发展也只是近些年才被重视的。保障首先是实训基地办学资源的保障,然后是助学保障。助学保障主要体现在费用减免和资助方面。此外,保障还体现在就业保障方面。对于民众来说,就业是第一位的,就业才有经济收入,才有生存的基础。

第六章　新时代高职产业学院师资队伍建设

第一节　产业学院师资队伍建设概述

现代产业学院的建设需要高职院校探索建立管理机制、完善质量监控体系、解决师资紧缺、建立资源共享机制。其中,建设适应区域经济发展的现代产业学院"双师型"团队是落实职业教育"服务国家现代化、助力区域发展新动能、支撑行业走向产业中高端"历史使命的重要抓手,也是产业学院作为新生事物必须认真研究解决的建设难题。

一、高职院校"双师型"教师队伍建设的意义

(一)"双师型"教学团队建设有利于高职教育内涵式发展

人才培养,关键在教师。教师队伍素质直接决定着大学办学能力和水平。建设社会主义现代化强国,需要一大批各方面各领域的优秀人才。这对我们教师队伍的能力和水平提出了新的更高的要求。对以就业为导向的职业教育,高水平"双师型"教学团队建设是新时代职业教育内涵式发展的重要内容,是提升高职院校人才培养质量的关键。"双师型"教师是高职教育的直接参与者、实施者和研究者,而高职教育侧重培养高端技能型人才,这取决于每名教师的业务能力。"双师型"教师是提高高职教育教学质量的关键,是增强高职院校竞争力的核心,是落实职业教育"服务国家现代化、助力区域发展新动能、支撑行业走向产业中高端"历史使命的重要抓手。

(二)"双师型"教师团队建设有利于解决高职院校师资紧张问题

职业教育定位于为经济建设一线培养高素质技术技能型人才,需要一支有扎实专业知识、丰富实践经验的"专兼结合"的"双师型"教师队伍,分工合作共同完成知识传授、技能提升。高职院校稳定的高水平兼职教师队伍,通过建立兼职教师师资库、提高待遇、搭建沟通交流平台等吸引兼职教师加入,增加企业生产实践和业务经营一线的技术骨干和工程师比例,通过适当的教学方法、教育心理的培训,提高兼职教师教学水平,增强学生的实践动手能力。

(三)"双师型"教师团队建设有利于职业教育人才培养质量提升

在高职院校中建设一支"双师型"教师队伍,其成员主要是落实制订理论与实践相结合的教学计划、编写理论与实践相结合的教材、实施理论联系实践的教学、开展产学研相结合、培养学生克服重理论轻实践的陈腐观念、树立重实践的观念和勇于实践的精神、承担专业理论课和实训课教学任务的任课教师。"双师型"教师坚持理论与实践教学的紧密结合,坚持德育与技能教学的紧密结合,培养德智体美劳全面发展的学生,是培养高素质技能型人才不可或缺的重要内容。通过探索现代产业学院高水平"双师型"团队建设途径和策略,增强产业学院的教学、管理水平和综合治理能力,是实现"扩容、提质、强服务"的总要求,是提升人才培养质量的不竭动力,也是实现产业学院更高质量发展的必经之路。

(四)从传统合作伙伴变为新型"发展共同体"

产业学院是培养现代产业应用型、复合型、创新型人才,以地方高职院校为重点,以服务区域经济发展为牵引,多主体共建共管共享的办学模式。以产业学院专业或学科为载体,利用校企共建的产、学、研优势,形成典型的"企向校"资源转化模式,如实现校企双方资源共享,建设校企合作师资队伍。要想加快产业学院内涵式发展和提升人才培养水平,必须主动与合作企业取得联系,为产业学院教师提供实践锻炼的机会,倡导"双导师"模式,推动从单一专业到专业群再到产业学院的"三进阶",发挥学科到课程全链条补强功能,为培养复合型人才"立柱架梁"。

在"企向校"资源转化模式中,通过教师在企业的学习获得企业对人才需求的信息,为企业能在市场竞争中占有一席之地,赋予企业方人才订单培养、科技人才支撑、企业成长方案设计等教育红利,合力增强企业的社会服务功能并促进产业学院的产教融合发展。

(五)优化教师授课结构,深化教法创新

产业学院作为向应用型转型的新型办学机构,前提是必须建立学有所长、术有专攻的一支结构合理、数量充足和素质优良的教学团队,为培养应用型人才做保障,才能有效组织和开展教学。产业学院实务课程由"企 +

校"共同授课,专业选修实践课由企业方授课,开展案例式、项目式、翻转式教学,形成激、导、放、收"多维互动式"教法。通过教师全身心投入教学实践改革,全方位提升学生竞争能力,真正实现"教学相长"。同时,产业学院在推进服务区域产业发展中,更要注重建设具有无私奉献精神、专业素养过硬的师资队伍,才能实现可持续发展。

(六)助推地方经济发展,提高产业学院竞争力

要发展区域经济,就必须加强师资队伍建设,科技创新和人才培养的关键是充分认识到教师在人才培养中的决定性意义。围绕产业学院办学定位和发展需求,师资队伍建设是关键。新时代对教师队伍建设提出了更高要求,必须确保教师队伍建设优先发展。产业学院面临着人才培养同质同构及人才专业能力、就业能力、创新能力"三大能力"不强的问题,要解决这一问题,师资队伍建设是根本。提升人才培养质量,才能增强产业学院的核心竞争力。

二、现代产业学院"双师型"教师队伍特征

现代产业学院的诞生是职业教育和产业发展相融合的结果。它是以提升高职院校服务特定产业能力为目标,融合高职院校、政府、行业和企业资源,建立以应用型人才培养为主,兼有学生创业就业、技术创新、科技服务、继续教育等多功能、多主体深度融合的新型实体性办学机构。多元化的办学主体和其独特的管理体系,使得产业学院"双师型"教师队伍具有以下特征。

(一)多元化

现代产业学院是校企深度合作的产物,被定位为合作高职院校的教学科研与社会服务基地、"双师型"教师培训基地、学生实习实训与创新创业基地,是教师授知识、学生练本领的实践阵地,同时还是校企双方的品牌辐射重镇。这就要求现代产业学院的师资队伍具有更强的产业技能性和专业实践性,使得包括行业企业的在职员工、产业领域的专业人士和社会各界的专家学者大量补充进师资队伍,丰富产业学院师资队伍的结构。

(二)流动性

受现代产业学院师资来源多元化的影响,加上产业学院的运行主要围绕校企合作项目和任务开展,会因为完成阶段性项目和任务根据"人岗相适"原则有针对性地组合教师团队,使得产业学院教师尤其是兼职教师队伍存在明显的流动性。

(三)双重角色

现代产业学院师资队伍建设是在校企合作、产教融合基础上的新探索和新实践,要求"双师型"教师有教学与顶岗双重角色。教学与顶岗的角色转换要求产业学院的教师既要具有高职院校教师资格,又要具有从事相关行业的工作经历或职业资格;既要充当课堂理论教学者的角色,又是行业企业顶岗者的角色;既能作为"教书人"驾驭课堂履行教师职责,又能以"企业人"的责任感为顶岗企业创造价值。

(四)创新实践性

现代产业学院对"双师型"教师不断提出新要求:不仅要具备教育教学能力、专业实操能力、科研创新能力,还要及时更新掌握所属行业在生产、经营、技术、管理、服务等方面的最新发展趋势;既要有课堂教学的系统理论基础,又要有实践教学的岗位操作能力;既要具备引导学生参与实践的创新思维和教学创新能力,还要具备开设创业实践课程的专业实操技能和创业精神。

三、产业学院教师队伍的组成和特点

(一)产业学院教师队伍的组成

产业学院教师团队由校企双方共同组建,包括企业研究员、高级工程师、高级管理人员及高职院校优秀教师,形成了知识结构多样化、双师双能的教师队伍,为对接产业的先进工艺和先进技术提供保证。教师团队由以下几部分组成。

第一,专家聘任。通过专业共建,学校聘请企业相关专家为学校客座教授,为学校教师、学生开展新技术讲座、技能培训等学术活动。根据省内经济建设需求和最新技术研究成果,结合学校实际情况,专家参与学校相关专业人才培养方案修订等教学改革环节。

第二,教师聘任。企业技术人员和学校专业教师优势互补,构建合理的教师团队,将实际工程应用需求的各种技术通过新技术讲座、实验课程、实训课程形式传授给学生。学生在课程设计、毕业设计等教学环节中结合工程实际需求的课题比例有所增加,设计水平也逐年提高。

第三,校企共同组建管理队伍。针对产业学院的特点,组建校企共同参与的管理教师队伍,落实教学方案,落实教学计划,定期召开会议,提升产业学院的管理水平,促进培养方案的落实。

(二)产业学院教师的队伍特点

产业学院师资共建教师由两部分组成,一部分是企业来源的教师,一部分是学校自有教师,两部分教师各有鲜明的特点。

企业来源的教师具有较强的工程实践能力,具有较好的职业修养和职业规范,掌握产业最先进的知识技能,时刻走在产业需求发展的前沿,对学生技能提升和思维创新有非常好的引领作用。同时,他们通过实践和科研拥有鲜活的工程案例,会让学生对专业产生清晰的印象,有利于学生树立明确的奋斗目标,提高学生学习知识、解决问题的能力。

近几年的教学中,企业专家将自己的科研项目、新的科研成果、行业的最新动态带入教室,用生产中的真实案例作为教学资源,用简洁的语言传授实践的成果,将难以理解的理论简单化,极大地提高了学生的学习积极性,也充分体现了企业专家的职业特点,让学生感受到所学知识在生产中的实际应用。

四、产业学院教师的能力需求

(一)坚守高职院校教师的职业道德

无论教师来源于企业还是学校,都要做到"师者,所以传道受业解惑也"。以身为范,弘扬正能量,将课程思政融入教学实践的全过程,将大国工匠精神融入课程,将专业学习与国家发展紧密相连,做到以德立身,以身立教,无论教师来自企业还是高职院校都要做到这一点。

(二)具有前沿知识,了解行业动态

产业学院的建设目的就是更好地将企业、科研院所的行业前沿与学校教育有机融合,用新工科的思维,推进专业建设,解决学校教育不能满足行业发展需求或滞后于行业发展的问题。因此,所有产业学院的教师都要与时俱进,用最新的技术、最前沿的知识指导学生。

(三)能够运用新技术解决教与学的问题

根据人才培养的目标,结合产业学院课程的特点,要具备不断学习和创新教学方法的能力,让新技术、新材料、新方法不断地应用于教学,要求教师

熟悉企业不断进步的工程模式和案例,深入地研究和思考,并将其应用于自己的理论和实践教学中。

(四)具备解决工程问题的能力

产业学院建设要实现企业和学校优势资源的整合,达到"产、学、研、用"的协调。高职院校教师与企业教师一起开展科研项目,共同进行项目实践,解决项目问题。只有教师不断研究和解决行业中的工程问题,才能更好地保证传授学生知识的实用性。

五、产业学院教师队伍的建设和培养

教师是产业学院建设的关键要素,组建适合产业学院人才培养的教师队伍,是现代产业学院建设面临的主要问题。教师队伍的建设要为产业学院人才培养的目标服务,要满足人才培养的能力需求。下面以现代焊接产业学院为例说明教师队伍组建的过程和培养的模式。

第一,根据人才培养定位,学校和企业选择优秀的教师和企业专家共同组成教师队伍,根据教师和企业专家的能力特点组成教学团队并明确教学的内容,共同学习和探讨人才培养的方式和方法。以一门课程为例,我们会组建由校内自有教师和企业教师组成的教学团队,团队成员间相互学习,发挥所长,使得课程的内容和教学方法不断更新,既提升了本校教师的应用能力,也能解决企业教师没有教学经验的问题。

第二,聘请资深的专家处理专业建设中学生能力培养的问题,把控人才培养的质量,明确教师队伍的工作目标。产业学院建立教学指导委员会,委员会的成员来自企业和学校的教授和专家,定期举行会议研讨人才培养质量,同时针对专业技术为学生举办讲座,极大地保证了教学质量。

第三,实行学校自有教师到企业挂职历练与企业共同进行科研项目开发,促进教师与行业密切接触,提高教师解决实际工程项目问题的能力,同时为教师在教学中提供丰富的实践案例,解决其没有工程实践经验的问题。依托学校和企业合作的优势,每年学校会选派优秀的教师到企业定岗历练,参加企业的课题和生产,协助企业解决问题,同时也提高其解决实际问题的能力,更好地应用于人才的培养。

第四,对于企业参与教学的专家和高级技能型教师,产业学院也充分发挥其工程能力优势,将企业教师专业技能有效应用于教学。产业学院实行

双师制度,每门课程有两位老师进行讲授,一名来自企业一名来自高职院校,实现相互学习、优势互补,极大地促进了教师能力的提升和教学模式的创新。

第五,改变授课环境,提高教师的教学能力。产业学院定期组织学生进入研究院学习,学校教师到企业为学生授课,同时企业专家也定期到学校为学生授课,不同环境的变化极大地促进了教师的自我约束和教学能力的提高。

第六,教师实行产业学院聘任制度。企业教师进入产业学院,学校需要对其进行严格的考核,对通过考核的教师进行聘任,并且发放聘任书。

第七,产业学院教师与企业教师通过联合申请项目、完成项目来促进自身能力的提升。学校焊接专业教师积极参加焊接行业、中国焊接协会、中国焊接协会职业教育委员会的工作,并参与国家焊接行业标准的编制工作,共同申请国家第二批新工科项目,为行业提供服务的同时促进自身能力的提高。

第二节 "双师型"教师团队建设策略及路径

一、树立正确的"双师型"教师团队建设理念

(一)树立团队管理理念

团队管理理念是在团队管理的过程中所形成的一种思想认识。"双师型"教学团队的管理是参考人力资源中的团队管理理论来进行的。所以在进行"双师型"教学团队的管理时,要树立团队管理的理念,根据学院的自身特点,借鉴其他团队的管理经验,从思想上提高团队的认识,把团队管理理念与团队的建设结合起来,形成有效管理。

人力资源管理是以行动、个人、全球及未来为导向的,其所涉及的职能已远远不止简单的档案管理、管家和记录工作。实施人力资源管理是实现师资队伍良性发展的重要管理手段。高职院校实施教师人力资源管理,可以革除普遍在大学施行的劳动人事管理存在的弊端。虽然劳动人事管理在大学已实行多年,已经越来越不能适应当代走入市场经济浪潮的高职院校。

通过实施人力资源管理,可逐步弥补之前人事管理带来的重引进轻培养,教师培训开发不够及时、周全,科研成果重数量轻质量,缺乏科学规范的教师业绩考核制度等缺陷,还可以建立有效的教师激励制度,改变之前重物质轻精神的管理模式。

在人力资源管理中,员工激励是保障管理有效进行并达到目标的必要手段。激励,可以定义为一个心理过程,这一过程调动并引导人们做出目标导向的行为。简单来说,人的某些需求可通过奖励来满足。奖励分为两种:①外在奖励,主要指物质奖励;②内在奖励,主要指精神鼓励、成就感和满足感。从形式上,激励主要分为外在激励和内在激励。外在激励主要体现在物质上,多通过规章制度、各类条例、考核评价、奖惩措施等手段实施,有较高的强制性。相比而言,内在激励则更强调精神鼓励,更重视给予员工成就感和满足感。但其奖惩的最终形式还是通过物质来体现。内在激励的最终目的是通过不断在物质和精神上同时给予激励,天长日久,影响员工心理,增强员工归属感。两种形式的激励,从发挥效果的时间上来看,外在激励较内在激励发挥效果更快,甚至会产生立竿见影的作用;从发挥效果的持续影响来看,内在激励能够通过较长时间的积淀,影响员工内心,一旦发生作用,则持续时间较长。且从人的需求心理来分析,人在得到最低生存保障后,精神需求将逐渐占据更为重要的地位。心理学教授马斯洛(Maslow)提出了需求层次理论。他将人的需求由低到高进行排列,依次为生理需求、安全需求、社交需求、尊重需求、自我实现需求。①生理需求:这是人类生存最基本的需求,其中涉及食物、衣服、住所以及舒适和自我保护。②安全需求:包括人身安全和情感安全,人们希望免受暴力和威胁。③社交需求:一旦最基本的生理需求和安全需求得到满足,人们便开始寻求社会生活,追求爱情、友情和情感。④尊重需求:当社交需求得到满足后,人们便开始关注诸如自尊心、地位、荣誉、赏识和自信等方面的需求。⑤自我实现需求:这是需求的最高层次,自我实现就是自我满足,充分发挥自己的潜能,成就自我。马斯洛指出从最基本需求到最高层次需求,每一层需求不是完全得到满足才能进入上一层需求,而是在一层需求得到一定程度满足后,即会寻求更高一层需求,而每一层需求在任何时候都不会完全得到满足,互为因果,会随着环境、时间等的改变发生相应变化。人对工作的满意与不满意由两种不同因素引起:一是保健因素,也就是较低层次的需求,如薪水、工作条件、人际关系等;二是激励因素,即较高层次需求,更偏向于精神层面的满足,如成就、认可、责任等。管理者首先应该消除不满意因素,确保工作条件、薪酬和管理制度都是合理的。在此基础上,再给员工创造一些发挥个人特长的机会,使员工获取成绩,享有成就感,实现自我成长,以此来激励员工。

美国心理学家奥尔德弗(Alderfer)提出了"生存—关系—成长"理论,简称 ERG 理论。ERG 理论与马斯洛的需求层次理论的内容相似,只是在层次划分上有所区别。除此之外,ERG 理论还提出了"愿望加强"律、"满足前进"律和"受挫同归"律来分别阐释各需求层次本身所包含的变化规律和层与层之间的转变规律。美国心理学家弗鲁姆(Froom)提出了期望理论,又称作"效价—手段—期望"理论。该理论可用公式表达为:激励力量 = 期望值 ×效价。期望值是根据个人的经验判断达到目标的把握程度;效价则是所能达到的目标对满足个人需要的价值。即公式表明个人的积极性被调动的大小取决于期望值与效价的乘积。使用期望理论来进行人力资源开发和教师的管理应注意以下几个问题:确立一个适合的目标,以帮助教师调整目标和期望;为帮助教师完成目标,要提供合适的工作环境和有利的工作条件;加强工作绩效管理,支付相应报酬,清楚地反映工作与绩效之间的关系,应明确奖金额度与发放办法;正确认识奖励报酬在教师心目中的效价。由于年龄、性别、社会地位、环境、自身修养、追求各不相同,即便在一个职业相同、工作性质相似的群体中,个人对活动目标与价值的认识也是不同的。同一种报酬,对不同的人引起的作用是不一样的,所体验到的效价也是不同的。有的人重视奖金,有的人重视名誉。因此,要将期望和效价两相结合,设定目标,将奖金与福利和教师个人的期望"需要"融合在一起。美国心理学家亚当斯(Adams)提出了公平理论,该理论指出组织成员的工作积极性不仅受报酬绝对值的影响,更受报酬相对值的影响。这里的相对值,是用自己的收入与投入的比率作为指标进行比较的。其比较来自两大类:一是纵向比较,即用自己现在的与自己过去的进行比较。这里又分为组织内自我比较与组织外自我比较。前者是指在统一组织内对自己的工作与待遇进行比较;后者是指自己在不同组织中前后工作与待遇进行比较。二是横向比较,即把自己的工作及报酬与同一时期其他人的工作报酬进行比较。这也分为组织内他比和组织外他比。前者指与本组织内其他人的工作及报酬进行比较;后者指与其他组织内的人进行比较。如果比较的结果大致相同,心理就会有公平感;如果存在差异,就有不公平的感觉。两种不同的影响,如果员工觉得公平,则将努力保持原来的承诺和热情;如果觉得不公平,就会产生压力,导致许多员工需要找到方法来对待这种不公平,以期达到自己理想的公平与合理。如:发牢骚,改变对工作投入的精力,自动降低工作积极性,降低工作质量,对组织提出加薪要求甚至跳槽,等等。当然,员工或会由于其他原因,可能会自动改变参照系,改变比较对象与标准,通过自我调整来达到新的平衡。对高职院校的教师施行一定的激励是必要的,但在实施激励措施之前,应注意到,教师是一个特别的群体。这样一个群体,对其所从事的工作,除了为获得最低生活需求外,更多的是一种精神追求。因此,针对这样一个群体,除了应给予足够的物质报酬外,更应该注重对其精神上的尊重与鼓励,使教师对正在从事的工作充满激情,对未来工作乃至职业生涯发展充满期待,师资队伍建设工作也就能自然而然地得到推进了。

(二)树立"以人为本"的教育理念

"以人为本"是21世纪以来人们提倡的重要管理理念,其理论来源是人本主义教育理论,主张在教育的过程中,把人放在首位,根据人本身的特性及差异,针对性地因材施教,充分挖掘人的潜力。在"双师型"教学团队的建设中,不管是对教师的教育还是对学生的管理,都要树立"以人为本"的教育理念。在教育培养中,要考虑教师的情况,推动教师发挥自己的潜力。在教学的过程中,要以学生的发展为重,挖掘学生的潜力,提高学生的综合水平。

马克思主义"以人民为本"思想对传统的以人为本思想是一种实质性的超越和革新,从而提升了以人为本理论的高度,扩大了它的适用范围,增强了它的指导意义。这种超越主要表现在:第一,强调人的社会性本质。人是作为类与个体而存在的,体现在人性上有普遍人性与具体人性。传统哲学家由于他们在社会历史观上的唯心主义认识论局限和阶级性局限,一般都只是强调普遍人性、一般人性,将人从社会关系中剥离开来,单独去考察"纯粹"的人,认为只有这样才能揭示出人自身的真正本质。马克思主义"以人民为本"思想与此不同,认为现实的人、具体的人,是处在一种社会关系中的人,这是人在区别于其他动物基础上人与人相区别的最本质的方面。人是自然存在物、社会存在物和精神存在物的统一体。作为现实的人、具体的人，我们必须从其所处的经济关系、政治关系、阶级关系、伦理关系、血缘关系、思想关系等各种社会关系中加以综合考察，才能揭示出人之为人的普遍本质。要解开"社会的现实的人"这个谜，就必须紧紧掌握"社会关系总和"这把钥匙，这是理解人及其本质的唯一正确的方法。传统以人为本思想所考察的人完全是抽象的人，只是作为生物个体的人，完全忽略了人生活于其中的现实世界和社会联系，它把"人"当作一种僵死的概念。马克思主义"以人民为本"思想考察现实的从事实际活动的人，考察制约着人的现实的、历史的和社会性的条件。马克思主义"以人民为本"思想的出发点是"现实的人"，因此，马克思主义认为，正是人类实践的深入在不断推动着人类社会的进步和科学的发展，人类才能不断地克服认识和改造自然与社会的盲目性，逐步地从必然性的束缚下解放出来，为人的自由与个性的发展创造充分条件，使人类从必然王国向自由王国飞跃。第二，人的发展问题。传统以人为本思想在探讨人的发展问题时，没有揭示人的全面发展的真正科学含义和规律。马克思主义"以人民为本"思想则以唯物史观为理论基础，以现实的、从事实际活动的人为出发点，科学界定人的本质，从而科学地阐明了人的全面而自由发展的含义及其规律，确立起马克思主义关于人的发展观。马克思主义认为，人的全面而自由发展是指人的全面发展和人的自由发展。人的全面发展是指人的本质的全面丰富和展示，是人对自身本质的全面占有，就是人的自由自觉的活动、活动能力以及社会关系发展的全面性和普遍性；人的自由发展是指联合起来的个人共同控制和支配他们的社会关系，共同驾驭外部世界对个人能力的实际发展所起的推动作用，从而使人得到自觉、自愿、自主的发展。

以人为本即以人为核心与根本，以促进人的全面发展为最终目的，是统一客体的自然属性和社会属性。高职院校的学生管理落实以人为本就要求学校更好地为学生服务，需要做到：①更加了解学生的性格特点，以便满足学生在学习和生活中的各种需求；②更多地关心、理解和引导学生；③确定学生主体地位，更好地自我管理；④换位思考，成为学生的良师益友；⑤解决学生学习生活遇到的困难，引导学生在解决问题的过程中得到能力的发展和锻炼。以人为本的学生管理模式更多"以学生为中心"，重视学生感受，给学生自治机会,以便更好地激发其自我管理能力,降低教师管理难度,提高管理水平。高职院校的学生管理活动,需要采用人本主义,人性化培养学生整体素质,通过参与式管理发现学生诉求,培养学生自治,在实践中培养学生发现问题、分析根本原因、提出解决方案的能力,最终达到提升学生综合素质的目的。以人为本的管理制度改革和创新推动了高职院校学生管理思维模式的发展,管理制度由"单向性"的学校制定,向学生参与的"双向性"转变,学生管理者的思维也从权利思维向服务思维转型。

(三)树立现代教育理论

教育是一个大系统,除了学校教育外,还有社会教育、家庭教育、自我教育。教育不仅是青少年、儿童的事,而且是每个人从生到死持续不断的过程。

现代教学观强调教与学的辩证统一,教学是师生之间交流信息的互动过程。教学不只是传授知识,它应使学生在认知、感情、动作技能三个方面都得到发展。教学应从传统的教学观改变为发展观,不能停留在封闭地传授知识技能上,而是强调在知识技能的基础上开发学生智力,强调开放式教学。只有使教师的主导作用和学生的主体作用都得到发挥,才能取得成功的教学。

学生既是教学的对象,又是学习活动的主体。在教学过程中,学生是主体和客体的统一。相对教师来说,他是客体;作为受教育者,他应按照教师的要求去学习知识、发展能力、培养品德、锻炼身体;从掌握知识来说,学生是主体,是学习的主人,应充分发挥自己的能动作用。

全日制学校、面授学校、实行班级授课制的学校,是正规学校;业余学校、远距离教学学校、实行个别化教学学校,也可以是正规学校。现代学校观打破了以往单一的、面对面的集体授课方式,而发展为个别化教学、小组交互学习和集体交互学习等各种教学组织形式的合理选择与结合使用。现代社会所需的人才是创造型、复合型的人才,不是模仿型、单一型的人才。这种人才的基本特征是:既全面发展,又有个性特长。传统的教育思想不能符合社会发展的要求,现代的教育思想要求教育彻底改变"学校即教育"的狭隘教育观,强调学习社会化、社会化学习的大教育观。应在现代教育教学思想的指导下,开发出满足现代教育思想要求的校园网教学资源,进而培养

163

出符合现代信息社会要求的创造型、复合型人才，以满足信息社会的要求。在现代教育理论中，行为主义学习理论，尤其是美国心理学家伯尔赫斯·弗雷德里克·斯金纳(Burrhus Frederic Skinner)的强化学说所提供的软件设计原则、交互环节和模式对计算机辅助教学的发展有着重要的贡献，对练习型、操作型和游戏型软件的设计具有较高的理论指导意义。然而，行为主义是在动物行为变化的基础上来解释人的学习，仅仅揭示了人类学习过程中的生理机制而忽视了人类学习的心理机制研究，远远不能揭示人类学习的复杂性和多面性。所以它在指导教学和软件设计方面存在着局限性。

认知学习理论认为，学习的产生是与环境相互作用的结果，而不是环境引起的行为反应。在教育软件设计中，人们开始注意学习者的内部心理过程，强调学习者的心理特征与认知规律：不再把学习看作是学习者对外部刺激被动地做出的适应性反应，而是把学习看作是学习者根据自己的态度、需要、兴趣、爱好，利用自己的原有认知结构，对当前外部刺激所提供的信息主动做出的、有选择的信息加工过程。认知学习理论提出的软件设计原则，对处理认知学习内容，尤其是概念和命题的学习给予了极大帮助。

建构主义学习理论是认知学习理论的一个分支。建构主义学习理论的基本观点认为，知识不是通过教师传授得到，而是学习者在一定的情境即社会文化背景下，借助其他人(包括教师和学习伙伴)的帮助，利用必要的学习资料，通过意义建构的方式而获得。由于个体的认知发展与学习过程密切相关，因此利用建构主义可以比较好地说明人类学习过程的认知规律。

从行为主义到建构主义经历了学习理论发展的若干阶段。当然，这并不意味着学习理论的发展完全是以后者替代前者。在各类教学实践中，无论哪一种学习理论都有一定的指导意义。对于基于校园网的网络资源建设，其目的是为教师和学生提供教与学的平台环境和资源，它既要让教师实现对学生的指导和管理，又要能够为学生的意义建构提供自主的或协作的环境，所以校园网教学资源建设主要应当以强调学习者内部认知发展的认知主义和建构主义理论为指导。

高等职业教育是高等教育的重要组成部分，也是未来高等教育一个转型的方向，经过几十年的发展，逐步形成现代办学理念、教学理念。但在实际的教学中，教师不能只依靠个人，而是要学会合作，发挥集体的优势。特别是非常注重实践性的职业教育,没有一项任务是可以由单个教师独立完成的,都需要集体的合作与协调才能够取得效果。比如:在教学团队中教师通过合作、交流,为共同的目标努力,肯定会比个人单独教学取得更为理想的效果。"双师型"教学团队就是为了实现这一目标而提出的团队建设理论,是新时期职业教育质量提高的根本保证。

二、"双师型"教师团队建设的策略

(一)完善"双师型"教师团队的运作模式,提高教师素质

随着高职教育改革的不断深入,高职院校面临着一系列的新问题,现有的一些成绩还不能解决学院存在的一些缺陷,如何使学院的教学更适应时代的发展,促进"双师型"教学团队建设还需要进一步探索。以团队建设与管理理论推动"双师型"教学团队高效运转:在原有"双师型"运作模式的基础上,运用团队建设与管理理论对"双师型"教学团队进行加强与创新,比如在团队建设中渗透团队精神与企业文化、激励理论、柔性管理理论,使"双师型"团队具有文化内涵,促进团队高效地运转,在教学中发挥巨大的作用。完善"双师型"教学团队"产学研"结构:通过校企合作、工学结合的方式,进一步完善"双师型"教学团队专兼结合、产学研结合的结构。校企合作、工学结合是高职院校为适应企业、行业的用人需求而推出的新的人才培养模式,职业技术学院要通过一系列的措施来保证"双师型"教学团队结构的科学化、合理化。

第一,制定教师到企业进行锻炼的制度。职业技术学院在人才培养的同时,有计划地把教师安排到企业中挂职锻炼,让教师熟悉企业生产与管理流程,提高他们的专业实践能力,积累企业实践经验,把握行业最新的发展动态,全面提高教师的实践素质。比如,学院的建筑设计专业的骨干教师与学科带头人应该每年有 2~3 个月的时间深入建筑工地现场进行锻炼,了解建筑设计行业发展的方向,并把这种方式形成制度。建筑设计专业的学生在进行"工学结合"的同时,教师也提高了自己的教学水平和实践能力。这种教学在一些职业学院进行了推广,取得了较好的效果。第二,对团队内的骨干教师进行"双师"素质的培训。为了提高高职院校的师资整体水平,我国在高职院校已经设立了很多骨干教师培训基地。对于参与培训的教师来说,通过在基地理论与实践相结合的学习,获得了素质与能力的提升。第

三,引入高技能人才。职业技术学院通过提高外聘教师的待遇、营造良好的教学环境等措施吸引了一批高素质技术人才参与到"双师型"教学团队当中,未来还要继续优化技能人才聘用模式,把行业中高水平、高技能的人才引入教师团队中来。这些人既有较扎实的专业技术能力,又有丰富的实践经验,他们成为"双师型"教学团队中的一员后,可以进一步提高"双师型"教学团队的实践水平,弥补专业教师存在的不足。第四,与企业实行共享,聘请企业、行业专家参与到"双师型"教学团队当中,实现"产学研"的结合。企业专家、科研机构的人员对行业非常了解,对新工艺、实践程序有较强的实践经验,因此高职院校可以通过建立校企"互通、互融、共建、共管"的长效机制,聘用一批来自企业的技术专家充实到团队当中,逐步实现以专业技能核心课程为主的授课机制,兼职教师的数量与专业教师的数量比例应该达到1:1。通过学校、企业和科研机构的合作与交流,形成三者紧密合作的关系,促进多方的共赢,打造一支稳定的"双师型"教师队伍。

(二)培养专业带头人,提高"双师型"教师团队建设的质量

高水平的团队必须要有领军人物,"双师型"教学团队要培养自己的学科带头人,在这些学科带头人的带领下,使"双师型"教学团队的质量得到不断提高。"双师型"教师不但要有较强的专业素质和企业实践经验,还要有一定的科研能力和管理能力。学校要选拔一批理论知识扎实、科研能力强、教学经验丰富的骨干教师进行重点培养,通过到企业培训、锻炼,掌握最新的行业技术与工艺,并在教学与实践中不断积累各方面的经验,使其成为一名合格的专业带头人。同时,学校方面一定要营造一个良好的成长环境,加强校企合作、工学结合、工教结合,完善"产学研"结合的培养模式,让更多的骨干教师到企业进行实践锻炼,提高"双师"素质。

(三)完善"双师型"教师团队管理制度

完善教学团队中的教师评聘制度。"双师型"教学团队的评聘要有一定的制度作为保证,这样才会使团队建设更加规范化。第一,要完善教师的准入制度。为了能够打造高素质的"双师型"教师团队,引入高素质的人才是必不可少的措施。但是,企业、行业高素质的人才一般缺少教学经验,不一定适应教学工作。为此,应该探索符合高职院校教育特点的教师准入制度,完善高职院校教师的准入制度。比如,引进人才除考察学历、职称的要求外,应增加企业工作经历或教育教学经历等,并通过实践考核环节,全方位地考核人才,确定是否符合"双师型"教学团队的要求。因此,高职院校需要一套严格的人才引入方案,除了要热爱高职教育、学历合格之外,还要有行业、企业一线的工作经验。而在人才引入之后,还要提高高技能人才的待遇,与专业教师一样,享受生活、科研上的补贴,使他们能够安心工作。第二,进一步完善骨干教师的选拔与培养制度。"双师型"骨干教师是教学团队的中坚力量,是教学团队的核心。"双师型"骨干教师的素质与水平反映出一个团队的素质与水平,因此,应该完善"双师型"骨干教师的选拔制度,让更多的年轻、有较强实践经验的人才进入"双师型"骨干教师队伍当中来。在"双师型"教师的培养方面,要选拔一批有潜力的教师到国内外一流高职院校进行进修与学习、访学、学术交流等,开阔他们的视野。通过加强与考核青年教师的教学改革和科研工作,提高他们的综合素质;还可以以老教师带新教师的方法,提高新教师的业务能力、专业水平和综合素质,促进"双师型"团队的综合能力的提高。

　　完善"双师型"教学团队的激励机制。激励机制在"双师型"教学团队的建设中具有重要作用,要通过创造良好的生活条件和工作环境来提高"双师型"教师的经济待遇与地位,想方设法留住人才。第一,完善分配机制。实行"按岗定薪、以绩定酬、优绩优酬"的人才方案,打破传统的按资格取酬的方式,让有能力、高水平的人才能够获得与之劳动相符的薪酬。同时,要把"双师型"教师与普通教师区分开来,和岗位、工作量、贡献度挂钩,实行更为科学合理的薪酬方案。通过实行竞聘上岗使教师能够竞聘到自己合适的岗位,发挥自己的才能。从高职院校的管理实践来看,一些院校的"双师型"教师并没有特别的待遇,这也就影响了"双师型"教师的工作热情,必须要对政策进行调整,改变这种不合理的现象,真正做到"按劳分配""按贡献分配"。第二,院校的其他政策也要向"双师型"教师倾斜。高职院校一定要摒弃平均主义的思想,在经费、福利、政策方面都要向"双师型"教师倾斜,让优秀的人才脱颖而出,做到一流人才一流业绩、一流待遇,从分配制度上激发"双师型"教师的积极性。比如:增加教师的科研机会,鼓励教师积极参与科研活动,提高科研能力。对于"双师型"教师,其科研分值要高于非"双师型"教师,提高他们参与科研活动的动力,最终提高团队整体的科研水平。

完善"双师型"教学团队的考核评价制度。在"双师型"教学团队的建设中,要完善"双师型"教师的绩效考核办法,完善和调整不同类别、不同层次教师的考核指标、权重,力求更为客观、科学地反映教师的工作业绩,对考核不合格的人员要淘汰出团队。第一,设计合理的"双师型"教学团队建设绩效考核指标权重。多数高职院校都采取多项指标综合考评的方式,对教师的业绩进行衡量,比如工作态度、专业调研、学生工作、科研工作、学习进修、技术服务、企业贡献等,根据各项的重要程度赋予一定的权重。但随着社会的发展和职业教育方向的变化,这些权重应该动态化,进行不断调整,使其更为客观公平地反映高职院校"双师型"教师团队建设的需求。比如,在当前情况下,培训、实践等工作就要赋予更高的权重,以此来带动教师不断提高的积极性。第二,制定合理的"双师型"教学团队建设的薪酬分配方案。在多数高职院校中,教师的薪酬一般分为固定工资、课时费、岗位津贴等。固定工资是国家按教师职称、教龄等进行发放的项目;课时费是根据教师上课的数量、职称进行计算;岗位津贴则根据教师的岗位性质来进行发放。岗位津贴是院校有权进行调整的一项,也是能够体现院校分配思想的一项。第三,提倡多元化的教学评价。除了通过多种考核方案对教师的业绩进行考核之外,更要重视教师素质在考核中的重要地位,以培养学生的质量来衡量教师素质具有很强的科学性。学院可以通过学生评价、教师自评、教师互评等一系列的考评方式,并对这些方式进行细化,合理分配各指标的权重,更全面地评价教师的教学能力和教学效果。

(四)增强"双师型"教师团队的战斗力和凝聚力

教学团队日常所承担的各类教学、科研任务,必须依靠团队的力量才能完成。所以团队的成员必须团结合作,充分发挥各人的特长,取长补短,相互合作。因此,增强"双师型"教学团队的战斗力和凝聚力,打造高效的教学团队非常重要。而高效团队的形成是一个长期的过程,包括学校的校风、学校的学风、教师的价值观、学校规章制度等多个方面的密切配合。为了进一步促进"双师型"教学团队的整体发展,高职院校应该根据自己的特色、特点与优势,从精神方面、文化方面、制度方面进行全面的提高,并借鉴企业品牌建设的相关经验,学习和借鉴先进的人才培养模式、先进的实训基地,建立自己的团队品牌。首先,应该为每位团队成员设置远景规划,让教师们意识到团队建设是为自己的未来着想,学院为其创造了良好的条件,应该主动地融入团队,增加对团队的认同感。其次,增设成员之间面对面沟通的机会,比如召开一些研讨会、教研会等,让每个人都有发表意见的机会。最后,让团队每个成员都明白,自己是团队中不可缺少的一部分,大家只有共同努力才能使团队建设取得更大的成绩。另外,团队之间的合作也是非常必要的,应该加强团队之间的交流与沟通,这样可以吸收和借鉴别的团队的先进经验,从而促进团队更好发展。

(五)完善团队监管运行制度,加强责任落实

首先,完善结构化教育教学创新队伍监管运行制度。按照分工合作、能力相互补充、动态组合的基本原则,建立业内权威、院校内名师、技术工匠优势互补的结构完善的师资队伍。树立矩阵式监管观念,实施队伍横向监管与教师个人发展纵向监管制度,运用教学队伍领军人负责制度,强化队伍负责人对广大成员业绩考核比重。为满足队伍建设与教师个性化及专业化成长的现实需要,健全队伍发展规划、服务制度和师资培训,引领师资队伍全体教师依照专业发展规划和具体目标,来实现个人发展与自我完善,从根本上加快师资队伍的建设和发展。

其次,加强工作责任制度的贯彻与落实。队伍建设部门按照师资队伍建设计划和实施方案,有序安排和落实相应的工作责任,将专业人才培育方案完善、课程标准制订、教学流程重新构建、课程结构再优化、学习监管与考评、板块化教学开展等多项工作内容进行科学拆解,按照教师所探索的方向和他们擅长的专业,基于分工合作的基本原则,将责任确立到每名教师身上,并签署责任保证书。依据定性与定量测评考核相融合、目标与过程考评相结合的基本原则,落实定期与非定期结合、年末验收和阶段性考评及项目终极评估相互结合的方式来进行全面考核。在此基础上,针对最终的考核结果,对整体表现不佳、能力不足以及尚未按时完成工作任务的教师提出严厉批评并给予警告处分,且适当调整他们的工作任务。而对于某些因实施能力不足而导致一些后果的有关项目,则需要负责人及时进行审查、核对与优化。

最后,完善教师品德和风气营造的长效制度。以立德树人、爱岗敬业、热爱学生为核心,以规范任职、教书育人为重点,进一步完善教师品德和风

气建设工作制度,大力培养有理想信念、有扎实理论基础、有仁爱之心、有道德情操的优秀教师。组建教职人员工作部门和教师德风建设委员工作小组,合理安排教师德风建设的各项工作。完善教师思政教育培训机制,健全教师入职前和在岗期间的培训体系。优化教师思政工作方式方法,构建教师政治学习体制化、常态化、专业化以及规范化机制,全面提高教师思政素养和师德水平。完善教师德风体制体系,健全教师从业道德规范等各类文件,将教师德风建设贯彻到教育教学监管的始终,纳入人才引入、人才引荐、职称考评等相关工作中。建立院校、师生、家长以及社会多方共同参与的教师德风监督机制与问责机制,积极打造一支政治立场坚定、品德情操高尚、能力出色、业务精湛的师资团队。

三、"双师型"教师团队建设的路径

(一)以更新观念为先导,明确指导思想

师资队伍建设是学校最基本的教学建设。加强"双师型"专业师资队伍建设,首先要更新观念,明确指导思想。对于院校来说,能否积极参与"双师型"专业师资队伍建设、积极促进教师专业发展,关键是看其观念是否得当,指导思想是否科学。

1.强调专业发展,转变传统歧视观念

社会职业有一条铁的规律,即只有专业化,才有社会地位,才能受到社会的尊重。如果一种职业是人人可担任的,则在社会上是没有地位的。教师如果没有社会地位,教师的职业不被社会尊重,那么这个社会的教育大厦就会倒塌,这个社会也不会进步。实现高职院校"双师型"教师专业化发展是提高高职专业教师社会地位和职业声望的根本之道。只有坚持"双师型"教师的专业化发展才能凸显"双师型"教师职业的专业水准和专业技术含量,才能吸引更多优秀人才加入高职专业师资队伍,才能提高我国高等职业教育的质量和水平,打造高质量的职业教育品牌。我们必须转变传统"重知轻能"的思想,消除对高等职业教育的歧视,用终身教育的思想、全面发展的理论深化对高等职业教育的认识,明晰本质,丰富内涵,坚定不移地走专业化发展之路。同时,政府部门也要为高职教育的发展创建良好的外部环境。一方面,通过媒体、会议、政策等渠道宣传高等职业教育在我国国民教育体系中的重要地位,扩大优秀的高技能应用型人才的典型示范效应,将高职教

育的相关政策落到实处,广泛树立"能力重于学历"的观念,弘扬"三百六十行,行行出状元"的职业风尚,为高职教育的发展营造良好的舆论氛围;另一方面,各级政府应从经济发展的现实需求出发,将发展职业教育纳入当地经济发展规划中,建立健全各项政策制度,合理配置教育资源,逐步提高生产一线技能人才尤其是高技能人才的经济收入,尽快破除鄙视高等职业教育的陈腐观念,引领高等职业教育步入良性发展轨道。

2. 突出能力本位

能力本位是当代中国发展的核心文化理念,是一种人生价值取向。传统思维中,人才总是与学历、文凭紧密相连。人们常说,如今是学历社会。此种说法不无道理,在传统思维的惯性心理影响下,现实中的就业招聘、职称评定、福利待遇等各个方面都与学历紧密挂钩。然而,学历和文凭只是代表着曾在何处受过何种教育、学过何种课程、专业知识掌握如何。在高等教育大众化的今天,这样的一纸文凭的价值将会不断贬值,整个社会将逐步完成从资格概念到能力概念的转变。高等职业教育培养的是高级技能型人才,坚持能力本位价值观,以专业技能的传授为重,更应该将以能力为导向的原则贯彻到高等职业教育的方方面面。因此,在"双师型"专业师资队伍建设中,要牢固树立能力本位的思想,确立岗位能力教育与培养的核心地位,以专业技能为考量的准绳,以能力为评聘的关键,在强调教师应提高学历的同时,要更加注重通晓行业技术标准和熟练技术操作。当然,要真正将能力本位的思想纳入高等职业教育体系是需要一段相当长的时期的。在这一过程中,高职院校师资队伍建设必须坚持"三结合"和"三并重"。所谓"三结合"即校本培养与校外引进相结合、专职教师与兼职教师相结合、学校与企业相结合;所谓"三并重"是指学历提升与专业培训并重、理论与实践并重、教学能力与专业技能并重。只有做到这两个坚持,我国高职院校的"双师型"专业师资队伍建设才能实现能力本位,才能真正步入科学、健康、可持续发展的快车道。

3. 秉承以人为本,实现科学全面发展

新的发展机遇,破解新的发展难题,关键就是要以科学发展观为指导,切实将各项事业转入到以人为本、全面协调、可持续发展的轨道。因此,"双师型"专业师资队伍建设必须秉持以人为本的理念,将队伍建设视为全面、协调、可持续的发展过程,努力实现协调发展、科学发展、全面发展。具体说来,"双师型"专业师资队伍建设要以满足教师个体现状与发展的需求为出发点,以教师基本素质培养为重点,努力突出六个"性":突出导向性,重视职业道德和综合职业能力的培养;突出计划性,视高职院校师资队伍的建设为一个长期的、系统的工程,建设过程中要有整体规划,对高职教师的发展也要有计划有安排,"哪疼医哪"着实不是明智之举;突出主体性,以教师的个体特征和发展需求为出发点,培养培训的形式、内容、途径等应尊重教师的个人意愿与实际,确保教师的话语权;突出实践性,以职业实践为发展关键,注重教师专业技能的培训与发展;突出多样性,重视教育的个性发展;突出层次性,注重学科带头人、骨干教师等的培养,着力师资队伍的梯队建设。

(二)以内涵发展为突破,加强制度建设

要加快高职院校"双师型"教师团队建设,制度的顶层设置至关重要。因此,必须要出台一系列具有高等职业教育特色、适合高职院校自身发展、有利于"双师型"专业师资建设的政策文件,完善高职师资队伍的制度建设,为"双师型"教师团队建设提供政策支持和保障。

1.明确"双师型"教师内涵,找准"双师"角色定位

"双师型"教师团队建设是高职院校专业师资提升素质水平,彰显高职特色的重要方向,是提升高职教育教学质量的必然要求。准确理解和把握"双师型"教师的内涵,对构建"双师型"教师资格认证体系、创新培养模式、优化队伍素质与结构都有着十分重要的意义。那么到底如何界定"双师型"教师这一概念呢?学术界对此看法不一,综合起来有"双职称说""双能说""双证说""双证+双能说""双师素质说""一证一职说""双元说"七种。"双师型"教师是指具有一定的专业学历和实践工作背景的、集理论课教学与实际操作训练素养于一身的复合型高职专业师资。具体地说,这一概念起码包括以下三方面含义:首先,"双师型"教师是一种复合型人才,不是叠加型人才。所谓"叠加型"人才,即身份的一种罗列,表现在"双师型"教师上,就是教师和工程师两种身份的叠加,是教师资格证和专业技术职务证书的相加,这是低层次的人才素养形式。"双师型"教师应是更高层次的人才,是教育教学素养和实践操作指导素养的复合与综合。其次,以系统论的观点来看,"双师型"教师的素质是一个结构性的有机整体,是其所必备的内外

品质的综合。它不仅包括职业道德素质、知识素质、创新素质等一般性教师素质,更重要的是,还应具备熟练的专业职业技能、丰富的实践经历经验、理论与实践结合及其教育转换能力、职业指导与创业教育能力、课程开发能力等特殊性素质。最后,兼职教师是"双师型"教师团队的重要组成部分。换言之,"双师型"教师不仅包括高职院校的专任教师,还包括从校外企业、行业聘请的兼职教师。

2. 建立资格认证制度,提升"双师"社会地位

职业资格是职业人员能力和水平的象征,是社会职业成熟程度的重要标志,更是职业社会地位和社会认可度的必然要求。实施职业教育应当根据实际需要,同国家制定的职业分类和职业等级标准相适应,实行学历文凭、培训证书和职业资格证书制度。而事实上,我国"双师型"教师至今尚未有严格规范的职业准入、职业资格证书制度。这与职业教育较为发达的国家相比,差距凸显。首先,搭建"双师型"教师职业技能水平鉴定平台。为把好"双师型"教师团队的入口关,可由相关教育行政主管部门共同组织发起,成立职业技能鉴定委员会,采取考试等形式对"双师型"教师所应具备的综合能力素质进行客观的测量、考核和鉴定。考核过程中,应坚持两大原则:一是综合考察原则,即基于职业技能水平的考核活动应涉及学历、职业专业技能水平、社会实际工作经历、应用技术研究成果等多方面的考察,从而对参考人员做出综合客观的评价与鉴定;二是分层量化原则,即职业技能鉴定委员会可在组织专家、各高职院校资深教师充分论证,广泛征求意见,深入探讨研究的基础上,制定出"双师型"教师技能水平认证体系,通过量化标准对"双师型"教师进行定层定等,并发放相应等级证书。这些证书不仅将作为各高职院校"双师型"教师岗位聘用的必备条件,还将与教师自身的职称晋升直接挂钩。其次,实行"双师型"教师资格证书制度。为提升"双师型"教师的社会地位和社会认可度,确保高等职业教育教学质量,相关行政主管部门应结合我国高职"双师型"专业师资队伍的建设现况,积极探索和实行"双师型"教师资格证书制度,出台"高职院校专业教师的任职规定""高职院校双师型教师考核办法""高职院校双师型教师资格认证制度"等制度和措施,完善"双师型"教师从业资格的认定,实现"双师型"教师持证上岗。最后,建立"双师型"教师资格水平监控保障机制。要提升高职院校教师的专

业素质和职业地位,仅有相关资格认定制度是远远不够的,还需要建立"双师型"教师资格水平监控保障机制,定期对已获得职业资格证书的教师进行考评考察,以充分保障职业资格证书与教师从业能力的等值性,保证职业资格证书在岗位聘用、职务聘任、职称晋升和工资待遇等方面的基础作用,增强社会认可度,从而真正有利于高职院校"双师型"教师的职业成长,有利于高职院校师资队伍的专业建设,有利于高等职业教育的深化发展。

3. 制定职称晋升标准,确保正确发展导向

普通高等教育偏重理论科研的职称晋升机制并不适合高等职业教育"双师型"教师的评审。高等职业教育与普通高等教育是两种不同类型的教育,其教师职称评定标准理应有所区别。因此,高等职业教育应单独制定体现高职教师工作特色、适应"双师型"教师发展的职称晋升标准。一方面,要降低理论科研水平的考核比重,将技术实践能力、经历和开发应用能力均纳入评审体系,并作为重要考评指标,强调教师的专业技能水平的提升,突出学生职业能力的培养;另一方面,在"双师型"教师内部,根据"双师型"教师资格的等级分布评定职称,且可与普通院校的职称划分相对应。总之,高等职业教育独立的职称评定制度要使高职教师的一切职务评聘工作有利于高职教师的专业化发展,有利于"双师型"教师团队的建设,从而确保高职院校"双师型"教师的正确导向。

4. 打造人才激励体系,吸引优质师资人才

激励机制的打造是"双师型"教师团队建设的保障,对增强"双师型"教师职业吸引力,提高"双师型"教师职业地位有着举足轻重的作用。高职院校要走以政策吸引人、以政策留人的发展路线,在管理条例、考核评聘、职称晋升、岗位津贴、住房等各个方面对"双师型"教师有所倾斜,给予特殊政策。该体系的构建可遵循按劳分配与按能力分配相结合的分配原则,重技能、重实绩、重贡献,在整体水平有所提升的基础上,奖优奖先进,真正使"双师型"教师的付出与回报相称,以此增强行业吸引力,凝聚职业向心力,促使更多的高职教师自觉自愿以"双师型"教师为努力方向,以成长为"双师型"教师而感到满足与自豪。

5. 健全绩效考评模式,激发队伍内在活力

高等学校必须对其教师进行考核,其考核结果将作为聘任、晋升、奖惩

的重要依据。可以说,这样的考核评价与每位教师的职业生涯发展都息息相关。为了促进"双师型"教师和专业师资队伍的整体水平实现全面、协调、可持续发展与提高,建立健全高职"双师型"教师考核评价模式显得尤为关键。其一,要形成符合"双师型"教师特色的考核评价体系。以教学为重,以"双师"素质为亮点,充分体现高职教育的实践性、应用性。其二,要以自我评价为基础。按照严格的计划,定期或不定期地对自身的教学和素质发展等各个方面进行检查,查漏补缺,以此避免管理人员碍于情面而影响评价的真实性,回避管理人员听课等造成教师紧张的心理因素,真正做到对自己的发展状况了如指掌。其三,要以学生评价为主体。学生是教师教学活动的直接受动者。学生评价应是"双师型"教师评价模式中的核心部分。在评价过程中可多组织学生参加座谈,然后形成对教师的综合评价意见,避免部分教师对学生的否定意见不予接受。其四,要以行业评价为参照。就如澳大利亚的行业培训顾问委员会每年都对学校的教学质量进行定期评估一样,要借用行业专家的眼光和评审标准来对"双师型"教师的专业水准、实践技能水平进行综合考察。其五,要及时给予评价结果反馈。在综合所有考核评价结果的基础上,院校应给予教师及时反馈,帮助教师认清问题,明确发展目标,适时调整和完善个人职业生涯发展规划。

(三)以强化专业技能为重点,健全培养机制

面对现代化科学技术的迅猛发展,高职教育的教育教学要紧跟时代步伐,要实现"双师型"教师团队现代化,实现高职教师的专业化发展,以能力提升为本位,建立健全高职"双师型"教师团队培养体制,就显得尤为重要。

1. 规范培养规划,完善师资培养管理体系

"双师型"教师团队每一位高职专业教师都应根据其自身素质水平制定贴近自身实际的培养提升规划,并与院校培养规划相结合,进一步明确职业发展轨迹,增强培养实效,实现高职"双师型"教师团队的教师自我实现和职业发展预期的最大满足。

2. 充实培养内容,完善师资培养目标体系

随着我国高等职业教育逐步由规模建设向内涵建设过渡,高职教师也正实现由"双师型"教师团队单一型、封闭型、专业型向综合型、开放型和复合型角色转变。不论是社会还是高等职业教育本身,对高职"双师型"教师

的素质能力要求都越来越高。在"双师型"教师的培养培训过程中,培养什么、培训什么的问题也随之受到更多的关注。德国"双师型"教师团队的"双元制"职业教育是以"实践为导向",故其职业教师培养就坚持理论与实践相结合,突出职业实践能力的综合培养。那么,根据我国高等职业教育的特点和"双师型"教师的基本素质要求,"双师型"教师应接受系统的职业专业理论知识和"双师型"教师团队技能培养,在培养培训内容选择上应包括师范性、职业性、实践性和开发应用性内容。其中,师范性内容即教育教学及师范生技能类课程,强调教育教学素质的培养;职业性内容则是相关职业的专业课程内容,关注职业岗位的专项性;实践性内容是指"双师型"教师团队参加生产、服务等一线工作的实习、见习内容,是在生产现场的工作经验要求;而开发应用性内容更强调创新性思维和发散性思维的培养和训练,以帮助"双师型"教师将专业知识、技能和技术融会贯通,相互渗透、转化,奠定开发创新的能力基础。如今信息爆炸的时代悄然而至,"双师型"教师需要主动把握各种培养培训机会,适时参加岗位实训,及时吸收新的知识、技术,拓宽知识面,提高职业技能水平,以适应职业工作岗位的发展需求。

3. 创新培养模式,完善师资培养支撑体系

教育者的技巧,并不是一门需要天分的艺术,但它是需要学习才能掌握的专业。因此,高职院校"双师型"教师必须通过系统培养来夯实专业基础,提高业务能力,实现专业发展。"双师型"教师团队面向企业、面向生产,是高职教师提高自身"双师"素质的根本出路。德国采取"双师型"教师团队的"双元制"模式就是一元为高职院校,一元为企业;瑞士采取"三元"模式,其中"三元"分别是政府、高职院校和企业。

其共同之处在于都有企业的广泛参与,且这种参与不仅体现在高职院校的学生培养上,更体现在职业教育专业教师的培养和发展上。因此,我国"双师型"教师的培养培训必须建立起深层次的校企合作机制,努力形成行业、企业广泛参与的良好师资培养机制。首先,要自主开发和嫁接企事业单位实践基地。高职院校可以与全国或当地比较知名的企事业单位建立联合机制,在生产一线挂牌,将企事业单位发展成为学校定点实践基地,安排教师分批分专业实训,实现长期合作。其次,要建立专业教师顶岗实践制度。增加专业教师中具有企业工作经历的教师比例,安排专业教师到企业顶岗

实践,积累实际工作经历,提高实践教学能力。这要求高职专业教师尤其是缺乏职业实践经验的青年教师直接进入职业现场,与实际生产"零距离"接触。高职院校可与企业达成长期协议,由企业空余一些工作岗位给高职专业教师,由高职院校计划性地安排本校相关专业教师轮流顶岗,接受培训。这将真正有助于高职专业教师将理论付诸实践,在全真的实践环境中切实锻炼,提升技术实践能力,提高"双师"素质。最后,鼓励和支持"双师型"教师参与企业、科研机构技术开发和专业实训室建设。"双师型"教师不仅要有扎实的理论知识、熟练的技术能力,还要有一定的技术开发和推广能力。因此,高职专业教师完全可以尝试着参与企事业单位和科研机构的科研开发项目,参与企业的专业实训室建设工作,承揽企业的科研项目,在帮助企业解决实际问题的同时提高自身的科研和技术开发能力,深化校企合作,实现企业、教师与高职院校的同步"三赢"。

锻造特色品牌,实施校本培养工程。所谓校本培训,是指在教育行政部门和有关业务部门的规划与指导下,以教师任职学校为基本培训单位,以提高教师教育教学能力为主要目标,把培训与教育教学、科研活动紧密结合起来的一种继续教育形式。它能够最大限度地提高高职院校自身的资源利用率,广泛调动高职专业教师的积极性和主动性,有目的有计划地提升教师素质和教学质量。第一,实行"以老带新、以优带新"制度化。这种方式是多数学校在培养新教师和青年教师时常用的方法,利用本校现有的优秀"双师型"教师指导培训青年教师,开展分类赛课评比等活动,推动新教师、青年教师快速成长。第二,提倡因材施教,针对性开展专业教师培训。高职院校要遵循教师成长发展的规律,根据自身的教学资源特点和专业师资队伍发展规划,对本校教师分层分类分阶段进行培训。比如,根据不同的教师群体特点,安排不同系列的"项目"、专题对本校专业教师实施培训等。第三,鼓励专业教师开发校本课程。校本课程是学校根据本校的教育哲学,通过与外部力量的合作,采用选择、改编、新编教学材料或设计学习活动的方式,并在校内实施以及建立内部评价机制的各种专业活动。专业教师参与到校本课程的开发中去,一方面可以促使其发挥自主能动性,努力采取一切教育手段,将专业的文化知识和技能传授给学生;另一方面也促使其培养自身教育素质,系统梳理自身知识结构,努力钻研专业理论,并自觉走向生产现场,实施教育实践,参与教育科研,从而不断提高教育教学质量,增强教育教学自信。

拓展培训空间,实施跨国培养工程。教育的另一种合作方式是给教师提供到别国工作的机会。教师可以到外国进行一些跟上时代的高深研究,从事某项特定的研究项目或钻研某种专门的学科。这种方式可以充实教师的训练,提高他们的能力。

4. 狠抓基地建设,完善师资培养网络体系

第一,基地建设要努力实现社会化发展。要改变基地建设以学校为主体的状况,将培养培训的中心逐步转向社会,转向相对应专业的企事业单位,与社会各界形成一定的联系机制,共同把脉高职"双师型"教师的发展现状,找准专业师资培训的突破口,为培训教师提供实践提升的见习和实习机会,从而切实提高高职教师参加基地培训的实效性。第二,基地建设需要不断推陈出新。要紧密结合高等职业教育和社会职业发展赋予"双师型"教师的新使命、新任务、新要求,尊重受训教师意愿,灵活把握培训内容和培训方式,不断推出符合时代发展需求的、具有吸引力的培训项目,最大限度地满足受训教师的自身发展需求和愿望。第三,基地建设要始终保持代表性和先进性。基地所拥有的各项生产技术、实训设备都应在全国至少是本地区具有代表性和先进性,专业培训师的聘用也应具有一定的权威性。第四,基地建设要通力实现网络化。各基地之间要充分利用互联网等先进技术,增加基地间的沟通、师生间的交流,形成高职"双师型"专业师资培养培训网络,使得专业师资培养更具开放性、灵活性。

(四)优化团队整体结构工程,提高技术能力

第一,实施名师名匠指导带领工程。通过柔性引入专业领域影响力大的专家做教师团队建设的指导顾问,为师资队伍建设提供专业技术指导咨询和重大决策援助,帮助教师队伍理顺思路、确立主要任务,切实解决师资队伍建设过程中的各种问题。通过合同监管、去留自主、关系不转等柔性引入举措,依据术有专攻、科研有果、行业有话等要求和标准,从相关企业与科研单位内选派国家工匠、技能名师、技术能手和专项技术带头人等先进的领军人才,来高职院校充当产业指导教师和兼职专家,引领师资队伍全体成员技术技能的不断提高,促进高端技术人才培育,进一步增强工艺和技术攻坚

创新的能力。

第二,实行青年优秀教师保护行动。面向广大青年优秀教师,开展"四一"实践活动,即紧密联络一个单位、跟进一门先进技术、构建一门网络课程、引领一个学生社团,以此来提高优秀教师教学规划、技术创新、国际沟通、工程实践以及社会服务等多重能力。在紧密联络一个单位和跟进一门先进技术中,挑选指派青年优秀教师利用到行业内部企业采访工程师和顶岗实习等方式,到企业中的技术研发部门、产品生产车间亲自参加工艺优化及技术设备创新等有关工作。构建一门网络课程需要青年优秀教师结合自身专业和教学现状,合理运用信息化教学技术和方式方法设计开发一门在线课程,积极组织并开展线上教学。而引领一个学生社团则需要青年优秀教师结合自己专业优势主动认领一个学生社团负责科学指导。除此之外,高职院校还要积极鼓励和帮助青年优秀教师到国内外著名学府进行访问、进修或是攻读硕士、博士学位,为他们进行国际学术研讨创造有利条件。

第三,健全校企之间双向人员合作沟通机制。和行业内部先进企业共同建设教师实践培训基地,促进教师与企业技术专员间的有效沟通和合作。实施协作企业运营管理人员、技术专家和院校优秀教师互相兼职体制,共同享用教师资源与技术人员。严格制定兼职教师招聘任职的各项标准与流程,构建固定岗位与流动岗位兼职教师引入制度,最大限度地吸引企业内部实践经验较为丰富的技术专员和工匠师傅到校内担任短期的指导教师。实行院校集中培训管理、二级教育机构特色化培训、在线培训的多样性培训制度,构建数量充足、稳定性强、素质水平高的兼职教师团队,以便组建专兼相结合的"双师型"教师团队。

第四,打造国际化人才培育的师资团队。建立由校内精英教师、企业名师和海外专家共同组成的国际化人才培育师资队伍,尽可能从世界五百强大型企业中引入海外专家,建立专门的工作室,共同开发设计具体的国际要求、国际人文精神以及国际法律规定等板块化课程。参照国际职业认证体系来拓展国际化人才培育课程资源。利用名师名匠、专家工作室等,由校企双方的专家协同促进国际化人才培训活动规划、人才培育计划制订等重要工作,全面开展企业驻外员工、国外本土化人才的系统化培养及培训活动。

（五）实施团队成员提升方案,确保续航能力

首先,实施教学能力提高方案。完善教师轮流培训机制,彻底落实五年制全体员工轮流培训计划;针对教学策划、教学要求、教学方法、教学技术以及课程研发等来建设培训系统。以分批次挑选队伍中的精英教师参与国家和所在省举办的培训活动,并亲自到国内外著名院校访问和学习,参与各省市与国际性职业教育交流活动或研讨会议,从中汲取板块化教学方案策划、落实和考评,教学活动的组织和实施,板块化课程与教材创编等有关方面的现代化理念和优秀经验。高职院校应严格要求广大教师每年都要全员积极参加育人方案制定、教学课程与技术能力考评标准制定、教学监督与管理、教学活动实施和评价等有助于推动专业建设的各项活动。

其次,实施分层分类教育培训方案。构建阶梯式的高职教师培训活动机制。合理划分教师培养类型和层次,构建多层次、多种类校内外职业教师专业技能发展和探讨平台。结合教师教学执行力、研发力、资源整合以及社会服务等多重能力的实际发展规律,按照新入职教师、精英教师、专业领头羊、专项技能教师和来自企业的短期兼职教师等多种类别与多个职业发展阶段不同教师的现实需求,落实培训工作的顶层设计,构建相对完善的分层分类教师培训体制。

最后,实施进入企业实习方案。充分发挥产业指导教师的示范带头作用,严格要求教师团队全体成员主动与先进企业单位建立紧密联系,深入企业内部参与岗位实习、新产品研发以及生产技术创新,应密切关注某项专业领域的先进技术与工艺,切实了解和掌握当下专业发展的动态与未来走向。此外,还需要全体教师每隔五年就进入企业中参与为期半年的顶岗实习,其中,公共基础课程教师要每隔三年参加为期一季度的社会实践。争取全面提高教师队伍实践训练指导水平和积累技术技能方面的创新力。

第三节 "双师型"教师团队建设的保障措施和激励机制

一、高职院校构建"双师型"教师团队的保障

加强与企业之间的合作是职业技术学院的重中之重,学校要利用好国家对职业教育大力扶持的契机,开启深度的校企合作新局面。政府可出面为职业学院与企业的合作牵线搭桥,组建"双师型"教师团队。在协议书中需要明确学校与企业之间的责任、义务等,建立起稳定的校企合作以及学校与其他组织合作的关系。企业优秀员工的加入可以增强教师团队的技术力量,而科研专家的加入提高了职业学院的科研能力和学术水平。政府还要根据高职院校的特点,对聘用教师的年龄、学历、职称、聘用程序以及工资报酬等进行明确,提高聘用的可操作性;同时还要创新人员聘用的方式,拓宽人员的作用渠道。比如,可以在学校内设一些特别的岗位,以聘用兼职人员为主,对应聘者的年龄、学历等放松要求,主要考察应聘者的实际能力,吸引具有高级职称的技术人员进入"双师型"教师团队,承担专业技术课程以及实习指导等工作。

(一)为高职院校"双师型"教师团队建设提供物质支持

1. 以继续教育券为手段实行"能本 + 人本"激励

社会发展到今天,知识不仅有使用价值,也有交换价值,既体现于知识载体,也体现于积极运用的结果,知识资本将成为知识经济管理中稳定人才的最重要原则。高职教育最关键的个人需求是职业迁移能力,促进个体的社会化和个性化,其最终目的乃是促进个体的整体性发展,包括个体的全面发展、和谐发展,并促进个体的可持续发展。对教师来说,职业生涯阶段也是整个生命周期的黄金阶段,可能产生专业拓展的方向转换,也可能产生新的职业选择,为自己创造提升职能的机会。因此,工学交替、终身学习也就成为教师自我发展的必然选择。随着区域经济的不断发展,产业结构和行业形势也在不断发生变化,高职院校的专业结构和人才培养要求必然要随之变化,旧的平衡不断被打破,新的竞争不断涌现,教师必须有获得竞争性薪酬的机会。我们研究高职院校教师内在薪酬激励,就必须把教师看作完

整意义上的人,注意到他们的自我意识、利益需要,注意到他们的社会人角色,注意到他们需要塑造、影响和改变的理性一面,注意到他们的知识层次和工作特点,注意到他们对精神世界的消费要求日渐丰富,思维需要在竞争、选择、组合中不断发展。为了适应高职教育发展变化的要求,学院必须不定期地组织教师培训和进修,要做到有的放矢,首先必须了解教师想什么、要什么,必须分析教师个人意愿与学院发展需求之间的匹配性,认真研究学院事业发展规划并以此制定激励教师的导向性政策,鼓励教师按照目标导向构建具有个性特点的知识能力结构,修订个人生涯规划和自主进修计划,逐步形成适应高职院校发展又独具特色的自我价值体系。在高职教师培训市场逐渐被经济效益所渗透的情况下,要使每一位愿意与学院事业发展同甘共苦的高职教师都有平等的继续教育机会,设立"继续教育券"无疑是可行之策。基本思路:随着各高职院校硬件逐步完善,走内涵发展之路、强化"软件"建设成为当务之急,每年应根据学院师资队伍建设规则,设立专项经费,用于将教师继续教育的"内培"与"外引",按照"专业带头人优先安排国内外访学,中青年骨干教师优先选送外培,品牌特色专业、紧缺专业教师优先资助,普通教师定期更新轮训"的原则,设立不同等次的"继续教育券"。教师可以凭券向职能部门申报,争取到相应额度资助自己的意向性培训项目,这样,既可以保障每位教师在一定周期内都有继续教育机会,又可以让不同层次的教师得到自主发展。这种兼顾了绩效和公平的"能本 + 人本"激励模式,必然促进教师的主观能动性发挥,有利于组织目标的实现,有利于促进学院走上和谐、可持续发展之路。

2. 以教育教学、社会服务绩效为依据

权变激励条件下,薪酬必须反映教师的劳动价值差异,才能发挥激励作用。薪酬差异除了在不同等级的工资上体现外,绩效工资是必不可少的,"固定工资 + 浮动奖励"的模式已被广泛采用。固定工资以岗位为依据,绩效工资以业绩为依据,如果岗位聘任和业绩评价能体现相应的学术水平和业绩贡献,薪酬制度就能发挥重要的激励作用。因此,建立科学合理的绩效考评机制就显得尤其重要。"目标 + 沟通"的权变管理方式最为有效和实用,运用最普遍。院校目标明确了,管理者才能知道如何进行有效管理,教师才能明白如何保持个人努力方向与学院目标要求一致。根据高职院校实际,应立足于对教师进行发展性评价考核。权变激励目标在于管理者要求教师做什么、改进什么、朝哪个方向努力,将这些要求转化为可量化指标,不仅关注结果,更关注过程,不仅关注教师收益增长,更关注教师的潜在竞争力提升。目标应符合"具体、可度量、可达到、相关、基于时间"的五项标准,针对不同层级,从素质、成果、教学三方面分别订立指标,合理确定不同层级指标的权重,通过定期书面报告、一对一面谈、正式与非正式沟通等方式,与教师就工作进展情况、潜在障碍与问题、可能的解决措施等持续不断地进行沟通,适时对绩效计划做出调整。考核管理要求随环境条件变化而修正,在不断交流的基础上,维持双方宝贵的信任,提供教师所需要的培训、必要的支持,帮助教师提升实现绩效的能力,达成权变管理目标。这种因人因事而调整的权变激励手段,将是教师内在激励的一个重要法宝。

3.以激发主观能动性为目的

国际高职教育体系已从封闭走向开放,走向综合化发展,而师资队伍建设历来是高职院校发展的重点工程,只有满足感逐步提升的教师,教育教学工作的质量和效率才能提高。处于职业生涯的不同阶段,教师会有不同的需求,随着个人的成长和时间的推移,个人愿景规划会慢慢发生改变。作为高知识性运行的组织,学院倘能充分考虑师资结构现实、高职教师劳动特点、教师的心理需求和期望,在一定的组织框架范围内,设计内在薪酬的弹性组合方案,内容趋于社会化、时代化,教师可以根据不同聘期自主修正组合方案,以满足个人和家庭特定需要,从而实现优势需求激励。

(二)提高高职院校教师的地位

教师的劳动价值是通过工资待遇来体现的,教师的工资待遇包括了社会给予教师的工资报酬和物质利益。然而教师劳动属于一种复杂劳动,其创造的劳动价值明显高于简单劳动的劳动力价值。因此,单从教师劳动价值角度来看,教师职业在经济上的待遇应该比简单劳动职业者高。与过去相比,近些年来,教师的经济收入和待遇的确得到了明显的改善,但与社会其他行业比较,差距仍比较大,其收入水平与其劳动价值并不吻合或等值。

职业声望的高低主要由职业环境、职业功能、任职者素质三方面因素决定,职业环境越好,职业功能越大,任职者素质越高,职业声望就越高。

根据利益相关者理论,产教合作实际上是一种交易,行业企业支持高职院校深化产教融合的动机是增加自己的利益。行业企业的产教融合动力取决于高职院校产品和服务的效用,高职院校所提供的产品和服务可替代性越强,行业企业深化产教融合的动力就越弱,从而出现利益不匹配。因此,要实现校企利益的聚焦,高职院校必须降低产品(毕业生)和服务的可替代性,提高产品(毕业生)和服务质量,降低交易成本,实现校企之间的内涵对接,使企业真实受益。

课证融合,既是专业课程内容与职业标准的对接,同时也是学历证书和职业资格证书的对接。通过校企合作一体化培养实现课证融合,更好地培养出符合企业岗位需要,且毕业即带技能证书的人才,可直接提高毕业生质量和降低企业的用人成本,实现校企双方利益对焦。实现课证融合首选专业是需要从业资格的专业技术岗位。

高职院校必须提升产教融合"双师"素质队伍水平,鼓励企业管理人员和技术骨干担任高职院校校外师资。支持职业教育产业发达地区的学校设置企业导师(讲师)专项岗位。推动各高职院校通过校企合作、产教融合的模式与企业共建"双师型"教师培养基地。师资的互兼互聘、共建共享是保持学校师资水平始终与行业发展要求高度一致,提高企业岗位培训和继续教育水平,降低培训成本,聚焦校企利益的必然选择。

构建学校、政府、行业、企业的多边合作关系,形成协同育人合力,是高职院校产教融合实现的前提和基础。高职院校应该以服务区域经济社会发展为办学方向,与地方政府或行业(系统)主管部门开展更紧密的合作,在他们的主导下,完善多边合作关系,形成协同育人机制,开展社会服务。当前经济转型升级对高级技能型人才提出了新的需求,基于此,无论是处在经济转型和产业升值前沿的各行业企业,还是地方各级政府,都随着市场对区域产品和服务的新需求,给高职院校的人才培养提出了新的标准。这要求高职院校、地方政府和当地行业企业等主体必须构建平等互助的协同合作关系,通过构建合作平台形成合力,通过政府主导、校企共建等形式将各主体的利益需求进行聚焦,通过校企在政府指导下制定合作规则,通过签订合作协议的形式从法律上直接明确双方的权责内容,形成有效的多主体协同育人机制,最终实现以培养高层次技术技能人才为目的,行业、企业全程参与学校各专业人才培养方案的制定、核心专业课程的开发,共建共享师资和科研队伍,共建校内外实训基地,共同参与实训指导和完善质量评价机制等协同育人的目标。在具体实践当中,学校、政府、行业、企业等主体在资源共享的基础上充分进行沟通交流,通过合作平台和相关制度对具体事项进行科学规划和有效管理,最终形成深层次、紧密型的多元主体协同育人的人才培养模式。通过校、政、行、企协同育人,形成"产教融合、产学结合、校企互动"的良性循环,创造良好的产学结合氛围,达到专业对接产业、依托产业办专业的效果。

该模式主要内容:通过与政府行业主管部门开展深入的"校政合作",开展社会服务,使专业设置适应区域产业升级需要,实现专业设置与产业需求的对接;依托校政合作对接行业协会,通过与各个行业协会开展"校行合作",引入行业力量,共同设置课改相关机制,依托行业引导将课程内容与职业标准进行对接;通过行业协会对接行业龙头企业开展"校企合作",引入企业师资和实训场景,有效开展仿真教学,实现教学过程与生产过程的对接,同时提高毕业标准,加大职业能力培养,将毕业证书与职业证书对接;通过开展丰富的各类"校、政、行、企"实践活动,强化学生的实践性和职业性,增强学生的学习主动性,实现终身学习和高效学习的对接;最终通过政府主导、行业引导、企业指导、学校教导的立体互通式的培养模式,构建学生从专业知识到职业能力,再到综合素养的有机结合,最后成为适应岗位需求的技术技能型人才。该模式将校企合作贯穿到人才培养全过程,教学目标和教学内容紧贴产业和职业发展需求。通过订单办学以及对行业、企业的深入调研,明确企业的用人需求,在此基础上,校企共同参与课程开发。通过职业能力分析,以人才培养对接用人需求、专业对接产业、课程对接岗位、教材对接技能为切入点,深化教学内容改革;建立一支与人才培养模式相适应的"校企联合教学团队"参与教学,增强教学的实践性、针对性和实效性,提高教学质量,建设校企共同参与的科学评价规则,引导行业、企业参与到在校生培养当中,实现校、政、行、企自上而下"立体互通"协同育人。其中,提高学生职业能力方面主要包括3个层次:第1～2学期为第一层次,主要培养学生的基本技能。第3～4学期为第二层次,主要培养学生的专项技能。第5～6学期为第三层次,以顶岗实习为主,主要培养学生在职业岗位上所需要的综合能力。在此过程中,积极引导学生参加专业人员资格证、从业资格证等职业资格证书的考试,为上岗就业做好准备。积极引导学生参加各行业协会社会学习与实践活动、各合作企业实习项目等系列活动,通过强化教学的职业性和实用性,达到学以致用、用以促学、学用相长的目标。

企业是以获取经济利益为目的的组织,它的一切行为都与企业的发展有一定的联系。在建设"双师型"教学团队的时候,虽然企业提供了人力和资金,但企业的这些投入也会获得相应的回报。企业的技术人员进入教学团队之后,他们可以根据企业的需要来培养人才,并在教学中把企业文化、员工素质等带到职业技术学院中。职业技术学院的毕业生进入企业工作后可以快速地融入企业,企业可以省去培训的费用与时间,企业技术人员还可以提前为企业选拔合格的人才补充到企业当中。因此,"双师型"教学团队的构建有利于企业的长远发展,企业的短期投入可以获得不可估量的回报。

二、完善高职院校"双师型"教师团队的制度保障

面对经济全球化、教育国际化的趋势,高职院校人力资源管理体系面临着巨大挑战。高职院校作为人力资源的培养基地,首先必须做好自身人力资源的管理。教师作为高职院校人力资源的主体,只有真正管理好这支队伍,才能提高高职院校办学效益和效率,突出高职院校办学特色。因而,运用人力资源管理理论对教师队伍进行管理显得尤为重要。

"以人为本"的人力资源管理观念认为:高职院校的发展依靠教师,就要建立高效合理的"双师型"教师队伍培养机制;依靠教师,就应该按照高职技术技能型人才培养的要求,改革高职教师评审考核机制,以利于高职评审朝着高职院校发展规律开展;依靠教师,就应该建立健全合理的教师激励机制,引导教师不断提升高职教育能力。

(一)完善"双师型"教师团队的培养机制

开展高职教育理念学习。采用请进来、送出去的方式学习国内先进的高职院校教育理念,学习高职院校教学改革方法,学习高职课程教学的整体设计和单元设计。分批将专业带头人、教学团队负责人、骨干教师送到国外学习培训,将国外先进的教育理念与高职院校实际结合,改革专业课程体系和教学方法。

开展顶岗实践、横向技术服务工作。建立教师顶岗实践制度,利用寒暑假鼓励教师参加企业顶岗实践,并将其作为职称评定的必要条件之一,给予岗位补贴,将行业企业的新技术、新工艺与教学、生产紧密结合起来,提高教师技术服务能力和创新能力,开展横向科研工作。

加强学校教师和企业人员的交流。按照一个专业校内外两个专业带头人配制,聘请行业企业专家为校外专业带头人,聘请企业技术骨干为高职院校兼职教师;按照一门专业课程校内外各一位教师共同完成,聘请外聘教师指导实践性教学环节,实现校企双方共同建设"双师型"教师队伍。

专业教师参与和指导学生顶岗实践、技能竞赛,实施导师制。通过教师指导、学生顶岗实践,开展校内外实训基地和实习单位的顶岗实践;通过组织参加各类技能竞赛,引导教师和学生共同参与,提高实践技能,并将竞赛、实习活动设计成实践性教学项目。

(二)改革"双师型"教师团队的评审考核制度

结合高职院校的特点,建立"双师型"教师职称评审制度:在职称评审时要考核教师的教学做一体化教学能力和教学改革、课程改革成绩,适当降低科学研究理论研究成果比例,降低研究性论文要求,提高应用性论文在职称评审中的比例。在职称评审标准中侧重专业教师教学改革成果和专业技能成果,注重其各级各类教学成果的获得,以及指导学生参加各类技能竞赛成果、学生素质教育成果,在论文的数量和层级上给予支持。对于科研工作应考核其应用性科研水平,注重其开展横向课题研究,转化成校内教学改革的成果。

改革教师评审考核制度,促进"双师型"教师队伍健康成长。高职院校要根据自身发展特色,制定完善的"双师型"教师职称评价体系,即科学合理地审核教师的教学水平以及阶段性教育改革成果。高职院校要根据教师队伍发展的实际情况,调整研究型论文的标准,增加实用型论文在审核体系中所占的比重,将教师在专业学科教学方面的创新举措以及取得的学术研究成果作为职称审核的重点,对教师培养的学生进行综合素质评价。对于发表论文数量较多、教学质量较高的教师,院校可给予一定的奖励。

创新教学考核制度,促进"双师型"教师队伍专业成长。高职院校要想保证人才培养质量,就必须不断深化教育改革,而教育改革的重点环节就是考核制度的改革。创新教学考核制度,目的是促进学生更好地掌握课堂所学知识技能,同时提高教师的教学水平和创新能力。一方面,学生是高职院校教师教学服务的直接受众,对于高职教师的教学工作具有重要的话语权。高职院校可以给予学生一部分考察权,由学生参与课程评价来反映高职教师的授课质量,对教师在理论教学和实践教学中存在的不足提出意见,为高职教师提升"双师"素质提供指导依据。另一方面,为了保障教学考核工作的全面性,高职院校还要建立多元化的评估小组,增加院校领导、院系领导、同行教师等相关利益者的参与,对高职教师的教学工作进行全方位考察,客观反映教师的教学成果以及"双师"素质,并针对如何提升"双师"素质提出合理建议。

三、建立健全"双师型"教师团队的激励机制

建构符合高职院校"双师型"教师脱颖而出的工资福利体系,在收入分配上坚持向专业带头人和教学团队负责人倾斜,向"双师型"教师倾斜。

运用相应补贴,对寒暑假期间下企业顶岗实践的教师给予岗位津贴等补助,引导专业教师积极参加顶岗实践,加强与企业的联系,深入企业岗位实践锻炼,切实提高操作技能,营造教师安心从事职业教育事业、静心育人的良好氛围,从而保证学校教师队伍的稳定性。

学校鼓励专业教师深造,特别是鼓励教师参加实践性项目,鼓励专业教师作为访问工程师下企业锻炼,并对访问给予岗位津贴,为"双师型"教师发展打开上升通道。

不拘一格降人才,根据各个高职院校办学特色和教学团队建设的需要,通过向校企合作行业企业和社会公开招聘、引进等方式,适当降低学历层次,引进或聘用在生产一线实践经验丰富的专业技术骨干。

学校专门拿出经费鼓励教师参加各种学习和职业技能培训,为教师参加高职教育和实践锻炼营造良好的氛围;鼓励教师参加各种学习培训,并在经费上予以支持;鼓励专业教师参加技能等级培训,如高级工、技师、高级技师等职业技能等级培训,参加考评员、高级考评员培训。

制定政策,为"双师型"教师发展提供保障。在各类评优评奖中,优先考虑"双师型"教师,在物质激励的同时,给予精神激励,使"双师型"教师有强烈的成就感。同时打开"双师型"教师发展通道,为"双师型"教师职业发展提供更多的上升空间,促进教师主动发展。

四、强化科研激励机制，提高"双师型"教师团队的科研水平

（一）政策激励，提高"双师型"教师团队科研动力

第一，在技术职务评聘中，注重教师科研成果的贡献率，择优推荐申报职称评审。采取解聘、缓聘、降级聘任的办法，考核已聘任但没有开展技术服务和成果转化等应用性科研工作的教师，使教师主动开展有高职院校特点的科研工作。第二，对"双师型"教师的科研活动给予一定的项目经费奖励或对从事应用性科研工作的"双师型"教师给予课时工作量，多渠道鼓励高职院校"双师型"教师开展科研实践。第三，项目支持。学校立项并给予经费资助科研项目，让"双师型"教师积极申报校级科研项目。加强科研项目管理，对项目的研究过程和成果进行鉴定考核评选，对科研工作优秀的教师进行表彰奖励。第四，区别对待激励力度。一般来说，高职院校的科研激励主要包括纵向项目和横向项目（对于高职院校更要鼓励教师开展横向项目），公开发表的优秀论文、专著专利和教材，教学科研获奖成果等。就激励力度而言，不能太低，否则达不到有效的激励作用。从某种程度上说，激励的力度应该与各个高职院校科研水平成反比，年轻的高职院校科研基础较弱，激励力度更要大，以充分激发"双师型"教师科研工作的积极性。

（二）深化产教融合，拓宽科研资金来源

科研基础设施是开展科研工作的物质基础和保障。高职院校在保证教学实训设备的基础上要加大对科研设备和竞赛设备的投入力度，让"双师型"教师开展科研工作有必要的条件支持。高职院校在技能培养上的设备投入都比较大，但在科研设施的投入上存在分歧，如果科研工作没有基本投入，那么高职院校科研工作职能便是无源之水。高职院校的发展为地方做出了较大贡献，所以应该积极争取地方对学校的重视和投入：一是争取地方政府财政资金，同时积极申报各类省、市级纵向科研项目；二是依靠高职院校积极推动产学研合作办学，积极获取相关行业领域中的研究基金开展横向科研；三是校内搭建师生创业科研平台，鼓励"双师型"教师参与到平台中来，为小微企业技术创新产品研发提供服务，为学生创业提供技术指导。学校鼓励成立与本专业相关的研究所，组成科研团队，扶持研究所与企事业单位开展横向科研工作，对于技术难度较大的科研项目，鼓励科研团队与其他院校及企事业技术骨干共同开展科研公关。这些"落地式"的科研工作，一

方面为"双师型"教师科研能力的提高起到积极的推进作用,另一方面也为教师实践技能锻炼提供了机会,为高职教学工作带来了鲜活的案例,提高了教学效果。

五、产教融合推动兼职教师队伍建设

(一)高职院校兼职教师存在的意义

高职院校的师资队伍建设应符合高等职业教育的特点,即需要满足以下三个方面:一是职业性。职业性要求高职院校在建设师资队伍时必须考虑行业、职业、产业、企业对人才培养和师资队伍的要求,把了解行业技术发展、掌握实践技能作为教师队伍的最基本要求。二是高教性。高等职业教育不仅属于职业教育的高等层次,同时也是我国高等教育的重要组成部分。因此,不仅人才培养应该体现高等教育属性,师资队伍也应该有科学性、学术性的要求,所选择的教师应有一定的学术和科研能力,这是对教师的基本要求之一。三是与行业企业紧密合作。高职院校不同于一般的综合性高等学校,高职院校开设的专业经常是针对某一行业,毕业生也主要面向某几类企业。换言之,高职院校主要是为区域内的行业企业服务的,因此,与行业企业紧密合作也应该成为高职院校师资队伍建设的重要导向之一。高职院校聘任来自企业的兼职教师,具有良好的专业素养、丰富的实践经验,兼备职业道德和敬业精神,符合高职院校师资队伍建设应具有的职业性和行业性的条件要求。

高职院校需要建立"双师型"教师队伍,在专任教师方面,需要一般专任教师、骨干教师、专业带头人;在兼职教师方面,需要技术人员、高级技师、技术专家。专兼职教师充分合作,组成完整的结构合理的教育教学梯队,其中对兼职教师的管理可以调整高职院校师资的群体组织结构,主要体现在以下三个方面:一是调整师资队伍的数量结构。高职院校的教师数量应该与学校的办学规模一致,满足专业开设的要求,在人员数量上要达到一定的生师比,保证完成相应的教育教学任务。二是调整师资队伍的素质结构。高职教育不同于普通高等教育,对教师的素质要求除了基本素质如语言表达能力、合作沟通能力、举止风度等要求,更重要的是对专业素质的要求。高职院校教师必须具有过硬的专业理论知识和扎实的专业实践技能。三是调整师资队伍的层次结构。学校教育不同于社会培训,它要培养相应学历层次的人才,必须实现知识、能力、素质的有机统一,而要达到这一目标和要求,其人才培养方案本身就要有丰富的内容和合理的结构。这使得课程结构不仅对教师队伍的数量有要求,而且对教师的层次有相应的要求。

以"双师型"教师为重点,加强高职院校教师队伍建设。教学团队是高职院校特色办学的核心力量,是贯彻专业人才培养方案的执行者,是办出高职特色专业的基本条件。"双师型"教师是高等职业教育师资队伍结构建设的重要要求,但就高职院校教师个人而言,由于受到职业教育教师培养体制、职业教育教师培训机制等各方面的影响与限制,同时具备职业专业理论知识解构与重构能力、与专业相关的职业领域的职业技能、职业教育理论知识迁移与处置能力、与专业相关的职业领域的教学能力是存在较大困难的。高职院校通过对兼职教师的有效管理,可以促进兼职教师与专任教师之间的合作。例如由专兼职教师共同完成一项研究任务,专任教师通过对兼职教师的先进科技和技术的借鉴与学习,以便在研究过程中将专业理论知识更好地转化为职业技能,促进教师个体的专业化发展。此外,与兼职教师的沟通,也是专任教师了解行业企业发展状况以及先进生产技术的途径之一,有利于提高专任教师专业理论知识解构与重构能力,更好地进行教育教学工作。

高职院校兼职教师的引入和管理,有利于打破高职院校的自我封闭状态,拓宽高职院校的视野;有利于充分利用行业企业资源,并加强学校与社会、企业产学研紧密结合。校企合作是高职院校顺利开展教育教学、提高学生职业技能、实现高质量就业的重要途径。高职院校既可以通过校企合作聘请高素质的专业技术人才担任兼职教师,又可以通过兼职教师沟通与企业的关系,加深相互的理解。多数高职院校的兼职教师来自与企业合作共建的实训基地,或是通过与本校教师共同进行科研开发在合作项目中聘请来的,在与学校专业教师进行合作教学、科研的过程中也把学校的信息传达给了企业,特别是把学校办学特点、人才培养模式、科研实力等信息传递给企业,为学校与企业之间在建立实训实习和科研基地、推荐学生就业等方面起着桥梁作用。这样既为企业提供了部分智力支持,也为学校人才培养提供了便利,真正实现了互利互惠。高等职业教育的一项重要职能是社会服务,为地方经济建设培养高技能人才,这就决定了高职院校必须根据地方经济、社会发展和人才的需求来设置专业。地方需要什么规格的人才,高职院校就应组织资源开设什么样的专业。所以,高职院校必须保持较高的专业教学水平,特别是较高的专业实践教学水平,必须调动可以利用的一切资源,并且随着社会对人才的不同需求做出相应的调整,促进校企深度合作,强化专业内涵建设。兼职教师由于其双重身份,在校企合作中可以发挥重要作用,除了承担课程教学和实践指导外,还可以请兼职教师参与专业建设等工作。一是参与校内外基地建设。结合行业企业真实的工作流程和环境要求,专兼职教师共同开展基地布局、实训项目开发、基地管理规章制度制定等工作。二是参与课程教材建设。坚持职业导向的课程开发理念,将企业的真实产品、工作流程、案例、项目等引入课程,专兼教师共同开发基于工程的项目化课程,编写融入最新技术和产品标准的教材,共建专业教学资源库。三是合作开展科技研究。专兼职教师发挥各自的优势,充分利用双方的资源,合作开展科技研究,特别是面向企业的应用技术研究。四是指导教师进行企业实践。兼职教师利用企业工作经验丰富、技术水平高、紧跟产业发展前沿等优势,指导学校专任教师特别是青年教师在企业顶岗实践。

(二)产教融合推动高职院校兼职教师队伍的发展壮大

国家有关高职院校兼职教师管理的政策多是起规划和引导作用,其强制性较弱,而对于兼职教师的资格、权利与义务以及管理需要以法律的形式做出相应的规定,应具有一定的强制性,要确立兼职教师的法律地位,为兼职教师的权益提供司法保障。同时,针对兼职教师的聘任、薪酬、评估、培训等完善兼职教师管理的相关内容应进行较为详细的说明。此外,人事编制部门要把兼职教师队伍纳入教师队伍,进行长远规划和考虑,建立一套包括聘任、考核、福利、职务评定等制度在内的行之有效、可操作性强的兼职教师管理规章。

地方政府也应颁布相应的地方性法规,大力促进高职院校兼职教师管理法律法规的完善,明确高职院校、行业企业以及兼职教师三方面的权利和义务,使得各个参与方在行为上都可以有法可依,遇到问题或纠纷时可以按章办事,通过正常的法律程序维护自身的合法权益。

出台相关政策,完善高职院校兼职教师政策。政府还应该从多方面支持高职院校兼职教师的发展,起到主导作用,进一步明确企业对职业教育的责任和义务,出台相应的激励政策,鼓励企业技术骨干到高职院校兼职,激励企业承担社会教育责任。例如,为提供兼职教师的企业制定财政优惠政策,促进企业积极为高职院校提供兼职教师,鼓励企业将兼职教师在高职院校任教的表现纳入企业员工评价准则。同时,政府应把兼职教师培养纳入教师队伍培养中并加强培养平台建设,为兼职教师提供培训进修的机会。

建立职业资格证书制度,规范兼职教师准入制度。要加强对兼职教师职业资格证书制度的管理,规范兼职教师的准入制度。一方面,政府把兼职教师的培养纳入高职师资队伍培养中,建立兼职教师专门培养机构,并由相关教育行政部门出台相应政策,允许兼职教师考取教师资格证;另一方面,可以由师资培训中心牵头实施兼职教师培养工作,针对兼职教师群体的特点创新培训内容,培训合格后颁发兼职教师岗前培训合格证,作为获取兼职教师资格证书的必要条件,并逐步建立对兼职教师职称认定和教师资格认证的评审制度。

实施严格的聘任制度——兼职教师的资格筛选。高职院校对于兼职教师的聘任要以实用为原则,对应聘的兼职教师进行较为严格的资格筛选,主要是以下几个方面:一是其专业结构应与高职院校开设的专业相符合,并拥有娴熟的实际操作经验,具有专业的技术资格等级证书;二是需要具备一定的政治素养和思想文化水平,具有良好的职业道德,同时兼职教师的行为应与教师规范相符;三是有从事教师工作的热情,兼职教师虽然未受过正规的师范教育,但至少要对教师工作感兴趣,有意愿从事教师工作并接受相关的教育教学培训。高职院校也要严把聘任关,严格执行对兼职教师的聘任程序。首先制订招聘计划,根据对院校和专业的发展目标以及当前在校学生数量、师资力量等方面的分析,确定聘任兼职教师的数量、要求以及面向的职业,并制订出详尽的招聘计划。然后院校进行人员招聘,在学院网站上发布信息,也可以通过多种方式发布招聘信息。之后不仅要对应聘者进行资格审查,包括应聘人员的技术资格条件、在本单位的工作情况等方面,更要重视试讲工作,择优录取。最后,院校要与拟聘用人员签订聘用合同,明确兼职教师的工作任务、在院校中应承担的责任、兼职教师待遇以及兼职教师与院校之间的违约赔偿等问题。

完善教师培训制度,促进兼职教师的专业发展。接受培训应该是兼职教师所享有的权利与义务,高职院校应完善兼职教师教学培训制度。一方面,院校为兼职教师定期提供教师教育培训,为其补充一定的教育学、心理学知识,使兼职教师了解并掌握常用的教学方法及现代教育技术,充分利用先进的教学辅助设备,从而更好地把知识、技能教授给学生;另一方面,对兼职教师的培训促进了兼职教师的专业发展,为有意愿成为高职院校专任教师的兼职教师提供了机会。

优化考核评价制度——兼职教师的科学评价。高职院校要实行对兼职教师的多元化科学评价,优化现有的考核评价制度,根据不同专业制定不同的考核评价标准,不能仅以教学效果作为对兼职教师的考核评价标准。在评价内容方面,对兼职教师要进行全面性的评价,包括兼职教师职业道德、课前准备、课堂教学、教学方法选用等。在评价形式方面,尽量避免采用一种评价方式产生的评价偏颇的现象,要多种评价形式相结合,具有评价客观性、真实性和有效性,并将考核评价结果及时反馈给兼职教师,以便兼职教师更好地调整自身的教学状态。另外,高职院校要依托于良好的校企合作关系,对兼职教师的评价要积极与企业进行沟通,使企业同时开展对兼职教师的评价和派遣工作。

适当采用柔性管理——兼职教师的人文关怀。在重视及完善高职院校兼职教师管理制度化建设的同时,要兼顾对兼职教师的人文关怀和柔性管理。高职院校有必要对兼职教师提供人性化的服务,树立“不求所有,但求所用”的现代教育人力资源理念,坚持以人为本的管理原则,为兼职教师的教学提供方便;及时与兼职教师交流沟通,对于课程标准和教学日历的下发、所需教材的准备以及上课时间和地点的安排等均应准确及时。同时,高职院校要满足兼职教师对实践指导环节所需要的设备,对于实践、实验中耗费的材料要及时购买,以保证课程的正常进行,对于兼职教师在实践教学环节的需求也应及时解决。此外,应当灵活地处理兼职教师出差调课与补课的问题,给予兼职教师人文关怀。院校不仅应建立兼职教师激励机制,对教学工作表现良好的兼职教师给予荣誉或物质奖励,调动兼职教师授课的积极性,更应该关心兼职教师的工作态度、心理状态和日常生活,帮助兼职教师协调处理兼职与本职工作的关系、与专任教师之间的合作关系,尽量协助解决兼职教师在工作和生活上遇到的问题。院校应为兼职教师提供良好的工作环境和学术氛围,促进兼职教师对自身身份的认同,完成兼职教师的角色转换,使其更好地适应教育教学工作。

促进教师团队协作——专兼职教师共同发展。高职院校要促进专兼职教师合作,专兼结合优势互补,从而切实提高教学质量。促进专兼职教师的合作互补需要院校做出相应的调整。一是高职院校为专任教师与兼职教师提供合作平台。例如,一些高职院校组建合作项目工作室,组织成员包括院校内的专任教师和来自企业的兼职教师,专兼结合,共同努力完成项目研究。二是建立互动合作机制。高职院校对需要专兼职教师合作的教学工作进行合理安排,避免不必要的冲突,同时,应每学期举办兼职教师与专任教师的交流会议或学术探讨,增进双方的交流与沟通。三是邀请兼职教师参与人才培养计划制订、专业课程体系重构等工作,增加兼职教师与专任教师合作的机会,拓宽专兼职教师合作领域。

建立多方全面合作机制。高职院校兼职教师队伍的建设与管理需要政府、行业、企业、院校等多方面的全面支持与合作。政府应大力支持,积极倡导,为建立良好的合作机制提供保障;行业企业要重视自身的职业教育社会职责,充分发挥行业企业的职业教育主体作用与功能;院校应立足自身发展,创新兼职教师管理制度。

多渠道资金支持。政府应设专项经费支持高职院校兼职教师队伍建设;行业应充分发挥引导和监督作用,促进校企合作切实有效地开展;与高职院校合作的企业可以将员工兼职任教纳入员工的评价之中,并在资金上给予一定的支持,如企业对到高职院校兼职任教的员工给予一定的补贴奖励等;高职院校应多渠道筹集资金,用于优化兼职教师队伍建设,例如适当提高兼职教师的课时薪酬以及提供兼职教师公共休息室等,以增强兼职教师的身份认同感。高职院校除了政府划拨资金以外,可以通过建立校办工厂等创收性项目筹备资金。此外,高职院校积极寻求与企业的合作,努力提升自身的办学质量,为企业输送大批优秀技能型人才,并给企业提供相应的技术服务,利用自身价值与企业达成合作共识。

建立兼职教师信息资源库。通过政府引导,行业企业积极参与,高职院校提供兼职教师队伍长期的规划及具体需求,建立区域性的兼职教师信息资源库,将来自各行各业的兼职教师的个人资料利用数据库统一储备,形成包含兼职教师职业、职称、学位、技术等级等情况在内的兼职教师信息资源库。由政府主导,联合行业、企业、院校成立兼职教师资源库的管理部门,负责对兼职教师资源库的建设、资料搜集和整理,记录兼职教师个人情况、企业背景等信息。建立兼职教师信息资源库可以促进兼职教师队伍的建设与管理。一是集中大量兼职教师的信息以备高职院校选聘,以保证兼职教师队伍的稳定性;二是方便与院校合作的企业掌握员工的职业动态,了解院校需求,并根据实际情况派遣企业员工;三是有利于政府未来对兼职教师进行教育资格认定等工作。

第七章　新时代高职产业学院建设创新实践路径

第一节　校企合作中的资源共享

一、校企合作中资源共享的理论与现实

职业教育以"工学结合"和"校企合作"形式为发展重点,它是高职院校本质属性的要求。基于校企合作,企业与学校两大社会主体的性质虽然有所不同,但出于共同的利益追求又必须相互依赖、相互生存,而之所以会形成这种关系就在于两者的资源优势对对方来说具有不可替代的作用,从而使得双方在资源互补的前提下建立有效的合作关系。

当前校企合作的现实情况是,教育资源分布不均导致职业教育的发展受到严重阻碍和约束。因此,对教育资源进行全面整合,深化产教融合,是发展职业教育过程中需要重点解决的问题。从大量的实践经验可以看出,校企合作的深度和广度直接影响着职业教育人才培养的质量和水平,而在多重因素的影响下,我国现阶段的校企合作仍然处于初级阶段。

(一)校企合作中资源共享的理论透视

1. 校企资源共享形态

校企合作的基础在于资源共享,从资源理论来看,校企合作就是企业与院校通过合作达成伙伴关系,与对方组织实现优势互补。

(1)校企合作的资源驱动——占有对方的关键资源

高职院校的资源为教育资源和公共社会资源的混合体,因此职业教育的资源需求具有多层次、多类别特征,主要包括基本的教育需求、就业需求、发展需求,内容主要涵盖了基础文化素质教育、基础理论知识教育、专业技能教育、实践能力教育、专业提升和拓展教育等。

在市场经济中,不同行业领域对人才的需求各有不同,且相对较为复杂,这主要是受就业区间、就业意愿、就业满足度、教育周期等因素的综合影

响,是政府、社会、学校、个人等关系相互作用的结果。从教育资源的供给角度来看,人才的供给和需求只有充分协调和匹配才能发挥教育资源的作用,不同主体的资源储备实现真正共享才能确保高质量的教育实效。对于高职院校来说,其无法全部拥有必需的就业资源,且仅凭学校自身的力量很难将不同的社会资源进行合理调配,因此就需要与企业、政府、社会达成合作关系以完成资源的合理调配,实现资源整合,促进优势互补。

由此,校企合作资源共享便形成了一种基本理念——自身不一定需要拥有关键资源,但需要具备对资源的调配能力。合作关系可以使双方资源共享,并以此作为双方获得同等价值的一种公平补偿方式,因为合作者都期望有广泛的资源分享。

（2）资源共享的理想状态——建立社会伙伴关系

校企合作建立在双方资源共享的基础上,它是超出了物质类范畴的能力共享,当共同体双方能够在没有竞争时形成一致目标,便可构建最佳资源融合合作关系。当合作主体能够使双方都获得相应的利益,这种合作就是主体在智力上的给予和获得。职业教育的实施主体较多,且相互结合,从而会形成一种多元化、多层面、放射性的合作关系网,在这一合作关系网中,各个利益主体相辅相成、关系稳定。合作形态的不同,社会伙伴关系的组成也会有所不同,一般表现为以下几种关系。

①法定型社会伙伴关系。法定型社会伙伴关系的典型特征在于,各主体间出于某种政策目的,在官方机构的组织下建立起合作关系,其利益追求与优质资源都与社会直接或间接共享,例如学校与工厂的合作即属于这种社会伙伴关系。

②社区型伙伴关系。社区型伙伴关系在社区范围内组成建立,因此所关注的问题也仅限社区范围内,参与者需要组织开展各种社区活动。这种关系是由地方政府、企业、高职院校、培训机构相互合作所建立的网络型结构,一般会跨越两个社区,以此推动地方政府的互动,同时引导地方政府制定相关的政策法规,为社区范围内的群众提供广泛的教育机会。

③协商型伙伴关系。协商型伙伴关系建立在互利共赢的基础上,双方之间有基本一致的利益目标追求,出于内部和外部的利益互动发起组建,以此维持双方的伙伴关系,实现共同的利益追求。相比于前两种合作伙伴关

系,协商型伙伴关系是运行时间最久的,一般长达11—15年。

2.校企合作的伙伴关系纽带

企业和院校虽然在文化、理念、社会责任、组织结构、运行体制等方面各不相同,但在人才培养目标方面,两者却能保持基本一致。

(1)校企合作过程中社会伙伴关系的植入

社会伙伴关系是由官方机构或社会团体所推动构建的战略合作关系,这种合作关系有利于在保障当地人民利益的前提下,为当地的各种社会问题和经济问题提出解决方案。社会伙伴关系是社会不同群体之间通过共同协商所形成的利益纽带,是以"互利共赢"为前提建立的一种契约合作关系。它包括政府与非政府、实体经济与非实体经济之间的合作,在这种合作关系下,各个主体成员的工作效率都会有所提高,同时,其各自利益也会得到相应的增长,增加各个成员的社会资本。此外,这种社会伙伴关系可以有效地促进不同社会群体之间的合作,改变原有的合作方式与机制,为社会的发展营造一个稳定的环境。

在社会合作关系的不断发展中,伙伴关系逐渐进入了职业教育领域。在职业教育中,以往的伙伴关系是学校与商界的合作。从商界角度来看,参与职业教育是有明显优势的。一方面,可以在人力资源上选择和吸纳更为优质的青少年人才;另一方面,产品周期日益缩短,员工技术调整加速,青少年人才更能适应。此外,伙伴关系是一个发展过程,是不断变动和成长的,职业教育正是在这种关系的推动下获得更全面的市场信息和资源供给。

(2)职业教育社会伙伴关系的界定

职业教育社会伙伴关系是指由学校、企业、政府、教师、学生等主体在共同提升的状况下所组建的合作关系。从这种合作关系中可以发现,高职院校的办学雏形就是依靠多元化社会力量所搭建的办学模式,这始终是高职院校所努力的方向。职业教育社会伙伴关系主要关注以下几大要素。

①参与者。多元化社会主体要严格遵守合作关系所建立的章程和规定,同时做出组织承诺。

②关系。在达成合作关系后,各个参与者之间要保持长期性、稳定性、可持续性的合作关系。

③资源。不同的参与者在合作关系中需要为其他主体提供不同的有价

值的资源,如知识资源、设备资源、技能资源等。

④分担与共享。分担是指在合作关系中,不同主体要分担相应的责任以及风险后果;共享是指资源和利益上的互利互惠。

⑤连续性。成员主体之间的价值、利益、目标等要达成基本一致,这是合作关系良性循环的前提条件,是维持长久信任关系的基础。

以上内容是合作关系建立的基础,可以看出,各个主体之间的合作关系是相互依赖、相互承担、相互分享的。

(3)校企合作共同体内部的关系网络

社会伙伴关系的主体具有多元化特征,涉及各个行业领域,校企合作中的利益相关者在价值网络的维系下形成长期的合作关系。这里所说的价值网络涵盖范围较为广泛,是全世界范围内的一个复杂性整体,在这种复杂的环境中,各个行业获得成功的关键在于与其他社会主体形成的关系网络,并在这一关系网络中传递价值,形成价值网络。价值网络结合了人力资源、信息内容、物质基础等多方面要素,三者形成一个有机整体,在价值网络中处理和解决各种问题和矛盾。

职业教育在社会关系中的重点在于培养、培训、就业,是融合多主体从而形成一个共同体形式的利益网络关系。社会伙伴合作关系的本质在于服务,在合作关系中,各主体都会扮演一定的角色,如:政府扮演的是推动者、监督者、协调者、自助者角色,为职业教育校企合作提供各方面的保障;学校所扮演的是培养者角色,为企业和社会培养高素质的技术型和应用型人才;企业所扮演的是投资者、服务者、消费者、举办者角色,为职业教育提供平台和机会。

(二)校企合作中资源共享的现实透析

从教育资源的框架来看,校企合作中的资源类别主要分为四种,即人力资源、物力资源、信息资源和资金资源,其共享效果与校企合作的内部和外部环境都有着重要的关系。

1.人力资源的共享

在校企合作中,人力资源包括教师资源、学生资源,其中教师资源主要为院校专业教师资源、兼职教师资源及校企合作中企业的专业技术人员、下企业实践的教师资源等;学生资源主要为企业实习实训学生、在校综合素质优异的学生等。人力资源的共享主要表现在以下两个方面。

（1）师资方面

校企合作中形成师资资源共享，是指院校与院校之间形成互通，建立合作共同体，在教师资源中设立兼职教师资源库。兼职教师资源库除了包含院校的专职教师外，还可以是企业的专业技术人员，使教师能够根据不同院校的需求来进行兼职。院校可以在教师兼职资源库中选取企业专家和技术人员来校进行实践指导，企业可以在教师兼职资源库中选取专业的教师入企指导，双方之间形成兼职互聘。

（2）学生共培方面

以具体的专业为前提，企业与学校针对即将毕业的学生制定专业实习方案，明确学生在企业实习的具体内容和要求，根据学生的实习情况制定严格的考核制度，以此保证学生的实习效果。尤其是校企共建的高职院校，学生在企业的实习详情需要更加细化，并以学期为单位进行师徒结对、分组结对、分组指导，将具体的任务落实到人。此外，还可以在师徒结对时增加仪式感，使师徒双方的关系更加密切，增强双方的使命感和责任感，提升学生的学习效果。

2.生产性资源的共享

生产性资源又可以分为硬性资源和软性资源。实训场地、实训设备设施等属于硬性资源；课程教材、项目化教学、人才培养方案等属于软性资源。在校企合作中，企业和院校对生产资源共享的落实情况尤为关注。

（1）实训场所建设方面

实训场所的建设并不是单一地依靠企业，学校也需要保证全程参与，实现共建共享。在具体的建设过程中，应当坚持"围绕新兴岗位，引入行业企业标准，课程融通，建设数字化资源"的思路；推进课程体系、教学内容、教学方式、教学情境的转化和重构，不断深化课程体系改革标准，将企业的实际需求与院校的课程内容设置相结合，同时，与行业专家和课程开发专家共同制定课程标准，实现教学资源的数字化建设，以培养综合型的电子商务人才。

（2）教学培养实践方面

基于教学实践的共享原则，教学课程要做到实践化，就需要将课程内容项目化,在课堂教学中为学生提供企业的现实案例,如企业生产线的真实流程、实际操作工序、产品开发过程、技术项目的困难等,当这些真实的企业现实案例渗透进高职院校的课程教学后,其教学效果势必能事半功倍。

3. 衍生资源的共享

衍生资源是指资源在发挥本身的价值之后,还能具有价值增长性。它是对创造过程和创造结果的一种反映。校企合作中的衍生价值主要包括研发资源、意识资源、就业平台。

(1)研发资源

研发资源即技术攻关和技术服务,包括知识产权、生产专利、重大项目等内容。这种资源一般很难由企业独立完成,常常是多个企业或专业群组进行共同研究攻克。研发资源是企业所给出的"技术难题",需要由优秀专业教师或企业技术专家结合成项目组来共同完成。

(2)意识资源

意识资源既是一种主观认识,也是一种文化渗透,比如教师入企实践从而获得的各方面认知就是一种意识资源,如岗位认知、行业认知、技术认知等。企业具有对市场的敏感度,能够第一时间知晓行业动态和发展方向,因此企业对技术的更新以及企业经营理念通常也最为前卫。高职院校的教师在企业实践中会潜移默化地形成对市场的灵敏感知,这对教育教学的开展是具有积极意义的。

(3)就业平台

就业平台并非企业与学校的一对一形式,而是多个学校与多个企业的多向选择形式,这与传统意义上的"就业平台"认识有所区别。这种多向选择的就业平台不仅提高了院校学生的就业率,同时还提高了学生的就业质量。此外,企业通过就业平台也能自主地优先选择高素质人才。

4. 文化资源的共享

文化资源是一种隐性资源,在这里主要是指企业文化资源,如企业的行为规范、操作流程、职业素养、制度管理、经营理念等。学生通过校企合作的下设实习项目,能够接触与专业有关的产业文化,这是对专业的一种产业对接,有利于熏染和滋养人才。

二、基于职教集团的校企资源共享优势分析

职教集团是指高职院校、行业企业等组织为实现资源共享、优势互补和合作发展而建立的教育团体。职教集团是近年来我国加快职业教育办学改革、促进优质资源开放共享的重要发展模式。职业教育的主体成员较为广泛,主要有政府机构、行业组织、企(事)业单位、高职院校、研究机构、社会组织等等。

(一)职教集团内涵与特征的适用性诠释

职教集团是由多个独立法人所组成的机构,其合作形式主要以契约、资产等形式为主。近年来,我国职教集团普遍取得了显著的办学成效,促使更多新兴的职教集团陆续诞生,在早期职教集团的发展规模和内涵建设上,集团化办学也显现出了一些新的特点和趋势。

1. 办学模式的多样性和公益性

办学模式的多样性取决于职业教育办学过程中成员之间的关系,比如从服务面向层面来看,有区域性集团、行业性集团,且逐渐形成相互交错的特征;从联结纽带来看,既有契约纽带,又有产权纽带,并逐渐出现复合型发展方向。这种多样性的关系直接决定了办学模式的多样性。职教集团的公益性即指各个成员在合作过程中有各自不同的利益点,如成员的个体利益、集团成员的共同利益等,但是集团本身不会以营利为目的,而是为地方或某一行业输送高素质人才。

2. 跨部门合作与资源整合的中介性

各个主体在不同的环境中基于不同的立场,对利益的追求和需求都会有所不同,因此,在相互合作中出现利益矛盾和利益冲突是在所难免的。这就需要职教集团发挥自身协调者的作用,对各方矛盾进行协调和处理,从而寻找新的利益契合点,共同提升资源功效、促进产教融合。

3. 技能供给的系统性与服务性

系统性主要是指根据我国实施的"中国制造2025"战略,对人才的技术技能进行系统化优化和调整,并保证人才在产业和地区的均衡分布,实现人才、产业、经济合理布局、对等匹配。这就需要在人才培养过程中,结合当下社会环境的技能生态,对人才进行职前一体化培养,对在岗人员进行系统化培训服务。不过,对于我国职教集团的现阶段情况来说,需要做到这一点还

有一定的难度。

集团化办学对产教融合模式起到一定的推动和促进作用,有利于根据不断变化的社会经济形势来实现人才培养的转型。同时,集团化办学还有利于决策者在制定产业升级政策时,使政策措施更为稳定和合理,为人才的发展提供一定的保障,促进社会劳动力市场的稳定发展。

(二)职教集团资源共享的关系优势

集团化办学的参与主体多元化,因此所拥有的资源也较为丰富,在制度化组织结构和规范化组织管理的保障下,各个资源有效整合形成多样化合作,发挥出资源的更大优势。

1. 群体优势能够带来规模集聚效应

职教集团在多元化主体的参与下对资源进行一体化统筹,并在社会主义市场经济环境下实现资源的优化配置,使资源发挥自身最大的效益。职教集团虽然能够形成资源统一,但鉴于它的经济服务功能以及当前的社会发展背景,资源若仍然停留在简单的积累和共享上,则很难获得长久的发展。所以,职教集团应当对资源的聚合、分配、规模、质量等进行创新调整,形成新型的资源共享模式。

从我国职教集团现阶段的发展形式来看,主体参与数量已经由原有的"一对一"形式转为现在的"多对多"形式,合作途径和合作领域都得到了有效拓展,职业教育校企合作资源也有了更多聚集的可能性。此外,集团成员也更加丰富,包含了行业、产业部门、科研机构等多个集团成员,为集团提供了更加多元化的资源类别,使校企合作在优化资源配置时合作得更有深度。

2. 组织优势能够带来资源整合效应

在利益方面,职教集团具有调和和整合的功能,能够使各方主体利益追求基本达成一致,以此实现资源网络的规整。集团办学的主要功能表现在对各方资源的整合上,有利于对师资、实训、岗位等教育资源实现配置优化。从集团角度来看,通过职教集团办学可以将各方主体统一起来,一方面形成了资源的整合,使资源能够发挥出更大的效益;另一方面,各方成员主体集合在一起,取长补短,使职业教育更具有竞争力。这不仅为成员在资源整合的过程中打下基础,还会因此衍生出新的资源,即集团内部成员之间的共有资源。在资源为枢纽的缔结下,主体双方的合作关系更加密切,职业教学的办学质量和人才培养质量都能得到同步提升。

从集团内部的主体成员来看,当相应的考核评价机制和奖惩措施得到落实后,其主体成员对职业教育的参与积极性和主动性会显著提高,同时,校企之间的沟通和交流也会更加深化,促进彼此相互了解和合作,资源配置也会得到进一步健全和完善。职教集团的参与主体涉及多个行业协会、行业组织,从整体上看其在行业指导方面更具优势,因此也更容易得到行业组织和产业部门的支持。

3. 品牌优势能够带来向心力效应

职教集团具有多重身份,其中一个身份就是中介,它对各部门具有第三方跨界协调功能,能够促使各方主体的合作更加密切并且稳定。对职教集团来说,其发展的核心动力就是主体之间的利益共赢,所以,职教集团一方面要为高职院校的招生、人才培养、实习实训等环节提供必要支持;另一方面,还要为企业的人才需求提供保障,为企业注入更多新生力量,解决企业人力资源短缺的问题。

总的来说,集团办学可以实现教育、经济、社会三方面资源的整合,实现各主体间优势互补、互惠共赢。职教集团在不断的发展和转变中,对集团内涵的建设愈加重视,院校之间的联合使人才培养的标准更加统一化,校企之间的深入沟通使人才培养的文化适应性达成共识。职教集团不断通过对内在优势的聚集和优化,形成品牌化,在社会中建立一定的声誉和影响力,以此吸引更多的外在利益相关者参与到职业教育中来,实现社会力量的聚合,促进多伙伴关系的加入和多元化的资源投入,使集团教育的生命力更为持久。

职教集团的这种关系式组织,其本质就是由于集团具有一定的跨界性,通过各方主体在利益中的缔结,使各自形成捆绑式利益相关者。

(三)职教集团资源共享关系机制分析

职教集团资源共享关系机制是指各合作主体之间的关系、作用、制约关系及其原理。职教集团是一种社会性伙伴关系组织,伙伴之间的互动和联系主要依靠主体之间的资源共享机制实现,其内容主要包括利益机制、交往机制和组织机制。

1. 互益性的利益机制

对职教集团来说,利益机制是伙伴关系形成以及集团发展的核心驱动力。在职教集团中,虽然各方主体的利益追求和导向各不相同,但是在利益机制的协调下,可以实现不同利益价值的融合或妥协。

(1)政府

政府是公民权利让渡的产物,有责任和义务为公民的合法权利提供保障。在职教集团中,政府的责任和义务在于资源供应、制度建设、监督协调、调配管理等。职教集团多元化主体有利于政府在资源调配中获得政治合法性,更利于保障学生得到优质职业教育的权益。

(2)学校

学校、培训机构等作为职教集团的执行主体,在多方资源的供给下可以使校内、校际职业教育资源的组合得到优化。职业教育也可以因此获得更为丰富的资源,保障高职院校的人才培养规格和质量,切实提升职业教育效益。

(3)企业

企业是人才的需求方和接收方,高职院校培养的优质人才可以作为企业发展的人力资源储备和企业竞争力的智力支撑,从而使企业在人力资源的外在成本上得到缩减;同时,企业参与到职业教育中,可以为职业教育的人才培养提供丰富的资源和平台,从而实现参与主体的信息互动并形成职业发展导向。企业不仅满足了自身利益的需求,还提高了资源利用效率,大大缩减了人力资源方面的成本,其品牌和影响力也在社会中得到无形的提升。

(4)受教育者

受教育者并非单一指高职院校的在校学生,还包括不同年龄段、不同需求的利益群体。

优质的职业教育资源供给更能够根据受教育对象的差异化做到有的放矢,在满足不同阶段、不同需求受教育者的学习需求的同时,有效降低其受教育成本,提升教育质量。此外,高职院校学生在未来的个人职业生涯中所取得的个人发展以及回馈,也属于教育资源的一种供给类型,属于一种"反哺"形式。因此,个人参与职业教育资源的供给对于人生价值的实现、团队的创新协作能力等有着直接的帮助。

（5）产业

产业包含了多元主体的共同利益,在职业教育资源供给体系的构建下,职业教育本身可以得到可持续性的发展,实现与经济社会的良性循环,同时,还能在社会中影响人们的价值观,帮助人们树立正确的价值观、人生观、职业观。

2. 长效性的交往机制

交往机制是为了使职教集团中的伙伴关系更加具有长效性,这不仅涉及资源、信息、知识的分享,还涉及伙伴关系确立之前的沟通和交流。职教集团的各主体通过相互交往、与外部机构的沟通以及与产业劳动市场的交流,逐步实现合作主体之间的互利共赢。

职教集团的交往关系可以从传播学领域来进行分析和研究。

职教集团的交往关系是各方主体之间的交往,即高职院校和政府、培训机构、行业企业、中介组织等主体之间的交往。而需要思考和解决的是,在职教集团中,多元化的主体关系如何交往? 交往什么? 从利益角度来看,职教集团主体之间的交往主要是通过资源分享实现。资源不仅是主体之间交往的基础,也是其交往的目的,是以资源为基础的互利互惠、合作共赢的过程。多元化的主体在合作交往过程中除了从各方主体中受益,还要在交往过程中做出一定的奉献,承担部分责任和风险,履行部分义务。当然,在这一过程中,由于各主体对利益的不同追求以及利益的获益不均,在交往中难免会产生矛盾或冲突,这一矛盾的主要根源是双方的信任关系。可以说,职教集团的成员伙伴之间必须要通过持续的交往和互动,才使得彼此的关系能够相互依赖、相互制约、相互竞争。这种关系在合作过程中必然会带有一定的功利性,但是利益始终是合作的推动力,若没有共同利益的追求,合作关系也将很难持续。

多元主体之间的相互交往意味着某种内容的交换。职教集团的交换主要为资源的交换,且在交换过程中需要遵守平等、互惠的原则。这一资源通常包括社会资源、经济资源、信息资源、技术资源、知识资源、设施设备资源等。社会伙伴关系的稳固是需要资源来维系和支撑的,所以开发伙伴关系之间的资源可以使双方的合作关系更为长久。这同时也就意味着,若要维持职教集团伙伴的良好关系,就必须要不断优化合作伙伴关系之间的资源,这也是集团内部关系深化的一种表现。

3.约束性的组织机制

组织机制是职教集团实现持续发展的推动力,是各方主体为实现共同利益的行动准则,是对伙伴关系利益的一种分配和协调。职教集团的组织机制具体包含外部保障和内部环境两大部分。

(1)高职院校的外部保障

高职院校的外部保障主要是指能够影响高职院校生存和发展的一切社会外在因素,其中包括竞争环境、社会支持、社会需求、价值观念等。外部环境会对高职院校造成一定的影响,如影响高职院校的社会舆论、政府投入、资源配置等。外部环境的保障不仅可以为高职院校谋求更宽广的生存和发展空间,还能确保其在政策上获得相应的支持和保障。

政府及其政策保障即为主要的外部环境,在职教集团中,政府扮演着多重角色,如成员、主办方、赞助者、推动者等。其在职教集团中具有一定的权威性,可以为社会伙伴关系的运作制定相关的政策,为社会伙伴关系创建良好的政策环境,但不可否认的是,社会关系有时也相对较为脆弱和不稳定,尤其是在公共资金较为有限且流动性大时,社会伙伴关系往往过于依赖政府的认可。政府的政策对外部环境的影响直接且迅速,社会伙伴关系会深受其影响。社会伙伴关系相关性政策是政府以及教育行政部门为了促进职业教育发展以及协调多元主体之间的关系,实现合理配置各方资源的一种有效手段。虽然职教集团的社会伙伴关系建立在多元主体共同的利益追求上,但是若只依靠彼此的相互作用力是远远不够的,所以还需要政府从旁支持。

(2)高职院校的内部环境

高职院校的内部环境是指职教集团为维持伙伴关系所制定的合作契约、行为规范、集团章程和组织架构等。职教集团的内部管理制度是使社会伙伴关系得以持续有效、协调并形成内部激励的重要策略。这些管理制度主要包括师资管理及评价制度、职教集团资金投入及管理制度、职教集团人才培养方案、职教集团权责规定、职教集团学生质量评价体系、职教集团合作教学编写制度和职教集团教学管理规定等。在内部环境中,一切管理制度的实施必须坚持共同治理原则,必须以公平、问责制、所有权的伙伴关系实现共同决策。

第二节　合作办学治理与创新路径研究

一、完善政策制度基础与体制机制保障

政府在推进高职院校校企合作办学的过程中具有相当重要的作用,其作用具体表现为政府能够为高职院校校企合作办学制定相应的政策,从而保障校企合作办学工作的顺利开展。对于政府而言,要制定高职院校校企合作的有关政策,应当先明确国家校企合作办学的目标以及协调各个部门之间的利益。

(一)构建行业企业深度参与的长效机制

为了更好地促进企业长期参与校企合作,应当建立职业教育工作部际联席会议制度和地方职业教育工作联席会议制度,制定科学合理的职业教育管理机制,使企业与高职院校能够同台进行商议,充分发挥政府、企业在校企合作中的作用,构建综合性强、管理水平较高的职业教育管理体系。从国家层面来看,国家应当加强财政、农业、水务、人设等部门与企业、高职院校的联系,对企业、高职院校在校企合作中遇到的问题进行收集,并提出相应的解决方案。从地方政府层面来看,地方政府应当针对实际情况建立职业教育指导委员会、职业教育协作联盟等组织,为企业和高职院校提供人才资源、技术等方面的帮助。与此同时,地方政府还要根据高职院校和企业的实际情况对人才培养计划提出相应的要求,为校园和企业制定相应的人才培养标准,并实施高职院校领导与企业领导交叉任职的方案,提高企业在校企合作中的话语权。

(二)完善组织机制,搭建双方合作治理结构体系

在搭建双方合作治理结构体系的过程中,应当设立专门的校企合作协调机构,使高职院校和企业能够明确自身在校企合作中的优势与劣势,从而更好地协调二者之间的关系。值得注意的是,高职院校与企业之间的属性和目的都是不同的,因此二者对于合作办学的诉求也不同,这意味着高职院

校与企业要在协同管理方面进行深入研究,形成良好的协同合作管理机制。另外,在校企合作办学的过程中,高职院校与企业可以进行互补,例如企业人员可以任职于高职院校,为高职学生提供专业化的指导,而高职院校教师可以在企业内部进行实践,为开展研究工作积累更加丰富的经验;在校企合作办学的过程中,高职院校与企业彼此之间加强沟通,明确双方的供需问题,有针对性地研究解决方案,从而强化二者之间的合作。

(三)发挥税收政策的调节作用,建立鼓励企业参与的激励机制

1.研制专门税收减免政策

对于那些积极响应政府号召并主动参与职业教育的企业,政府应当给予一定的鼓励,即制定相应的税收减免政策。在校企合作办学过程中,学生在企业实习的报酬以及开支主要由企业承担,因此政府应当对这些付出较多的企业给予税收减免优惠,即用税收来抵免学生的实习报酬和实习开支,这样不仅能够缓解企业在校企合作办学中的压力,还能够为企业树立良好的口碑。

2.明确双主体办学中企业可获得的合理回报

在校企合作办学中,企业在其中的付出是较为明显的,因此,为了更好地吸引其他企业加入校企合作之中,政府应当明确企业在校企合作中应得的回报。在具体实施过程中,学校应当根据实际情况上报企业的投入比例,并将其上报至政府教育部门,由政府教育部门和其他部门共同商议企业可获得的合理回报。对于有突出贡献的企业,政府应当考虑免征该企业一定时期的企业所得税,为该企业积极参与校企合作办学提供动力。

3.制定企业参与职业教育的优惠政策

一般认为,企业主要是以利润投入的方式参与校企合作办学,校企合作办学被计入企业的生产成本中,这自然会对企业的发展产生一定的影响。因此,为了推动更多的企业参与校企合作办学,应当制定企业参与职业教育的优惠政策,例如,借助政府财政经费来缓解企业办学的压力,或者建立政府、企业联合资金投入机制。在具体实施过程中,企业要履行自身的社会责任,严格按照要求来规范自身的行为。

(四)发挥以评促建的作用,建立协同创新评价机制

为了更好地督促校企合作办学,应当建立相应的评价机制,通过接受评价的方式使高职院校和企业明确自身在合作办学过程中存在的不足。从整体上来看,建立评价机制是利大于弊的,它有助于引导校园和企业共同育人,形成共同的育人目标。其中,用于评估企业办学的标准主要包括企业经费投入、育人数量、社会满意度等,而用于评估高职院校办学的标准主要包括人才培养质量、研发项目数量、实训基地共建投入等。与此同时,奖罚分明也是影响校企合作办学的重要因素之一,应当根据评价情况对高职院校或企业进行奖励或惩罚,从而激励彼此不断投入更多的精力用于合作办学之中。

二、明确行业协会职责与资源优势利用

行业协会代表着本行业所有企业的共同利益,是沟通政府与企业之间的重要桥梁,其重要性是显而易见的。在校企合作办学的过程中,行业协会的作用主要表现为指导作用,它们会根据实际情况制定职业资格标准,从而指导企业参与合作办学。因此,各级政府应当重视行业协会的作用,制定与行业协会相关的发展政策,完善行业协会发展的内容,引导行业协会制定职业资格标准和技能等级考核,从而使行业协会更好地为校企合作办学服务。

我国的行业协会已经设立职业教育教学指导委员会,它主要为企业提供咨询和指导服务,不仅有助于推动高职院校与企业进行深入的校企合作,还有助于保障职业教育与培训工作的专业水平。在校企合作办学中,我们应以产业和专业作为优势,充分利用企业和高职院校在各自领域的资源来建设实训基地和专业师资队伍,为学生提供专业水平较高的就业指导,实现毕业即就业的目标。与此同时,还要加强行业协会与高职院校之间的交流,即邀请高职院校职工参与企业交流会议和邀请企业人员参与职业教育办学推进会,使二者能够在沟通交流的过程中完善校企合作办学的内容。对于行业协会而言,它应当指导企业更新职业培训方案,形成市场主导下的具有创新性的职工培训机制,并将其运用到校企合作办学之中,为高职院校培训新型技能人才提供新的方案。另外,应当加强对校企合作办学的评估工作,行业协会从专业角度对校企合作办学进行深入评价,并为后续工作的开展提供新的思路,最终使学生能够满足社会的需求,顺利就业。

为了更好地为高职院校和企业提供市场信息和人才信息,我们应当建立企业和高职院校内部的信息管理系统,使高职院校能够明确市场对人才的需求情况,使企业能够明确人才的基本情况。与此同时,还要对当地未来的人才需求和市场需求情况进行预测,从而有目的地制定人才培养方案,促进校企合作办学向指定方向发展。相关企业可以定期举行企业技术发展论坛,并邀请高职院校职工参加,使高职院校能够了解企业的发展情况,研究创新性教学方案,从而适应企业的发展。高职院校在制定教学目标时也可以邀请企业人员参加,使教学目标的制定工作更具有针对性,从而促进学生顺利就业。

三、提升高职院校教学能力与技术技能积累

高职院校自身的实力和办学理念能否吸引企业的注意力是影响校企合作办学的重要因素,因此高职院校应当增强教学能力,改革教学观念,从而使企业能够对高职院校树立信心,更好地参与并组织开展校企合作办学。高职院校应当从经济社会发展的角度出发,对专业建设与发展进行深入研究,并将供给侧结构性改革的理念与高职院校教学理念相结合,明确新时期的办学理念,从而提高自身的专业水平,为社会培育出越来越多的专业性人才。与此同时,高职院校应以自身的独特优势来吸引企业,使企业能够积极主动地投入资金于高职院校之中,助力高职院校开展教学研究工作。

随着互联网时代的来临,我国对于人才的需求也逐渐发生了改变,这就意味着我国的产业结构面临重构,高职院校办学模式需要创新,资源需要重新配置等。现阶段,我们应认清社会发展的现实,从多个方面来研究新时代背景下的职业教育发展,探究高职院校与企业之间新的合作方式,从而推动校企合作办学向更好的方向发展。

(一)积极主动提升自身实力,对接行业发展和产业需求

在开展校企合作办学的过程中,高职院校应先对产业体系和经济发展状况进行深入研究,明确企业对人才的需求情况,从而有针对性地制订教学计划,以实现和促进学生顺利就业。高职院校与企业的合作,一方面能够为学生提供实训基地,检验学生知识学习情况;另一方面能够培养学生的职业能力和职业素养,不断完善人才培养模式。开展校企合作办学的目的之一在于更好地满足企业对人才的需求,这要求高职院校在设计课程时应与企业相关岗位的标准保持一致,利用学生的课余时间开展社会实践活动,并积极开展相关的教学实训活动,最终由高职院校职工和企业相关人员共同对教学结果进行考核,以便于保证教学活动的专业水平。对于高职院校教师而言,教学方法并不是一成不变的,应当根据企业的发展情况来进行适当调整。而为了更好地设计教学课程内容,高职院校教师应当积极与企业联系,与企业相关人员一同制定人才培养方案。

大多数情况下,采用激励的手段有助于高职院校教师更好地开展教学活动。例如,建立资金激励机制,用高额的回报来激励高职院校教师和企业相关人员主动地参与科研工作。与此同时,将一些课题和研究作为高职院校教师职称的重要考核标准之一,并以其他教师和企业相关人员作为评估人员,从而引起高职院校教师的重视,更好地开展高质量、高水平的研究工作。

(二)提升治理能力和管理水平,为企业发展提供服务和平台

在校企合作办学的过程中,高职院校应当从现代职业学校制度改革着手进行教学工作,具体包括人才培养、办学观念和师资队伍建设等内容,从而更好地与企业进行合作。与此同时,还要建立高职院校、企业、行业等共同参与的理事会,这不仅有助于社会组织之间的共同合作,还有助于针对性地进行治理。高职院校还要建立教育教学质量监控体系,以便于更好地对教学工作进行研究和调整,从而保障教学工作的专业性。

为了更好地提高高职院校的教学能力,促进教学资源的合理运用,高职院校应当积极引入优秀的职业教育教学经验,并将其运用到具体的教学实践过程中。与此同时,高职院校还要有针对性地改善学校实训基地条件,加强与企业之间的合作,使学生能够享受到专业水平较高的教学条件,从而通过实践的方式提高自身的专业能力。

(三)整合优质教师资源,提升师资队伍水平

在校企合作办学过程中,师资队伍的建设工作显得尤为重要。除了培育本校的教师之外,高职院校还应根据自身的实际情况设立"技能名师"岗位,引入一线专业技术人员作为"技能名师",这样能够使学生更好地了解专业技术,并熟练地掌握专业技术,以便于适应未来的工作内容。与此同时,高职院校还可以引入企业的专家、技术人员等作为兼职教师向学生进行授课,使得学生能够在企业实训基地中感受到应用专业技术的魅力,从而更加积极主动地投入到专业技术学习的过程之中。

高职院校在积极引入职业教育教师的过程中，也要对职业教育教师建立相应的管理制度。例如，针对职业教育教师制订相应的培训计划，对新的职业教育教师进行培训，顺利通过培训的教师才能被称为真正意义上的职业教育教师。在校企合作办学过程中，我们可以将企业实训基地作为教师的实践基地，增强职业教育教师的教学实践能力，并从中发现职业教育教师存在的问题与不足，以便于有针对性地进行纠正与调整。

四、强调多元育人成才与正面社会舆论

在开展校企合作办学的过程中，做好舆论宣传工作有助于营造良好的职业教育氛围。高职院校主要通过两种方式来开展职业教育的舆论宣传工作，分别是以电视台、报纸为主的媒体宣传方式和拓展宣传载体的方式。在以电视台、报纸为主的媒体宣传方式中，高职院校主要是通过制作与职业教育相关的主题报道来宣传职业教育，为高职教师和学生说明开展职业教育的作用和意义，帮助学生树立正确的价值观念。在拓展宣传载体的方式中，高职院校主要通过举办"职业教育宣传周"主题活动宣传职业教育，引导周边的学生正确认识职业教育，与此同时，进一步培育和提高高职院校的知名度。

为了给校企合作办学工作营造舆论氛围，高职院校和企业应当建立奖励和激励机制，从而吸引更多的人加入职业教育的宣传工作之中。政府在职业教育舆论宣传中的作用是相当显著的，能够为高职院校和企业提供良好的社会舆论引导。与此同时，政府还可以设立企业贡献等级评级制度，对那些具有突出贡献的企业进行嘉奖，并通过新闻媒体来宣传这些对职业教育做出了突出贡献的先进单位和先进个人。另外，各类高职院校还可以组织技术技能比赛，从比赛中决出最具有专业技术能力的学生，并对该学生所在的高职院校进行嘉奖。

五、优化职业教育集团化办学治理平台

（一）国家技能形成体系视角下的集团化办学

1. 职业教育集团化办学的特点

（1）规模不断壮大，参与成员逐步走向多元

我国职业教育的参与成员为高职院校和企业，而现在的参与成员主要包括高职院校、企业、政府部门、行业组织和科研院所，已然形成参与成员多

元化的局面。在开展职业教育的过程中,各参与成员主要以职业教育集团组织平台为依托来进行沟通与交流,并且合作形式丰富多样。

(2)组建动力由"互帮互助"逐渐转变为"自觉行为"

我国最初组建职业集团的动力是高职院校与企业之间的"互帮互助",而现在已经成了一种"自觉行为"。与此同时,各参与成员的行动内容也发生了较大的变化,使得课程内容与产业需求的契合度越来越高,教学过程极大地适应了生产过程,极大地提高了教学质量。

(3)组建形式呈现多样化,且范围越来越广

我国职业教育教学的主体不再局限于高职院校,还延伸到企业、政府部门、行业组织等,覆盖区域已经从沿海地区扩展到全国地区,所涉及的行业范围不仅仅是服务业、信息业,还包括三大产业的其他行业,从而形成了一个覆盖范围广、组建形式多样化的新型职业教育集团。

2. 职业教育集团化办学所关注的问题

我国职业教育集团化办学所关注的问题具体表现为以下三个方面:其一,创新机制。虽然我国现阶段的职业教育集团化办学的参与成员已经呈现出多元化局面,但是仍要在现有的基础上吸引更多的参与成员加入集团化办学之中,从而进一步完善职业教育集团的生态链。其二,科学规划。当我国职业教育集团化主体逐渐完善时,我们应当明确各参与主体之间的权益,并着力构建长期合作机制,处理好相关的规划问题。其三,提升活力。政府对于职业教育的发展具有重要的推动作用和保障作用,因此在职业教育集团化办学过程中应当重视政府的作用,借助政府和其他社会力量的作用来增强职业教育集团化办学的活力。

值得注意的是,我国大多数人对于职业教育集团化办学的认知还停留在高职院校职业教学系统,因此他们主要是以高职院校的办学模式改革为主题来开展讨论与研究工作,而不是从国家技能形成体系的角度来思考职业教育集团化办学的功能与意义。从总体上来看,我国民众对于职业教育集团化办学的地位的认知不够明确,因此职业教育集团无法有力地推动国家技能形成体系的完善,并且无法充分发挥自身在深化职业教育与培训改革方面的积极作用。

3.国家技能形成体系

国家技能形成体系主要指的是以集体的方式、产业部门和教育部门合作的方式来培养技能。在我国,政府部门在构建技能形成体系中的作用是最为显著的,但是由于社会主义市场经济体制的存在,政府并不能完全主导技能形成体系的构建,还要充分考虑行业组织、企业、社区等其他参与主体的意见。由此可以看出,国家技能形成体系具有以下三个特点:其一,国家技能形成体系与经济、政治、文化等要素密切相关;其二,国家技能形成体系离不开利益相关者的意见,所以在研究技能的形成过程中要着重分析政府、资本、劳动力、教育与培训系统之间的关系;其三,强调技能形成体系的治理。因此,在研究我国技能形成体系的过程中应当充分考虑多方面因素,如政府、企业等利益相关者的利益需求、它们之间的冲突等,这样才能更好地明确我国技能形成体系的具体内容和作用机制,从而进一步深化对国家技能形成体系建构的研究。

(二)国家技能形成体系与职业教育集团化办学

通常情况下,各个利益主体主要是出于利益的目的来建构技能形成体系,当利益主体之间存在矛盾冲突时,技能形成体系就变得不稳定。因此,要保证职业教育集团化办学的稳定发展,就必须要协调利益主体之间的矛盾,避免不同利益主体之间出现矛盾冲突。另外,技能形成体系的建构并不是某一利益主体单独主导的过程,它必须要建立在协调好政府、企业、社会团体等利益相关者的利益的基础上才能完成,这意味着职业教育集团化办学对技能的形成具有重要意义。

1.充分发挥职业教育集团化办学在国家技能形成体系中的价值与优势

职业教育集团化办学在国家技能形成体系中的优势具体表现为四个方面,分别是品牌效益、规模效益、资源优化、对口效应。从品牌效益方面来看,职业教育集团化办学有助于提高利益相关者在业内的知名度,如提高企业和高职院校的知名度。同时,在合作办学的过程中,学校为企业培养大量的专业性人才,为企业提供后备人才和技术积累。从规模效益方面来看,在职业教育集团各成员的努力下,不仅扩大了办学规模,还丰富了教学内容,从而更好地满足学生的不同需求,使职业教育集团的竞争力得到质的提升。从资源优化方面来看,开展职业教育集团化办学能够综合多个组织的资源,并将这些资源合理地进行配置,最大限度地发挥了这些资源的作用,从而极大地提高了高职院校的办学水平。从对口效应方面来看,在职业教育集团化办学的过程中,可以通过各组织之间的交流来明确人才需求情况,使高职院校能够有针对性地开展教学活动,从而为高职院校办学提供保障,也保障了各个组织的人才资源供给。

2. 国家技能形成体系框架下的集团化办学的实践特征

(1)跨部门合作与资源整合的中介性特征

为了更好地构建国家技能形成体系,职业教育集团应当充分发挥自身的作用,与其他集团成员进行沟通,协调各集团成员的利益,从而形成相应的合作办学利益结合点。另外,各集团成员之间的关系也是影响我国职业教育集团办学的重要因素。因此,我们必须重视协调各集团成员的关系,加强各集团成员之间的联系,促进资源的合理配置,从而更好地发展国家技能形成体系。

(2)技能供给的系统性与服务性特征

在国家技能形成体系的构建过程中,我们应当先对原有的职业教育体系进行深入研究,然后在原有职业教育体系的基础上形成新的人才培养体系,即在企业人员入职前提供相关的培训服务,同时在企业人员入职后提供一定的培训服务,从而使企业人员进一步掌握技能。与此同时,职业教育集团化办学能够充分发挥自身的协调作用,加强各个集团成员之间的联系,并在各个集团成员沟通的过程中逐渐明确我国各行业对技术人员的需求情况,从而有针对性地制定人才培养方案,为各行业提供人才资源,为各行业的稳定发展提供保障。

(3)办学模式的多样性与公益性特征

职业教育集团的形成离不开不同集团成员的共同努力,其成员构成与当时的办学历史和现实条件具有密切的联系。同时,正是集团成员的组织形式有所不同,因此职业教育集团的办学模式呈现出多样化的趋势。职业教育集团化办学所覆盖的范围较广,它并不仅仅是面向某一地区提供技能培训服务,也不仅仅是面向某一行业提供技能培训服务,而是包含各个地区以及各个行业。公益性特征具体表现为职业教育集团并不是以营利作为主要的办学目的,而是提高产业工人的技能和专业水平。另外,职业教育集团不仅为入职前的企业员工提供培训服务,也为在职的企业员工提供技能培训服务。

(三)职业教育集团化办学治理的路径

1.在宏观治理方面,完善职业教育集团化办学的环境保障体系

在职业教育集团化办学的治理过程中,政府的作用主要包括政策激励、制度供给和外部约束。因此,为了更好地推动职业教育集团化办学,政府应当充分发挥自身的宏观指导作用。

(1)建立集团化办学的国家制度

要建立集团化办学的国家制度,政府应做好以下工作:①以集团化办学作为推进职业教育改革的重要举措,通过职业教育集团化办学的理念来指导各职业教育集团开展教育活动;②以集团化办学的部门协调机制来协调国家教育部门、社会保障部门等部门之间的关系,从而对职业教育与集团化办学进行协调。

(2)健全集团化办学的国家政策

在健全集团化办学的国家政策的过程中,政府应做好以下工作:①制定并完善企业参与校企合作办学的税收优惠政策,激励更多的企业加入职业教育集团化办学之中,从而更好地保障企业人员、高职院校师生的权益;②督促企业使用职业教育培训经费,为一线技术人员培训经费的使用提供保障;③以政策的形式引导各行业、企业、高职院校参与职业教育集团化办学,例如,明确企业评优考核要求、高职院校评估考核要求等。

(3)开展集团化办学的国家试点

为了更好地落实集团化办学的国家试点,教育行政部门应制定相关政策,加大对发展较早的优秀职业教育集团的重视,引导这些职业教育集团在地方上发展集团化的办学模式,进一步形成职业教育集团化办学的典型案例,并总结职业教育集团化办学的优秀经验,最终在全国范围内推广。

2.在中观治理方面,构建集团成员的利益协调机制

集团成员院校是推动职业教育集团化办学的重要力量,因此集团成员院校应当明确自身的责任,为推动职业教育集团化办学贡献出自身的一份力量。由于集团成员院校的利益点不同,因此首要工作就是协调好各集团的利益关系,充分发挥整体的力量,并对职业教育集团的内部管理制度进行

深入研究与分析,保障集团成员院校的基本权益,从而更好地调动集团成员院校的积极性。与此同时,集团牵头成员院校要掌握区域、行业职业教育和社会发展情况,明确自身在职业教育改革中的责任和重要性,从而有目的性地推动职业教育的发展。

集团成员企业同时也是推动职业教育集团化办学的重要力量,因此集团成员企业应当明确自身的责任与义务,为职业教育集团化办学贡献出自身的一份力量。集团成员企业首先应当明确与高职院校合作办学并不是简单地投入部分资金,还要为高职院校师生提供实训基地以及一些实习岗位和教学资源,并为职业教育改革提出一定的意见。相比于一些地方企业,我国的中央企业在生产技术、组织管理、工艺流程等方面都具有明显的优势,因此中央企业应当带头组织职业教育集团化办学,充分发挥自身的独特优势,并吸引其他企业参与到职业教育集团化办学之中,进一步促进职业教育的发展。

行业组织对于职业教育集团化办学具有重要的推动作用。在开展职业教育集团化办学的过程中,行业组织应当积极组织企业参与到职业教育之中,加强行业组织与高职院校之间的联系。在具体实施过程中,行业组织应先做好本行业人才需求情况的研究与分析工作,明确本行业的职业教育与培训要求,使高职院校能够按照行业要求来开展教育培训工作,这样不仅有助于促进职业教育改革,还有助于为本行业提供人才资源,促进本行业的稳定发展。

3.在微观治理方面,职教集团层面要进一步规范运行机制

(1)健全职教集团组织体系

在职业教育集团组织体系的建设过程中,我们应做好以下工作:①职业教育集团应当加强与不同院校和企业之间的联系,并吸引其他社会组织参与职业教育集团办学的过程之中,在原有职业教育集团发展模式的基础上进行创新;②积极学习国外集团化办学的经验,并结合我国的实际情况进行改进,从而形成具有我国本土特色的集团化办学;③制定并完善职业教育集团的组织管理体系,即根据职业教育集团的实际发展情况设立不同的部门,并引入专业性管理人才,从而提高职业教育集团的工作效率。

(2)完善集团化办学管理制度

在职业教育集团管理制度的建设过程中,我们应做好以下工作:①对职业教育集团的性质与特征进行深入研究与分析,建立集团成员企业、院校和行业组织之间的沟通机制,从而确定职业教育集团的章程,以制度的形式来加强对集团成员单位的管理;②对职业教育集团内部的各集团成员单位进行分工,使各集团成员单位明确彼此的工作内容,促进彼此之间的合作与交流,从而提高职业教育集团化办学的效率;③制定与完善职业教育集团的考核机制,对集团成员单位的工作成果进行科学合理的考核,从而使集团成员单位明确自身的不足,并对工作内容进行相应的调整。与此同时,还要对贡献较大的集团成员单位进行奖励,以便于激励其他集团成员单位。

第三节 校企合作的机制创新及政策保障

一、校企合作机制创新及政策保障的理论基础

(一)机制设计理论

经济机制理论所讨论的问题是,在自由选择、自愿交换、信息不完全等分散化决策条件下,对于任意给定的一个经济或社会目标,设计出一种使活动参与者(委托人)的个人利益和机制设计者(代理人)的既定目标相吻合的管理机制(即制定什么样的法律、法则、政策条令、资源配置等规则)。设计者可以大到整个经济社会的制度设计者,他们的目标是社会目标;小到只具有两个参与者的经济组织管理的委托人,他们的目标是自己的最优利益。借助博弈论和信息经济学,机制设计理论为分析各种形式的组织或配置机制提供统一框架,着重解决激励和私有信息相关的问题。机制理论的核心在于关注如何在信息分散及信息不对称的条件下设计激励相容的机制来实现资源的有效配置,可以说信息效率(informational efficiency)和激励相容(incentive compatibility)是机制设计理论的两大核心思想。

1. 信息效率

信息效率是关于经济机制实现既定社会目标所要求的信息量多少的问题,即机制运行的成本问题,它要求所设计的机制只需要较少的关于消费者、生产者以及其他经济活动参与者的信息和较低的信息成本。机制设计

理论认为,可以从实践中一个经济机制信息空间维数的大小来评价机制的好坏。从这个角度出发,机制设计过程就是针对想要实现的既定社会目标,寻求既能实现此目标,又要信息成本尽可能小的设计过程。

任何机制内部都存在着信息传递,可以说机制是一个信息交流系统,而信息传递是存在着效率和成本的,高效率意味低成本。因此,对于高效的机制而言,自然追求信息的高效率,也意味着信息空间的维数越小越好。在给定的新古典经济环境下,是否存在其他的分散决策机制能够利用更少的信息成本来实现资源最优配置呢? 在放松对新古典经济环境的假设之后,机制设计理论还对导致最优资源配置的分散决策的经济机制进行了探讨。

2. 激励相容

激励相容是美国经济学家赫维茨(Hurwicz)1972 年提出的一个核心概念,他认为如果某个机制或博弈形式使得真实显示偏好策略成为占优均衡策略,那么这个机制就是激励相容的。在这种情况下,即便每个参与者按照自利原则制订个人目标,机制实施的客观效果也能达到设计者所要实现的目标。也就是说,个体在追求个人利益时也使既定的社会目标达到。

机制设计理论之所以提出激励相容概念,在其看来,个人利益与社会利益不一致是社会中的一种常态,并且信息不完全、个人自利行为下隐藏真实信息的假定也是符合现实情况的。在信息不完全的假定下,除非是获得收益,否则参与者一般不会真实地显示有关个人特征方面的信息。因此,机制设计理论希望制度或规则的制定者在不能了解所有参与者信息的情况下,可以考虑制定一个给每个参与者以激励的规则,使参与者在追求个人利益的同时也达到设计者所设定的整体目标。

赫维茨也认为在参与性约束条件下,不存在一个有效的分散化的经济机制(包括市场竞争机制)能够导致帕累托最优配置,并使人们有动力去显示自己的真实信息。也就是说,真实显示偏好和资源的帕累托最优配置是不可能同时达到的。因而在机制设计中,要想得到能够产生帕累托最优配置的机制,在很多时候就必须放弃占优均衡假设,这也决定了任何机制设计都不得不考虑激励问题。由此,激励相容成为机制设计理论甚至是现代经济学的一个核心概念,也成为实际经济机制设计中一个无法回避的重要问题。

虽然机制设计理论的研究起源于对经济机制的考察,但后来其上升为一种方法论,体现了不同机制的共同属性。它不仅提供了机制好坏的甄别标准,而且还提供了机制构建的策略。机制设计理论具备了非常广泛的应用前景,对现实问题具有很强的解释力和应用价值。大到宏观经济政策、制度的制定,小到企业的组织管理问题,它都将之纳入统一的分析框架中,如公司治理、税制改革、医疗改革、教育体制改革以及国家政治经济体制改革等。职业教育校企合作的机制创新是机制在教育领域的具体问题,作为方法论的机制设计理论具有一般化的指导意义。就我国校企合作机制而言,尽管我国出台了一系列政策,促进企业积极参与职业教育,但校企双方的资源信赖存在着不对称性,学校对企业的资源需求高于企业对学校的资源需求,因而学校一头热、企业一头冷。借鉴机制设计理论,从校企合作的信息效率和各参与主体的激励相容等方面,发掘我国校企合作机制中的固有缺陷,并进行合理的机制设计,能够为我国职业合作机制研究和实践提供另外一种视角,具有重要的理论和现实意义。

(二)公共治理理论

1.公共治理的内涵

公共治理理论以治理理论为基础,是治理理论在公共事务管理领域的运用。治理(governance)原意为控制、引导和操纵。

治理是指在共同的目标支持下的一系列活动领域里能有效发挥作用的管理机制。在这些活动中,管理主体不一定是政府,也不需要依靠国家的强制力来实现。它强调政府与社会各种组织的合作,各种社会机构、私人机构只要得到市民的认可,就可以在不同的层面和范围成为公共事务的权力中心。

2.公共治理的主要特征

公共治理的兴起,意味着对传统的公共行政和新公共管理理论的批判和范式重构。概括而言,公共治理具有如下几方面的主要特征:

(1)治理主体的多元化

传统的公共管理模式认为政府是公共事务管理的唯一合法权利主体,其他社会组织和个人则不能涉及公共事务的管理。而公共治理理论则认为,公共事务管理领域存在着政府失灵和市场失灵等现象,应该引入其他主体共同管理公共事务,特别是要听取不同利益主体的诉求以找到公共利益的最优点,才能收集到最完备的公共信息,保证决策的正确性和无偏性,才能调动最广泛的力量来共同解决复杂的公共问题。在公共治理理论看来,治理主体具有多元性,应在政府、市场、广泛的公民社会领域,形成一个包括政府、市场、民间组织和社会公众的多元主体参与的公共治理结构。

(2)治理主体之间的平等与民主协商

公共治理主体具有多元性,包括政府、市场、民间组织和社会公众等。这些主体在公共治理过程中是一种什么关系呢?公共治理理论认为,各治理主体是一种平等的合作伙伴关系,而非等级式的科层关系,在这种关系下各治理主体相互独立但又相互依存。在公共事务的管理过程中,各类治理主体是一个利益主体协调相互冲突、调和利益、采取联合行动的持续过程,在这个过程中各类治理主体以民主协商的方式开展合作。

(3)公共治理合作的网络化

在公共治理理论看来,社会公共事务具有多样性和复杂性,需要包括政府、企业、公民社会等多元主体的积极参与。这些治理主体在公共事务管理过程中,平等相处、民主协商,形成一种相互独立又相互依存的集群和联合体,即一个多层次的、错落有致的网络式治理结构。这是一种与政府、市场相区别,又介于两者之间的第三种治理结构。在这种治理结构中,各类组织相互依存、各个组织形成网络,各类成员间相互协商沟通,共同合作管理公共事务。

(4)公共治理中的政府"元治理"角色

虽然公共治理主体具有多元性,各治理主体之间平等共处、民主协商,形成合作的网络化,但是政府在公共治理中仍然承担着重要的角色——"元治理",即作为"治理的治理",对市场、国家、公民社会等治理形式、力量或机制进行一种宏观安排,重新组合治理机制。政府在社会公共管理中发挥着重要功能,包括社会治理规则的主导者和制定者、促进与其他社会力量的合作、做社会利益博弈的"平衡器"等。

公共治理是公共管理领域引入治理概念而形成的一种新兴的理论,也意味着对传统的"统治"的替代。"统治"与"治理"两者存在着较大的区别,"治理"具有更先进的管理理念。在本质上,统治强调权威,而且必定是政府。而治理对权威的需要不如统治强烈,而且这个权威不一定是政府机关。在治理主体上,统治的主体强调政府管理部门,而治理的主体则包括政府、市场、民间组织和社会公众的多元主体。在权力向度上,统治的权力向度是单一的、自上而下的,治理的权力向度是多元的、相互的。公共治理理论以治理理论为基础,是治理理论在公共事务理论领域的运用,是公共管理在面对市场机制失灵、政府管理效率低下的有效变革。职业教育属于社会准公共产品范畴,我国职业教育主要由政府举办,政府与高职院校是委托与被委托的关系,可以说职业教育是公共管理的重要范畴。因此,将公共治理理论引入职业教育管理中是合适的,而且十分必要。职业教育校企合作是一项跨界的系统工程,涉及政府、行业协会、企业、高职院校等多元主体,而我国职业教育中传统的以政府管理为主的统治方式越来越难以为继。职业教育具有跨越主体的积极性,充分发挥各方主体的优势,实现有效合作,这就更需要以公共治理的视角,构建各方主体共同参与的治理结构,搭建公共治理平台,对各方主体赋权,对利益合理分配。

二、我国校企合作的机制创新及政策保障建议

(一)治理理念创新:完善利益相关主体共同治理结构

教育理念是教育制度形成的价值基础,是教育制度不可或缺的重要部分,也是教育制度变革的前提。我国职业教育机制变革首先应创新治理理念,树立大职业教育观,引入利益相关者多元治理主体,完善利益相关主体的共同治理结构。

1.树立大职业教育观的治理理念

传统狭隘的职业教育观把职业教育等同于职业学校教育,脱离产业系统,呈现出孤立、单一、封闭以及模式化和功利化等特点,极大地阻碍职业教育自身的发展;而大职业教育观,从教育生态系统出发,认为职业教育是与经济社会发展最为紧密的教育类型,是经济社会大系统中的重要组成部分,职业教育系统与产业系统、职业学校与企业是一个有机统一的生态大系统。大职业教育观已经成为职业教育事业发展、国家经济社会发展的内在要求,也顺应了国际职业教育发展趋势。

树立大职业教育观,更有利于破除条块和部门分割,改革职业教育管理体制,创新职业教育校企合作治理理念。如可以建立教育、经济、人社等部门的上位管理部门或工作机制,来统筹职业教育校企合作的发展。

2.引入利益相关者多元治理主体

在职业教育校企合作中,政府、行业、企业、学校和学生在职业教育校企合作中,均处于重要的地位和承担着重要的角色,都是职业教育校企合作的确定性利益相关者。职业教育具有社会准公共产品性质。职业教育校企合作培养技能人才,单纯依靠市场机制或计划机制都存在着效率低下的问题,理应吸纳各方利益主体,调动各方主体的积极性,调和利益,采取联合行动,形成职业教育校企合作各利益相关主体积极参与的共治局面。具体而言,在我国职业教育校企合作机制创新过程中,基于公共治理和利益相关者理论,理应引入政府、行业协会、企业、高职院校等几类治理主体。

(1)政府

职业教育是准公共产品,在我国,政府是主要提供者,主要通过举办高职院校方式而实现。在职业教育校企合作机制创新中,政府理应充分发挥多元主体公共治理的统筹者、协调者的角色。一是法律法规引领。在校企合作过程中,政府虽然不参与校企合作具体项目,但是通过与其他利益相关者民主协商,制定和完善相关法律法规,对校企合作机制进行顶层设计。二是职业教育发展规划。根据区域经济社会发展需要,对职业教育事业发展进行整体规划,充分发挥政府在职业教育发展规划、资源整合、政策制定等方面的作用,为校企合作搭建平台。三是服务支撑。政府理应联合行业、企业等,加强校企合作中介服务平台建设,以信息和技术为突破口,有效降低校企合作中的交易成本,促进校企合作的有效开展。

(2)行业协会

行业协会是代表本行业全体企业共同利益的社会自治组织。对内部而言,行业协会制定行业政策法规,制定国家和行业标准,维护企业共同利益,减少单个企业运营成本,提高效率;为本行业企业提供各类专业服务,如提供各种市场信息、进行行业企业人力资源开发与培训等。对外部而言,行业协会是连接企业与政府的桥梁,协助政府制定和实施行业发展规划、产业政策等,同时向政府反馈企业共同要求。就职业教育校企合作而言,在政府部门的支持下,要充分发挥行业协会在学校和企业之间、教育与产业之间的桥梁和纽带作用。一是校企合作组织协调服务。行业协会对本行业的企业资源熟悉,且有组织动员优势,理应着眼于行业人才培养,及时双向沟通校企双方合作意向,促成校企合作。二是校企合作管理和监督服务。对本行业内的校企合作进行监督,及时提供各种服务,保障校企合作的顺利开展。

（3）企业

企业是理性的经济组织,具有逐利的本性,但企业也存在社会责任,在教育方面就表现为参与行业人才的培养。而且,企业在职业教育人才培养过程中存在着许多优势,能为学生进行基于工作过程的学习提供便利的条件,可以通过共建专业、共建课程体系、共建教师团队、共建生产性实训基地、共建校外顶岗实习管理模式与校外实习基地管理机制等,不断拓展校企合作的深度和广度。企业积极参与校企合作是履行社会教育责任和实施人力资源战略的重要途径,不仅可以树立良好的企业外部形象,使企业产品和文化更容易获得社会认可,还可以获得高素质的员工和潜在的客户,通过积极参与职业教育促进企业实现其发展目标。通过校企合作,参与教育教学活动,为企业赢得可持续发展的参与国内外市场竞争的人才支撑和智力支持,同时还可以借助合作院校智力进行技术改造、产品研发、科技攻关、职工培训与继续教育等。

（4）高职院校

当前,我国高职院校在校企合作中具有较高的积极性,也是校企合作培养技能人才的受益者。在当前的职业教育校企合作机制创新中,高职院校还应该在两个方面做进一步努力:一是面向市场办学,真正从行业企业发展着眼,加强专业和课程教学改革,建立工作过程导向的学习领域课程,增进学生综合职业能力,提高人才培养质量。二是提升自我资本。进一步提升高职院校在技术研究、员工培训等方面的能力,增强高职院校对企业的贡献度和吸引力,使企业在参与职业教育过程中得到实惠,进而提高其参与积极性。在今后相当长的时期内,我国高职院校是校企合作的主动发起方,应积极主动发起和促成校企合作,在校企合作过程中,还应与企业及时协调沟通,建立长效合作机制。三是成立校企合作理事会,积极吸纳行业企业参与高职院校办学。

3.完善利益相关主体共同治理结构

完善利益相关主体参与的共同治理结构,就是在引入利益相关的多元治理主体的基础上,对各利益相关治理主体的权、责、利的配置与制衡,以及运行机制的组织和制度性安排。职业教育校企合作是一项跨界工程,涉及教育行政部门、高职院校、行业、企业等多方利益主体。共同治理结构的构建要注重权力平衡,各司其职,利益共享,也就是说要充分给予各利益主体参与的权利,发挥各主体各自的优势,同时要做好利益分配,保障各主体的利益。在治理手段上,要充分注重行政计划和市场机制两者的协调运用。

在职业教育校企合作的外部治理方面,应成立利益相关治理的平台,如由各利益相关主体代表组织的校企合作治理联席会等。我国应在校企合作的公共治理结构范畴内充分发挥各主体的作用。具体而言,应充分发挥政府的"元治理"作用,应主导各利益相关主体在组织保障、立法推动以及政策引导等方面的统筹作用,完善校企合作相关的各项法律法规,制定校企合作办学政策。应提高行业在治理结构中的话语权,对行业协会参与校企合作治理做出组织和制度安排。应提高企业参与职业教育的社会责任意识、人力资本投资意识,以及健全企业参与校企合作的利益表达和诉求机制,提升企业在职业教育人才培养中的话语权。

在职业教育校企合作的内部治理方面,要合理构建校企合作内部权力的组织体系、权力的配置与各种不同权力之间的相互关系,特别是要均衡围绕学生在企业实践学习期间行动支配而产生的教育权、管理权等,这是提高职院校企合作水平的重要环节。要充分发挥高职院校的自主办学权利,完善体现职业教育特色的高职院校章程和制度。成立校企合作理事会,吸纳行业、企业等参与高职院校治理,建立校企合作的利益驱动机制、沟通协调机制、质量保障机制等。

(二)动力机制创新:构建校企合作的激励相容机制

如何激励政府、行业、企业、高职院校等利益相关主体参与校企合作的积极性,做到激励相容是我国职业教育校企合作创新的重要内容。在企业参与校企合作信息不完全,存在着自利行为的情况下,可以通过选择性激励机制设计和不完全劳动力市场机制设计等,构建各利益相关主体的激励相容机制,创新校企合作动力机制。

1. 选择性激励机制设计

所谓选择性激励机制是一种对集体成员赏罚分明、区别对待的机制。

除非群体人数相当少,或者存在着强制或其他某种特别手段,促使个人为他们的共同利益行动,否则理性的、寻求自身利益的个人将不会为实现他们共同的或群体的利益而采取行动,很容易产生"免费搭便车"行为,使得个体理性并不必然导致集体理性。

职业教育是社会准公共产品,其校企合作的目标在于培养高质量的技能人才。作为一种集体利益,存在着国家、社会、学生、学校、企业等众多利益分享主体,这也就使整体上的职业教育校企合作成为滋生"搭便车"问题的土壤。个体企业在校企合作中的"免费搭便车"行为对于自身而言是一种自利的、理性的行为,但是放大到集体,如果所有企业都不参加校企合作,则集体行为变成非理性了,这会导致出现集体行动的困境。

选择性激励机制设计,一方面继续面向全行业所有企业征收职业教育发展经费,以此明确和实现全行业所有企业承担技能人才培养的社会责任;另一方面,在征收职业教育发展经费的基础上,充分发挥市场机制的作用,可以采取政府购买服务的形式,对参加校企合作的企业实行财政买单,激励行业组织和企业参与职业教育。购买服务可以包括行业定期发布人才需求预测、企业参与职业教育校企合作等。对于参与职业教育校企合作的企业,通过政府购买校企合作的形式从财政上给予一定的生均补贴,以弥补企业在校企合作中的投入成本,提高企业参与校企合作的积极性。

2. 不完全劳动力市场机制设计

对企业参与校企合作,除了通过政府财政购买服务、弥补企业参与成本外,还应当对企业参与校企合作的利益保障进行设计,以实现企业正当收益。当前,企业参与校企合作的重要收益在于吸纳优秀的职业技能人才,充实自身的人力资源。而在当前的劳动力市场下,企业的"免费搭便车"现象,很容易通过招聘方式获得校企合作培养出来的人才,这对于参与校企合作、付出投资成本的企业造成利益损失。这需要对企业参与校企合作的利益——技能人才的使用权进行制度设计,以保护参与企业的利益。

进行一定程度的不完全劳动力市场机制设计,在一定程度上限制校企合作培养的技能人才的自由流动,能够较好地保护参与企业较高程度地享受校企合作培养出的技能人才,是一种有效的策略。如德国"双元制"中企业参与学徒培训,就在于劳动力市场的不完全竞争阻碍了技术工人获得与其边际产品等值的期望工资,这使得雇主可以从其投资的培训中获利,提高了企业参与学徒培训的积极性。

机制设计理论强调机制的建构性和外生性,在原有机制或体制基础上,为实现既定社会目标而进行有意识设计。因此,结合我国实际情况,一定程度的不完全劳动力市场机制设计可以从如下方面着手,如通过行业内部的工资谈判和协商制度压缩技术工人工资差距、强化行业协会对于企业间"挖人"行为的监管等,增强劳动力市场的不完全性,进而为企业参加校企合作和培训员工提供有利环境。同时,还可以通过学生和企业的培训协议约定(包括双方关于培训的权利和义务等),建立信用约束和可信承诺关系,促进劳动力市场买方垄断,增强企业参与校企合作的动力。

(三)保障机制创新:提高校企合作的信息效率和经费保障

信息效率是关于经济机制实现既定社会目标所要求的信息量多少的问题,即机制运行的成本问题。信息效率的高低也是衡量机制好坏的重要标准。我国校企合作机制创新,需要将校企合作的信息效率纳入政策视野,从制度和政策层面对校企合作的信息成本进行创新设计,以降低校企合作的信息成本,保障校企合作的高效开展。当前,提高校企合作的信息效率,主要措施包括健全校企合作的沟通和协调机制、完善职业教育的质量标准制度、建立多渠道经费筹集与成本分担机制等。

1. 健全校企合作沟通和协调机制

任何机制内部都存在着信息传递,可以说机制是一个信息交流系统,而信息传递是存在着效率和成本的,高效率意味低成本。

对于高效的机制而言,自然追求信息的高效率,也意味着信息空间的维数越小越好。对于校企合作而言,更需要健全信息的沟通和协调机制。因为高职院校属于教育系统,企业属于社会经济系统,两者都有自身的组织逻辑、运作方式。无论在校企合作的谈判阶段,还是在校企合作的实施过程中,校企合作参与各方之间为了促进合作目标的实现而时刻进行着信息交流,但信息传递受到内外部多重因素影响,双方如果没有完善的沟通和协调机制保障,很难做到校企合作双方的信息完全对等,这会影响到双方的合作。

信息的沟通与协调机制是校企合作机制的重要组成部分,也是校企合作其他机制发挥作用的基础。当前健全校企合作的沟通与协调机制,意味着降低合作所需要的信息成本,包括降低信息的维度、获取信息的便利性、增强合作各方信息的对称性等,最终提高校企合作的信息效率。对此,应该建立政府、行业、企业、院校等利益相关主体共同参与的职业教育校企合作联席会议制度或理事会,对校企合作过程中的问题及时沟通解决;特别是要构建教育和企业的沟通与协作机制,充分发挥政府、行业协会、教育主管部门的中介、桥梁作用,借助互联网技术,搭建各类网络和现实的合作交流平台;同时做好信息统计、发布合作信息等,搭建校企合作信息的发布渠道和促成机制。

2. 完善职业教育的质量标准制度

职业教育质量标准是引领职业教育活动的重要指导性文件,也是职业教育质量评价的重要依据。完善职业教育质量标准体系,有利于消除校企双方在合作中的信息不对称,建立清晰、明确、统一的校企合作的质量和规则信息,有利于提高校企合作的信息效率,降低校企合作谈判成本,建立共同的价值观,进而提高校企合作质量。

我们应该在教育主管部门的主导下,吸纳高职院校、行业企业共同参与制定和完善职业教育的质量标准体系,包括人才培养质量标准、课程标准以及不同类型校企合作的培训标准。同时还应该完善国家职业资格制度,形成教育界和产业界共同认可的质量标准,并根据社会和产业技术发展及时更新,建立校企合作双方的共同预期和教学资源,增进共同理解,有效降低校企合作的交易成本,促进校企合作更好地开展。

3. 建立多渠道经费筹集与成本分担机制

职业教育属于社会准公共产品,是一种高成本的教育类型。在利益获得原则、能力支付原则以及效率原则等基础上,建立政府、行业、企业、受教育者、社会等多渠道的经费筹集机制,是国际共同经验,也是我国职业教育发展的必然选择。首先,应加大政府财政投入。政府是我国职业教育的主要举办者,是办学经费的主要来源。当前我国高职院校生均财政拨款水平不高,且差异较大。然后,还应建立校企合作的成本分担与补偿机制。作为社会准公共产品的提供者,政府有举办职业教育的义务,而作为利益相关者,企业也有参与职业教育的社会责任。因此,应建立两者在校企合作中的成本分担机制,应测算各种类型各个专业的校企合作的成本,建立起完善的质量导向拨款机制或奖补机制。对于参与职业教育校企合作的企业,通过政府购买校企合作的形式从财政上给予一定的生均补贴,以弥补企业在校企合作上的投入成本,提高企业参与校企合作的积极性。

参 考 文 献

[1]蒋新革,等.新时代高职产教融合路径研究[M].广州:广州中山大学出版社,2021.

[2]曾凡远.高职建设类专业群建设路径与实证研究[M].镇江:江苏大学出版社,2019.

[3]黄艳.产教融合的研究与实践[M].北京:北京理工大学出版社,2019.

[4]陈懿.高职校企合作动力机制与合作模式研究[M].北京:北京工业大学出版社,2018.

[5]林仕彬,欧阳育良.组织创新视角下的产业学院建设[M].广州:广东高等教育出版社,2020.

[6]熊惠平.高职领域PPP模式及其"进入—退出"机制运行:以产业学院为载体[M].杭州:浙江大学出版社,2021.

[7]宗玮,施轶华.高职院校产业学院建设面临的困境与解决策略研究[J].常州信息职业技术学院学报,2023,22(2):13-15.

[8]庞钰平.产教融合视角下艺术类高职院校产业学院的建设路径研究[J].俏丽(教师),2023(3):191-193.

[9]张杰,朱七二.产教融合背景下高职院校产业学院建设研究与实践[J].科技风,2023(9):81-83.

[10]王弘毅,盛文君,赵翠霞,等.产教融合视域下地方高职院校产业学院的建设与创新研究[J].丝路视野,2023(5):79-81.

[11]王陆,崔幼玲,吴舒.产教融合视域下高职院校产业学院建设的策略探讨[J].中文信息,2023(1):206-208.

[12]屈保中.产教融合背景下高职院校产业学院建设的研究与探索[J].数据,2023(1):103-104.

[13]陈卓.基于信创产业的高职产业学院发展研究[J].天津商务职业

学院学报,2023,11(1):82-86.

　　[14]王晓明,张定华.高职院校现代产业学院产教融合育人模式的研究和探索[J].现代商贸工业,2023,44(10):111-113.

　　[15]胡会欣,朱妍.产业学院建设的目标定位、行动逻辑与推进路径[J].河南农业,2023(9):6-7.

　　[16]张秦.高职院校产业学院数据治理:现实动因、基本思路和推进路径[J].职教通讯,2023(1):29-35.

　　[17]刘星.新媒体时代高职产业学院建设模式实践探索[J].中文科技期刊数据库(文摘版)·教育,2022(7):70-72.

　　[18]张同文.基于产教融合的高职产业学院建设机理及路径研究[J].河南建材,2022(2):155-156.

　　[19]郑元丰,高艳飞.新时代高职产业学院建设存在的问题及发展对策[J].教育教学论坛,2022(39):45-48.

　　[20]林晓云.三螺旋视角下高职产业学院建设的路径研究[J].教育科学论坛,2022(24):33-36.

　　[21]仲静静,高会娟,徐娜.基于产教融合的高职产业学院建设[J].山西青年,2022(21):30-32.

　　[22]向桂林.基于产教融合的高职产业学院建设路径探究[J].中国科技期刊数据库·科研,2022,(12):16-18.

　　[23]杭国花,张豪.企业新型学徒制与民办高职产业学院建设研究[J].中外企业文化,2022(2):80-81.

　　[24]刘杨.人才链与产业链耦合匹配视域下高职产业学院建设研究[J].济南职业学院学报,2022(5):14-16,20.

　　[25]赵珊珊.产教融合背景下高职产业学院建设路径探究[J].辽宁师专学报(社会科学版),2022(5):122-124,136.

　　[26]林徐润.高职院校产业学院内涵建设探析[J].教育与职业,2022,15(5):51-55.

　　[27]王瑞军,杨龙,冯磊,等.高职院校产业学院建设的实践研究:以食品专业农产品加工产业学院为例[J].食品界,2022(4):80-82.

　　[28]杨先花.高职产业学院师资队伍建设现状与提升路径研究[J].湖

参考文献

南邮电职业技术学院学报,2022,21(4):105-107.

[29]谷中平,胡乃涛,梅雪峰.建设高职混合所有制产业学院问题与策略研究[J].中文科技期刊数据库(全文版)·社会科学,2022(9):134-137.

[30]张伟.民办高职院校产业学院师资队伍建设实践探索[J].广东职业技术教育与研究,2022(4):177-180.

[31]霍艳杰.高职院校混合所有制产业学院的建设路径研究[J].中国科技期刊数据库·科研,2022(7):157-160.

[32]郭兆松,王洪萍.产教融合视域下的高职院校产业学院建设研究[J].汽车维护与修理,2022(24):23-25.

[33]谈先球,王军.产教融合视阈下高职院校财会产业学院建设研究[J].现代职业教育,2022(43):101-104.

[34]李妮娜.全球化视角下高职院校现代产业学院建设路径研究[J].现代职业教育,2022(27):65-67.

[35]马少雄,田庆,杨宫印,等.产业学院视域下高职院校科技服务平台建设模式探索与实践[J].科技风,2022(23):143-145.

⋮